DISCERNIR A PASTORAL EM TEMPOS DE CRISE

DISCERNIR A PASTORAL EM TEMPOS DE CRISE:
REALIDADE, DESAFIOS, TAREFAS

Contribuições do
1º Congresso Brasileiro de Teologia Pastoral

Geraldo De Mori, SJ (Org.)

Realização:
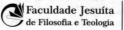

Apoio:

Dados Internacionais de Catalogação na Publicação (CIP)
Angélica Ilacqua CRB-8/7057

Discernir a pastoral em tempos de crise : realidade, desafios, tarefas : contribuições do 1º Congresso Brasileiro de Teologia Pastoral / organizado por Geraldo De Mori. - São Paulo : Paulinas, 2022.
408 p. (Coleção Faculdade Jesuíta)

Bibliografia
ISBN 978-65-5808-144-9

1. Teologia pastoral - Igreja católica 2. Liderança cristã I. Mori, Geraldo De II. Série

22-1488 CDD 253

Índice para catálogo sistemático:
1. Teologia pastoral – Igreja católica

1ª edição – 2022

Direção-geral: *Flávia Reginatto*
Editora responsável: *Marina Mendonça*
Copidesque: *Mônica Elaine G. S. da Costa*
Revisão: *Equipe Paulinas*
Gerente de produção: *Felício Calegaro Neto*
Capa e projeto gráfico: *Tiago Filu*
Conselho editorial: *Andreia Schweitzer*
Antônio Francisco Lelo
Fabíola Araújo
João Décio Passos
Marina Mendonça
Matthias Grenzer
Vera Bombonatto

Nenhuma parte desta obra poderá ser reproduzida ou transmitida por qualquer forma e/ou quaisquer meios (eletrônico ou mecânico, incluindo fotocópia e gravação) ou arquivada em qualquer sistema ou banco de dados sem permissão escrita da Editora. Direitos reservados.

Paulinas
Rua Dona Inácia Uchoa, 62
04110-020 – São Paulo – SP (Brasil)
Tel.: (11) 2125-3500
http://www.paulinas.com.br – editora@paulinas.com.br
Telemarketing e SAC: 0800-7010081
© Pia Sociedade Filhas de São Paulo – São Paulo, 2022

Sumário

Siglas e abreviaturas 9
Prefácio 13
Francisco de Aquino Júnior (UNICAP; FCF)

Apresentação 19
Geraldo De Mori (FAJE)

PRIMEIRA PARTE: CONFERÊNCIAS

Discernir a pastoral em tempos de crise 27
Agenor Brighenti (PUC-PR)

Desafios e perspectivas para a pastoral no Brasil, hoje 55
Leonardo Ulrich Steiner (Arcebispo de Manaus)

SEGUNDA PARTE: PAINÉIS

Aprendizagens pastorais na pandemia 95
Vanildo de Paiva (Pouso Alegre)

Encontros entre a pentecostalidade e a mística 117
Luana Martins Golin (UMESP; UNIFAI)

Mística e pentecostalidade 131
Marcial Maçaneiro (PUC-PR)

As periferias existenciais e os LGBT+ 159
Luís Corrêa Lima (PUC-Rio)

A Igreja na Amazônia pós-sínodo/Ecologia Integral 181
João Gutemberg Sampaio (REPAM)
Mario Antonio da Silva (Bispo da Diocese de Roraima)

A Igreja na Amazônia pós-sínodo: Ecologia Integral –
algumas propostas de reflexão 189
Márcia Maria de Oliveira (UFRR)

A Igreja e os desafios da comunicação 209
Luis Miguel Modino (CELAM; CNBB N I)

A Igreja desafiada pela comunicação.................................. 219
Joaquim Giovani Mol Guimarães
(Arquidiocese de Belo Horizonte, PUC-Minas)

Experiência de sinodalidade 235
Antonio Manzatto (PUC-SP)

O significado da sinodalidade para a pastoral pós-pandemia 245
Rosana Manzini (PUC-SP)

TERCEIRA PARTE: SEMINÁRIOS

A paróquia em uma Igreja em saída................................... 257
Manoel José de Godoy (FAJE)
Matheus da Silva Bernardes (FAJE; PUC-Campinas)

Propor a fé aos jovens a partir da *Christus vivit* 277
Valéria Andrade Leal (CNBB)

Pastoral e os desafios socioambientais................................ 299
Marina Paula Oliveira (Arq. Belo Horizonte)

Fé, política e cidadania: campo de ação sociopolítica e pastoral 313
Robson Sávio Reis Souza (FAJE; PUC-Minas)

A economia de Francisco e Clara:
uma perspectiva para os tempos pós-pandemia? 337
Ediméia Maria Ribeiro de Mello (ABPES; ABEFC)

RELEITURAS

1º Congresso Brasileiro de Teologia Pastoral em busca de uma primeira leitura...365
Edward Guimarães (PUC-Minas)

A teologia como companhia, memória e profecia: horizontes pastorais do 1º Congresso Brasileiro de Teologia Pastoral...............373
Geraldo De Mori (FAJE)

Biografia dos autores 385
Grupo de Pesquisa "Teologia e Pastoral"..............................391
Índice remissivo dos termos recorrentes..............................393
Teólogos, teólogas, agentes de pastoral e autores
de outras áreas citados..403
Obras citadas nos diferentes capítulos 407

Siglas e abreviaturas

AG	Decreto *Ad gentes*
AL	Exortação Apostólica Pós-Sinodal *Amoris laetitia*
CAPES	Coordenação de Aperfeiçoamento de Pessoal de Nível Superior
CCAEU	Coordenação Central de Atividades de Extensão Universitária
CBJP	Comissão Brasileira de Justiça e Paz
CD	Decreto *Christus dominus*
CDC	Código de Direito Canônico
CEAMA	Conferência Eclesial da Amazônia
CEBs	Comunidades Eclesiais de Base
CEF	Campanha da Fraternidade Ecumênica
CEFEP	Centro Nacional de Fé e Política "Dom Helder Câmara"
CELAM	Conselho Episcopal Latino-Americano
CEPAC	Centro Padre Alves Correia
CF	Campanha da Fraternidade
CIC	Catecismo da Igreja Católica
CIMI	Conselho Indigenista Missionário
CNBB	Conferência Nacional dos Bispos do Brasil
CPT	Comissão Pastoral da Terra
CRB	Conferência Nacional dos Religiosos e Religiosas do Brasil
CV	Exortação Apostólica Pós-sinodal *Christus vivit*

DAp	Documento de Aparecida
DGAE	Diretrizes Gerais da Ação Evangelizadora
DH	Declaração *Dignitatis humanae*
DP	Documento de Puebla
DV	Constituição Dogmática *Dei Verbum*
EG	Exortação Apostólica *Evangelii gaudium*
EN	Exortação Apostólica Pós-Sinodal *Evangelii nuntiandi*
FAJE	Faculdade Jesuíta de Filosofia e Teologia
FAO	Organização das Nações Unidas para a Alimentação e a Agricultura
FT	Carta Encíclica *Fratelli tutti*
GNRC	Global Network of Rainbow Catholicism
GRECOM	Grupo de Reflexão em Comunicação
GS	Constituição Pastoral *Gaudium et spes*
ICCRS	Serviço Internacional da Renovação Carismática Católica
IHU	Instituto Humanitas Unisinos
IM	Decreto *Inter mirifica*
INP	Instituto Nacional de Pastoral
ISER	Instituto de Estudos da Religião
ISTA	Instituto Santo Tomás de Aquino
JEC	Juventude Estudantil Católica
JUC	Juventude Universitária Católica
LG	Constituição Dogmática *Lumen gentium*
LS	Carta Encíclica *Laudato si'*
Med	Documento de Medellín
MF&P	Movimento Nacional de Fé e Política
MOBON	Movimento Boa-Nova
NECT	Núcleo de Estudos em Comunicação e Teologia
NESP	Núcleo de Estudos Sociopolíticos

OCR	Observatório da Comunicação Religiosa
OT	Decreto *Optatam totius*
PASCOM	Pastoral da Comunicação
PCB	Pontifícia Comissão Bíblica
PIB	Produto Interno Bruto
PJ	Pastoral da Juventude
PP	Carta Encíclica *Populorum Progressio*
PROEX	Programa de Excelência da CAPES
QA	Exortação Apostólica Pós-sinodal Querida Amazônia
REDE	Rede Nacional de Grupos Católicos LGBT+
REPAM	Rede Eclesial Pan-Amazônica
RM	Encíclica *Redemptoris missio*
SC	Constituição Conciliar *Sacrosanctum Concilium*
SD	Documento de Santo Domingo
SGSB	Secretaria Geral do Sínodo dos Bispos
UR	Decreto *Unitatis redintegratio*
USCCB	Unites States Conference of Catholic Bishops

Prefácio

Francisco de Aquino Júnior (UNICAP; FCF)

Enquanto *intellectus fidei*, a teologia é inseparável da fé. É o desenvolvimento da dimensão intelectual da fé que se dá tanto de modo simbólico-narrativo quanto de modo teórico-conceitual. É um esforço intelectivo de apreensão, explicitação e elaboração da fé. E um esforço que está a serviço da vivência e da eficácia da fé na comunidade eclesial e no conjunto da sociedade. De uma forma ou de outra, a teologia é inseparável da fé: é um momento da fé (dimensão intelectual) e está a serviço da fé (dimensão socioeclesial), tanto no que se refere à vivência pessoal e cotidiana da fé quanto no que se refere à ação pastoral-evangelizadora da Igreja.

Isso confere à teologia um caráter essencialmente pastoral, sem comprometer sua especificidade e autonomia, enquanto exercício intelectual, nem ceder a um pragmatismo imediatista e superficial. A fé/pastoral é constitutiva do estatuto teórico da teologia. E não apenas no que se refere ao ponto de partida e ao objetivo da teologia, como também, mais radicalmente, como demonstrou Ignacio Ellacuría a partir da *Inteligencia sentiente* de Xavier Zubiri, no que se refere à estrutura mesma do "que-fazer" teológico, enquanto exercício intelectual. A intelecção é o modo humano de enfrentamento e apreensão da realidade. Enquanto tal, é um momento da ação/práxis humana: *um momento* irredutível (intelecção), mas um *momento de* um processo mais amplo e complexo (ação).

O debate teórico mais amplo sobre a relação entre *teoria e práxis* e sua concretização no âmbito eclesial, em termos da relação *teologia--pastoral*, é bastante complexo. Por mais que haja um amplo consenso em reconhecer e afirmar essa relação, há enormes diferenças e até divergências quanto à compreensão dessa relação e aos termos em que ela é formulada: vai da mera *relação* entre relatos completamente independentes (teologia "e" pastoral) ao *vínculo constitutivo-essencial* entre ambas (teologia como "momento" da pastoral). Sem entrar aqui nesse debate teórico mais complexo, importa reconhecer e destacar que essa problemática se tornou central na Igreja desde o Concílio Vaticano II, particularmente na Igreja latino-americana.

Tem-se insistido muito em que o Concílio Vaticano II foi um "concílio pastoral": seja para destacar a especificidade desse concílio, seja para insinuar ou defender sua inferioridade em relação a outros concílios. Fato é que, diferentemente de outros concílios, o Vaticano II não formulou/proclamou nenhum dogma novo nem preferiu nenhuma condenação. Seu objetivo fundamental foi o diálogo da Igreja com o mundo atual; uma espécie de *aggiornamento* da Igreja.

Isso ficou muito claro no discurso de abertura do Papa João XXIII: "O Concílio deve cuidar, sobretudo, de conservar e propor de maneira mais eficaz o depósito da doutrina cristã"; "a Igreja deve se manter fiel ao patrimônio da verdade recebida do passado e, ao mesmo tempo, estar atenta ao presente e às novas formas de vida introduzidas pela modernidade, que abrem perspectivas inéditas ao apostolado católico"; "nosso dever, além de conservar os preciosos tesouros do passado, leva--nos, com alegria e coragem, a insistir no que hoje exigem os tempos, continuando a caminhada destes vinte séculos de Igreja"; "o principal objetivo do trabalho conciliar não é o de discutir princípios doutrinais", mas propor a doutrina cristã "de um modo novo, com serenidade e tranquilidade, em vocabulário adequado e em um texto cristalino"; "uma coisa é o depósito da fé, as verdades que constituem o conteúdo doutrinário propriamente dito; outra, o modo como são expressas, mantendo-se sempre o mesmo sentido e a mesma verdade".

E isso que vale para o Concílio e orienta a ação pastoral da Igreja, vale também, a seu modo, para a teologia. Ela não é mera abstração e especulação teóricas, mas tem um caráter essencialmente pastoral. Não por acaso, o Decreto *Optatam totius* sobre a formação sacerdotal afirma que "toda a formação dos estudantes seja tal que neles se formem verdadeiros pastores" e, por isso, "todos os aspectos da formação, o espiritual, o intelectual e o disciplinar, em ação conjunta, devem ordenar-se a este fim pastoral" (OT 4). Também a teologia deve estar ordenada ou tem um fim pastoral. E não trata apenas de uma disciplina no curso de teologia (disciplina de teologia pastoral), como ainda da teologia em sua totalidade (caráter pastoral de toda a teologia).

A teologia pós-conciliar foi profundamente marcada por essa sensibilidade e perspectiva pastoral. Em maior ou menor medida e intensidade, assume o caráter pastoral de toda teologia. Mesmo um teólogo como Rahner, com uma teologia marcada e até excessivamente especulativa e abstrata, vai falar da teologia como "ciência prática", destacando o caráter prático/pastoral de toda teologia. Vários autores destacam a relação entre teologia e pastoral, buscando os termos que lhes parecem mais adequados para formular essa relação. Casiano Floristán, por exemplo, fala de "duas funções distintas, mas complementares": a "função criadora" da ação pastoral e a "função crítica" da teologia. Ignacio Ellacuría formula a problemática em termos de "teoria e práxis": "teoria teológica" – "práxis teologal"; "ortodoxia teológica" – "ortopráxis teologal". Entre nós, no Brasil, João Batista

Libanio insistiu muito na "articulação entre teologia e pastoral", destacando tanto a "colaboração recíproca" quanto a "tensão" entre ambas. E Agenor Brighenti, a partir da teologia pastoral, ao mesmo tempo que afirma que "a pastoral dá o que pesar", fala da teologia (pastoral) como "inteligência da prática transformadora da fé" ou "inteligência reflexa da ação evangelizadora".

Retomando e aprofundando o processo de renovação conciliar da Igreja, o Papa Francisco tem insistido em uma "Igreja em saída para as periferias" e, nesse contexto, falado sobre a necessidade de pastores, de evangelizadores e de teólogos com "cheiro das ovelhas". Em carta enviada ao cardeal-arcebispo de Buenos Aires, Mario Poli, no dia 3 de março de 2015, por ocasião dos cem anos da Faculdade de Teologia da Universidade Católica Argentina, Francisco adverte contra "uma teologia que se esgota na disputa acadêmica ou que olha para a humanidade a partir de um castelo de vidro". Afirma que a teologia deve estar "radicada e fundada na Revelação, na Tradição", mas deve também acompanhar "os processos culturais e sociais, em particular as transições difíceis", enfrentando os "conflitos" que experimentamos na "Igreja" e nas "ruas da América Latina". Exorta os teólogos a não se contentarem com uma "teologia de escritório". Diz que "os bons teólogos, como os bons pastores, têm o cheiro do povo e da rua e, com sua reflexão, derramam azeite e vinho sobre as feridas dos homens", e que "sem misericórdia, a nossa teologia, o nosso direito, a nossa pastoral correm o risco de desmoronar na mesquinhez burocrática ou na ideologia que, por sua natureza, quer domesticar o mistério". E conclui afirmando que o estudante de teologia que a universidade é chamada a formar não é "um teólogo 'de museu' que acumula dados e informações sobre a revelação, sem, contudo, saber verdadeiramente o que fazer deles, nem um 'balconista' da história". Deve ser "uma pessoa capaz de construir humanidade ao seu redor, de transmitir a divina verdade cristã em dimensão deveras humanas, e não um intelectual sem talento, um eticista sem bondade, nem um burocrata do sagrado".

É nesse contexto mais amplo de renovação conciliar da Igreja, que tem como uma de suas marcas fundamentais a redescoberta e insistência na dimensão ou no caráter pastoral de toda teologia, que se insere o 1º Congresso Brasileiro de Teologia Pastoral, realizado em maio de 2021. O livro que temos em mãos recolhe grande parte da reflexão feita nas conferências, nos painéis e nos seminários do congresso. Os títulos das duas conferências publicadas nesta obra contextualizam bem o congresso e seu propósito: "Discernir a pastoral em tempos de crise", indicando "desafios e perspectivas para a pastoral no Brasil, hoje". E os temas abordados nos painéis e seminários destacam aspectos/dimensões e desafios pastorais no contexto das várias pandemias (sanitária, econômica, política, cultural, religiosa etc.) que assolam nosso povo.

Que estas reflexões ajudem nossa Igreja a sentir e a enfrentar os dramas e desafios de nossa sociedade, discernindo os "sinais dos tempos", ungindo as feridas, consolando os aflitos, socorrendo os necessitados, reafirmando a dignidade fundamental de todo ser humano, denunciando injustiças e preconceitos, participando das lutas populares por direitos, cuidando da nossa casa comum, alimentando uma esperança ativa e militante. Que elas desinstalem, renovem e revigorem nossa teologia em um movimento constante de "saída para as periferias" sociais, existenciais e religiosas, assumindo, a seu modo e com os meios que lhes são próprios, a missão comum de toda a Igreja, que é "anunciar e tornar presente o Reino de Deus no mundo". Os pobres e marginalizados deste mundo são, nele, senhores e juízes de nossa pastoral e de nossa teologia...

17 anos do martírio de Ir. Dorothy Stang

Apresentação

Geraldo De Mori (FAJE)[1]

[...] fomos surpreendidos por uma tempestade inesperada e furibunda. Demo-nos conta de estar no mesmo barco, todos frágeis e desorientados, mas ao mesmo tempo importantes e necessários: todos chamados a remar juntos, todos carecidos de mútuo encorajamento [...] nós nos apercebemos de que não podemos continuar a estrada cada qual por conta própria, mas só o conseguiremos juntos (FRANCISCO, Homilia 27/03/2020).

Desde a Conferência de Aparecida, a Igreja católica vem se dando conta de viver "uma mudança de época" (DAp, n. 44). Essa mudança é provocada por transformações tecnológicas, culturais,

---

[1] Apesar de não participarem na organização da presente obra, é importante mencionar aqui os que fizeram parte da Comissão Organizadora do I Congresso Brasileiro de Teologia Pastoral: da PUC-Minas, Dr. André Erick Alves Ferreira; Me. Áureo Nogueira; Dr. Edward Neves Monteiro de Barros Guimarães; Dom Nivaldo dos Santos Ferreira; da FAJE, Dr. Geraldo De Mori; Dr. Francisco das Chagas de Albuquerque; Dr. Eugenio Rivas; Me. Felipe Magalhães; Me. Manuel José de Godoy; do MOBOM, Dr. Denilson Mariano; do ISTA, Me. João Ferreira; do Centro Loyola, Esp. Lucimara Trevizan; da Arquidiocese de Belo Horizonte, Pe. Joel Maria dos Santos; do Seminário Maior Arquidiocesano de Montes Claros, Dr. Jorge Luis Gray; da PUC Campinas, Me. Matheus da Silva Bernardes; do trabalho de formação bíblica, Me. Marcos Tourinho.

econômicas, sociais, antropológicas e ecológicas. Na pastoral, ela é sentida, sobretudo, através da fragmentação do campo religioso, ocasionada pela irrupção do pluralismo, que associa a experiência espiritual à escolha e ao sentimento dos indivíduos, dando origem a uma infinidade de denominações religiosas, muitas delas de viés pentecostal e neopentecostal; essas últimas muito afinadas com a sociedade de consumo e seu culto ao bem-estar, à prosperidade e à transformação do sagrado em magia e espetáculo. O acesso às tecnologias da informação possibilitou a disseminação de muitas propostas de busca de sentido e transformou as redes sociais em grandes púlpitos de pregação e apelo à conversão. Essas mudanças coexistem com a aceleração do processo de urbanização, o aumento das injustiças, que, segundo o Papa Francisco, dão origem a multidões de "descartados" e a um estilo de vida que não se preocupa em "cuidar da casa comum" (LS, n. 45), além de produzir "retrocessos" e fazer com que os sonhos sejam "desfeitos em pedaços", tornando o outro inimigo e não próximo (FT, n. 10.45).

Essa "mudança de época" foi acelerada com a crise sanitária provocada pela Covid-19, que revelou os mecanismos de produção de desigualdades do sistema econômico e social dominante no mundo. No Brasil, contrariamente ao que se poderia esperar, essa crise, em vez de unir o país ao redor de uma política comum de proteção da população, exacerbou a polarização iniciada na eleição de 2014 e radicalizada na de 2018. Inicialmente, os debates opuseram os que defendiam o "cuidado das pessoas" aos que pretendiam "salvar a economia". Argumentos "terraplanistas" e "negacionistas", mesclados com falsas notícias, deram origem a orientações diversas e, às vezes, opostas, das autoridades políticas nos âmbitos nacional, estadual e municipal. Isso suscitou muita desinformação e contribuiu para o crescimento exponencial do índice de contágio e de mortes. Em seguida, as disputas ideológicas ao redor da vacina mostraram que o acesso ao imunizante também foi marcado por grandes dificuldades, sobretudo para a população mais vulnerável. A "volta ao normal", tão desejada por tantas pessoas, não pode, porém, ser um retorno à maneira antiga de viver e de se relacionar com o mundo e as pessoas.

A pastoral da Igreja, já questionada pelas mudanças em curso antes da pandemia, foi profundamente afetada por ela, com muitas de suas atividades suspensas, sobretudo nos primeiros meses. Após o retorno, tais atividades têm sido realizadas com restrições, tendo impactos profundos na vida e na organização eclesial. As tecnologias digitais deram origem a inúmeras iniciativas, na liturgia, na pregação, na formação, na realização de encontros de todo tipo. Porém, em muitos lugares, quem é do grupo de risco e os que têm acesso limitado às plataformas virtuais sentiram-se excluídos da assistência pastoral.

O 1º Congresso Brasileiro de Teologia Pastoral, organizado pelo Grupo de Pesquisa "Teologia e Pastoral", do Programa de Pós-Graduação em Teologia da FAJE,[2] estava inicialmente previsto para o começo de maio de 2020. Contudo, a pandemia não permitiu sua realização, que só pôde ocorrer em 2021 (entre 03 e 06/05). Realizado em formato virtual, com o apoio da Coordenação Central de Atividades de Extensão (CCAEU) da FAJE, contou, em sua realização, com o ISTA, a PUC-Minas e o Centro Loyola, além do apoio de várias instituições de ensino e pesquisa em teologia do Brasil, e de diversos organismos eclesiais, como CNBB, CRB, MOBON e Arquidiocese de Belo Horizonte.

A temática original do Congresso, "Discernir a pastoral em tempos de crise: realidade, desafios, tarefas", foi profundamente afetada pelas questões que surgiram durante a pandemia, algumas relacio-

---

[2] Além de pesquisadores e alunos/as da FAJE, o Grupo de Pesquisa conta com pesquisadores/as da PUC-Minas, do ISTA, do Centro Loyola e de egressos/as do Programa de Pós-Graduação em Teologia da FAJE.

nadas ao uso do nome de Deus enquanto justificativa de propósitos contrários à fé cristã; e, outras, à compreensão de Igreja, identificada seja com figuras da instituição, seja do elã pentecostal-carismático, seja da pregação, seja da práxis profética das Comunidades Eclesiais de Base, seja da fragmentação pós-moderna, seja do tradicionalismo e fundamentalismo, essa última tendo crescido nos últimos anos, com vários grupos ativos na mídia social, acirrando a polarização, manipulando o uso da tradição, rompendo com o Concílio Vaticano II, o magistério do Papa Francisco e da CNBB. A isso se acrescenta o crescimento do clericalismo e de estruturas eclesiásticas contrárias às mudanças empreendidas pelo Papa. Nesse contexto, permanecem, contudo, as questões: o que é evangelizar? Como ser testemunha da alegria do Evangelho, sobretudo nas periferias existenciais, no cuidado da casa comum, em atitude samaritana? Como participar dos processos de reforma da Igreja promovidos pelo atual Pontífice?

O Congresso contou, em sua Programação, com Conferências, Painéis, Seminários, Comunicações, Apresentação de Experiências Significativas. A revista *Annales FAJE* publicou, no primeiro número de 2021, grande parte das Comunicações apresentadas no evento. A presente obra traz alguns dos textos elaborados pelos que fizeram Conferências, atuaram em Painéis ou apresentaram conteúdos em Seminários. Os textos aqui propostos oferecem, sem dúvida, uma grande contribuição para a reflexão da teologia pastoral no país, além de apresentarem pistas para pensar hoje a pastoral na Igreja.

O Congresso não seria possível sem as discussões prévias realizadas pelo Grupo de Pesquisa "Teologia e Pastoral" e sem a atuação dos membros da Comissão Organizadora, com o apoio de suas respectivas instituições, e da Comissão Científica. Tampouco teria acontecido sem o apoio de organismos eclesiais e instituições acadêmicas, para os quais a reflexão sobre a pastoral é fundamental para os processos de anúncio e compreensão do crer, e sem o apoio logístico da CCAEU da FAJE, de colaboradores/as do Centro Loyola, do ISTA e da PUC-Minas. Um de seus frutos, pastoral e acadêmico, é esta obra. Para que ela viesse à luz, foi decisivo o empenho dos autores e autoras que aceitaram rever suas intervenções e produzirem textos a partir delas. Também foi fundamental o apoio do PROEX (Programa de Excelência) da CAPES, que beneficia o Programa de Pós-Graduação em Teologia da FAJE, e da Editora Paulinas, cujos serviços à divulgação da reflexão teológica no Brasil são inestimáveis. A todos e todas que de tantas formas tornaram o Congresso e esta obra possíveis, um muito obrigado! Que o conteúdo aqui proposto ajude a Igreja a "discernir" sua pastoral "em tempos de crise".

PRIMEIRA PARTE
CONFERÊNCIAS

PRIMERA PARTE
CONFERENCIAS

Discernir a pastoral em tempos de crise

Agenor Brighenti (PUC-PR)

Introdução

Um congresso pastoral é vital para a teologia, que não vive um bom momento no Brasil. Enquanto "momento segundo", de um "momento primeiro" que são os processos pastorais das comunidades eclesiais inseridas profeticamente na sociedade, o lugar da teologia não é a academia, onde ela vem se confinando nos últimos tempos, até por falta de espaço de atuação e de liberdade de pesquisa na instituição eclesial. Há duas décadas, Carlos Palácio advertia para o risco de uma teologia órfã de Igreja e órfã de sociedade (PALÁCIO, 2000, p. 51-64), sem chão eclesial e sem o chão das práticas populares ou das periferias apontadas pelo Papa Francisco. O próprio exercício do ministério de teólogo, ao tomar distância de sua matriz, que é a vida das comunidades eclesiais no mundo, perde relevância e tem seu serviço imprescindível ao Povo de Deus diminuído.

A grande questão posta para nossa reflexão nesta conferência de abertura, tema do Congresso, é o *discernimento da pastoral em tempos de crise*. Para abordar a temática, vamos desmembrá-la em três perguntas, que procuraremos responder, ainda que brevemente: (a) que crise é essa que estamos vivendo e que atinge a todos e a tudo, inclusive a pastoral? (b) o que se passa na pastoral nestes tempos de crise? (c) que tipo de pastoral para assumir a crise e superá-la? Trata-se de perguntas complexas que exigem uma abordagem correspondente aos fenômenos subjacentes; porém, dado o perfil deste evento e desta reflexão, apenas levantaremos as variáveis de uma situação que exige todo cuidado e consciência dos limites do que se vai afirmar.

1. A crise que estamos vivendo e que atinge a todos e a tudo, inclusive a pastoral

Crise é uma das marcas fundantes da situação atual, seja do que se vive na sociedade, seja do que se experimenta no cotidiano da Igreja ou na esfera da experiência religiosa como um todo. Há a crise recente, provocada pela *pandemia*, que particularmente em nosso país não é pequena, mas é conjuntural. Contudo, ela se insere no seio de uma crise maior e anterior a ela, uma crise estrutural, que vem de pelo menos quatro décadas.

1.1. A crise da pandemia

A pandemia do Coronavírus colocou o mundo em crise e, de modo particularmente agudo, o nosso país, dado o modo como as autoridades governamentais, sobretudo em âmbito nacional, trataram a questão. Na realidade, a crise da pandemia se desdobra em várias crises:
- *Crise sanitária* – agravada pelo negacionismo da pandemia e da ciência e pela absurda quantidade de infectados e de óbitos, apesar da importância do SUS. Em âmbito

nacional, optou-se pela imunidade de rebanho, por meio do contágio da população, desautorizando medidas de distanciamento social e de higiene, promovendo aglomerações, assim como negligenciando a necessidade de vacina. Estados e municípios, por sua vez, em geral, sucumbiram à pressão do setor econômico.

- *Crise econômico-social* – agravada pela priorização da economia em relação à saúde da população, por parte da maioria das instâncias governamentais, o que, por ironia, contribuiu com a volta da fome e com o desemprego de milhões de pessoas. Tem-se a prova mais contundente do que afirmou o Papa Francisco: "Esta economia mata" (uma necroeconomia), chegando à gravidade de governantes conclamarem a população para sair às ruas e "dar a vida para salvar a economia".

- *Crise política* – caracterizada por um plano nacional de não combate à pandemia, fazendo o Estado refém do mercado e do capital e se posicionando contra o poder legislativo e judiciário, com acenos para um regime de exceção, em ruptura com a ordem democrática e o pacto constitucional.

- *Crise religiosa* – pela instrumentalização da religião, particularmente das Igrejas pentecostais, a um projeto de poder e ao negacionismo da pandemia e da ciência, contrário à restrição da frequência dos fiéis aos templos, justificando a necessidade de "dar a vida para defender a liberdade de culto".

Ainda não se tem clareza de como iremos superar esta crise, depois da vacinação da globalidade da população. E, mais importante, nem como sairemos e o que terá que mudar depois desta crise. O Papa Francisco, na *Fratelli tutti*, acena para iniciativas imprescindíveis, que implicam a todos, em especial a governança de um mundo cada vez mais interconectado e globalizado. Uma fraternidade universal, incluída uma comunidade das nações, que priorize a vida e a sustentabilidade do planeta, é um dos imperativos inadiáveis.

1.2. A crise anterior e maior

Já a crise anterior e maior do que a crise da pandemia, uma crise estrutural, que vem de há mais de quatro décadas, é a crise do *projeto civilizacional moderno*, que atinge a todos e a tudo. Às vezes, quisemos ignorá-la, mas não há como negá-la. Sobram evidências de que estamos imersos em um tempo marcado por profundas transformações. Por um lado, são inegáveis as conquistas da modernidade, contra a qual a Igreja se contrapôs por quase 500 anos, até finalmente se reconciliar com ela no Vaticano II. Dentre elas estão: ciência, técnica, democracia, direitos humanos e dos povos, liberdade de consciência, liberdade religiosa... Entretanto, por outro lado, além de ser conquistas que não chegaram a todos, deixando à margem multidões de descartados, a modernidade se caracteriza pela *razão técnica-instrumental*,[1] que gerou um modo de vida e um modelo de economia que coisificam o ser humano e depredam a natureza (MENASSE, 1996, p. 17; VATTIMO, 1986a).

A crise do projeto civilizacional moderno se impôs ainda na década de 1970 e tornou-se irrefutável com a queda do Muro de Berlim, em 1989. Entre outros, está aí a crise dos metarrelatos, das ciências, da razão, das utopias, dos valores, das identidades individuais, das instituições, das religiões, da democracia representativa, da crise de sentido...[2] Praticamente, como diz Baudrillard, "tudo

---

[1] É a crítica e a postura da Escola de Frankfurt.
[2] Sobre a crise da modernidade, cf. VATTIMO, Gianni. Posmodernidad. In: ORTIZ-OSÉS, A.; LANCEROS, P. *Diccionario de Hermenéutica*. Bilbao: Universidad de Deusto, 1998.

o que é sólido se desmancha no ar", mergulhando-nos, como nota Bauman, em uma *sociedade líquida* (BENEDETTI, 2005, p. 17-18).

É um tempo incômodo, pois está permeado de incertezas e angústias, mais voltado à criatividade do que ao plágio, ou a agarrar-se a velhas seguranças de um passado sem retorno. Ante a crise, há diferentes reações: negativamente, esta crise gera: *medo* (que exagera o perigo, cria monstros); *perplexidade* (fica-se sem entender o que acontece ou qual a saída); *insegurança* (sem saber que caminho seguir); *angústia* (pessoas desesperançadas, depressivas, agressivas); positivamente, esta crise: desafia um *novo nascimento* (crise acrisola); impõe a *urgência de se arriscar* (coragem); desperta a *criatividade* (lançar-se a criar o novo); desafia a *sonhar* (com um mundo crescentemente melhor).

Como nos adverte a sabedoria oriental, crise não é "fim da história" ou "beco sem saída". Crise é encruzilhada, ocasião de novas oportunidades, mas à condição de não fugirmos dela. Crise é metamorfose, passagem, travessia, só que tanto para a morte como para um novo nascimento, dependendo de como a enfrentamos. Fugir dela é presságio de um fim catastrófico; assumi-la, prenúncio de um tempo pascal, de um novo começo.[3]

---

p. 640-646; GASTALDI, Ítalo. De la modernidad a la posmodernidad. *Iglesias, Pueblos y Culturas* 30 (1993), p. 5-22; BALLESTEROS, J. *Postmodernidad*: decadencia o resistencia. Madrid: Herder, 1989; HABERMAS, J. *Modernidad y postmodernidad*. Madrid: Alianza, 1988; LYOTARD, J. F. *La condición postmoderna*. Madrid: Cátedra, 1986; LYOTARD, J. F. *La postmodernidad (explicada a niños)*. Barcelona: Gedisa, 1987; POBLET, F. *Contra la modernidad*. Madrid: Ed. Libertaria, 1985; VATTIMO, G. *El fin de la modernidad*. Barcelona: Gedisa, 1986.

[3] Para uma visão dos diferentes desdobramentos da crise da modernidade, em suas hermenêuticas distintas e em seus projetos históricos antagônicos, ver BRIGHENTI, A. *A Igreja perplexa*: a novas perguntas, novas respostas. São Paulo: Paulinas, 2004. p. 45-65.

As diferentes reações ante uma crise se devem a *distintas visões da realidade*, que, para Alvin Tofler (1980), são basicamente três. Há os que reagem com uma:

- *Visão retrospectiva da realidade*: busca-se uma saída olhando pelo retrovisor – faz do *passado* que deu certo um refúgio e procura prolongar o passado no presente; em meio à instabilidade que uma crise sempre gera, busca-se segurança a todo preço e se acaba apostando no *tradicionalismo* e no *fundamentalismo*;
- *Visão catastrófica da realidade*: busca-se uma saída olhando-se no espelho – supostamente, como o passado já passou e não haverá futuro, resta viver o *presente,* resignados ao pragmatismo do cotidiano. Dado que o passado perdeu relevância e o futuro é incerto, o corpo é a referência da realidade presente, deixando-se levar pelas sensações, apostando como segurança no *emocionalismo*;
- *Visão prospectiva da realidade*: busca-se uma saída, olhando para o futuro – na fidelidade aos novos desafios do presente e alicerçados na experiência do passado, procura-se projetar a partir do hoje em um amanhã crescentemente melhor. Tem-se consciência de que a modernidade é ambígua, mas não se justifica jogar tudo fora, ser antimoderno: a ciência tem limites, mas pior é refugiar-se no obscurantismo do terraplanismo; a racionalidade moderna é curta e, portanto, trata-se de alargar seus horizontes e não se confinar no emocionalismo; a democracia é imperfeita, mas nem por isso há que se apostar na ditadura; as instituições em sua identidade já não respondem, mas não se deve substituí-las pelo tradicionalismo; no âmbito eclesial, o Vaticano II e sua reconciliação com a modernidade têm limites, mas nem por isso se justifica voltar a Trento.

Em resumo, sempre presentes em tempos de crise – *fundamentalismo, tradicionalismo* e *emocionalismo* –, dão segurança, mas são falsas seguranças; são guarda-chuvas que se abrem na tempestade, mas que se tornarão obsoletos quando ela passar. Não há verdadeira segurança em tempos de crise. Como dizia K. Rahner, "a tessitura do risco como única garantia de futuro".

2. O que se passa na pastoral nestes tempos de crise?

Para nos situar no atual momento eclesial e pastoral, é importante ter presente este pano de fundo, pois também a experiência religiosa e a Igreja passam por profundas mudanças; também a instituição eclesial, as teologias e a pastoral estão mergulhadas em um tempo de crise; também no meio religioso, entre ambiguidades e retrocessos, irrompem novas realidades e legítimas aspirações. E também nós, os cristãos, se formos às causas da atual crise pastoral, nos deparamos com a crise da sociedade, que afeta igualmente a Igreja. E nem poderia ser diferente, pois o mundo é constitutivo da Igreja. Não é o mundo que está na Igreja, mas é a Igreja que está no mundo. O Povo de Deus peregrina no seio de uma humanidade toda ela peregrinante. E o destino do Povo de Deus não é diferente do destino de toda a humanidade. E tal como na sociedade atual em relação à modernidade, também na Igreja há dificuldades em situar-se em nosso novo tempo, para interagir com ele, e, sobretudo, há dificuldades de aprender e enriquecer-se com as novas realidades emergentes.

A crise da modernidade afeta diretamente a Igreja, pois nela está também implicado o Concílio Vaticano II, dado que, entre outros, ele significou a reconciliação da Igreja com o mundo moderno, depois de cinco séculos de oposição e excomunhão em bloco. O que representa a modernidade para a humanidade, o Vaticano II significa para a Igreja. E da mesma forma que a modernidade está em crise, também o Vaticano II atravessa uma profunda crise, para muitos um grande equívoco, em um momento de ingênuo otimismo eclesial, como foi o agitado "maio de 68".

Por um lado, infelizmente, tal como no seio da sociedade as diferentes hermenêuticas da crise da modernidade se configuram em projetos sociais distintos, também no âmbito eclesial as diversas hermenêuticas do Vaticano II e da tradição latino-americana configuram modelos de pastoral diferentes[4] e, em muitos aspectos, antagônicos. Mas, por outro, felizmente, também estão presentes nos meios eclesiais práticas pastorais que vão colocando as balizas de um novo paradigma de pastoral, centrado na integração de novas realidades e legítimas aspirações, que irrompem na história como "novos sinais dos tempos".

Curiosamente, as três posturas ante a crise do projeto civilizacional moderno estão presentes também na Igreja e dão o teor da ação pastoral. Os que reagem à crise atual com uma *visão retrospectiva* da realidade estão na *pastoral de conservação* (modelo da cristandade medieval) ou em uma *pastoral apologética* (modelo de Igreja da neocristandade), e muitas vezes se mesclam os dois modelos. As três décadas

---

[4] Cf. FLORISTÁN, C. *Teología Práctica*: teoría y práxis de la acción pastoral. Salamanca: Ed. Sígueme, 1991. p. 259-275; FLORISTÁN, C. Modelos de Iglesia subyacentes a la acción pastoral. *Concilium* 196 (1984) 417-426; BOFF, L. *Modelos de teologia, modelos de Igreja*: curso para coordenadores diocesanos de pastoral. Porto Alegre: Instituto de Pastoral da Juventude, 1988. (Subsídio 3). Ver, também, DULLES, A. *A Igreja e seus modelos*. São Paulo: Paulinas, 1978; FOSSION, A. Images du monde et images d'église. *Lumen Vitae* 45 (1990), p. 61-70; LOSADA, J. Modelos eclesiológicos y sus derivaciones en la evangelización y catequesis. *Actualidad Catequética* 92-93 (1979), p. 273-283; ESTRADA, J. A. *La Iglesia: identidad y cambio*. El concepto de Iglesia del Vaticano I a nuestros días. Madrid: Ed. Cristiandad, 1985. p. 17-134.

de "involução eclesial" em relação à renovação do Vaticano II, que se estendeu durante os dois pontificados que antecederam o atual, propiciaram o refluxo desses modelos e, curiosamente, sobretudo através do clero mais jovem (BRIGHENTI, 2015, p. 23-34).

2.1. A pastoral de conservação

A pastoral de conservação, assim denominada por *Medellín* (Med 6,1) e lembrada por *Aparecida* (DAp, n. 370), é o modelo de pastoral do regime de cristandade (FLORISTÁN, 1991, p. 269-270). Está ainda vigente na Igreja e existe há mais de mil anos, apesar de haver sido superado pelo Concílio Vaticano II há mais de meio século. Funciona centralizado no padre, na paróquia e, no seio desta, na matriz. A paróquia, entretanto, desde o início da Idade Média, continua sendo, para a maioria dos católicos, o único espaço de contato com a Igreja.

Na pastoral de conservação, em sua configuração pré-tridentina, a prática da fé é de cunho devocional, centrada no culto aos santos e composta de procissões, romarias, milagres e promessas, práticas típicas do catolicismo popular medieval (um catolicismo "de muita reza e pouca missa, muito santo e pouco padre", segundo Riolando Azzi). Já em sua configuração tridentina, a vivência cristã gira em torno do padre, baseada na recepção dos sacramentos e na observância dos mandamentos da Igreja.

Resquício de uma sociedade teocrática, assentada sobre o denominado "substrato católico" de uma cultura rural estática, pressupõe-se que os cristãos já estejam evangelizados, quando na realidade trata-se de católicos não convertidos, sem a experiência de um encontro pessoal com Jesus Cristo. Consequentemente, não há processos de iniciação cristã, catecumenato ou catequese permanente. A recepção dos sacramentos, concebidos como uma espécie de "vacina espiritual", salva por si só. Em lugar da Bíblia, coloca-se na mão do povo o catecismo da Igreja. Em lugar de teologia para formar cristãos adultos, enquadram-se os fiéis na doutrina e nos dogmas da fé católica. A paróquia é territorial e, nela, em lugar de fiéis, há clientes que acorrem esporadicamente ao templo para receber certos benefícios espirituais fornecidos pelo clero. Na pastoral de conservação, o administrativo predomina sobre o pastoral; a sacramentalização sobre a evangelização; a quantidade sobre a qualidade; o pároco sobre o bispo; o padre sobre o leigo; o rural sobre o urbano; o pré-moderno sobre o moderno; a massa sobre a comunidade.

2.2. A pastoral apologista

A pastoral apologista é o modelo de pastoral do regime de neocristandade (FLORISTÁN, 1991, p. 271-272; BRIGHENTI, 2012, p. 123-124), que teve seu auge no século XIX, quando a Igreja pré-moderna jogou suas últimas cartas no confronto com a modernidade. Pouco tempo depois, ela seria desautorizada em seus pressupostos pelo Concílio Vaticano II, que insere a Igreja em atitude de "diálogo e serviço" ao mundo (QUEIRUGA, 2000; VELASCO, 2002). Nos dias atuais, com a crise da modernidade e a falta de referenciais seguros, a pastoral apologista volta com força, com ares de "revanche de Deus", com muito dinheiro e poder, triunfalismo e visibilidade, guardiã da ortodoxia, da moral católica, da tradição.

A pastoral apologista assume a defesa da instituição católica diante de uma sociedade anticlerical e a guarda das verdades da fé ante uma razão secularizante, que não reconhece senão o que pode ser comprovado pelas ciências. Ao desconstrucionismo dos metarrelatos e do relativismo reinante, que geram vazio, incertezas e medo, contrapõe-se o "porto seguro de certezas" da tradição religiosa e um elenco de verdades apoiadas em uma racionalidade metafísica.

Se a pastoral de conservação é pré-moderna, a pastoral apologista é antimoderna. Nesse modelo de Igreja e de pastoral, em lugar do Vaticano II (HÜNERMANN, 2012, p. 283-296; ALBERIGO, 2005, p. 7-19; MELLONI, 2005, p. 34-59; THEOBALD, 2005, p. 115-138), que se rendeu à modernidade, uma "revolução jacobina" antropocentrista, que em sua essência atenta contra Deus, apregoa-se a "volta ao fundamento", guardado zelosamente pela tradição antimoderna, que acertadamente excomungou em bloco a modernidade.[5]

A pastoral apologista apoia-se em uma "missão centrípeta", que consiste, com uma atitude apologética e proselitista, em sair da Igreja, com o objetivo de trazer de volta as "ovelhas desgarradas" para dentro dela. Em uma atitude hostil ante o mundo, cria seu próprio mundo, uma espécie de "subcultura eclesiástica", no seio do qual, pouco a pouco, se sentirá a necessidade de vestir-se diferente e evitar os diferentes, conviver entre iguais, em típica mentalidade de seita ou gueto. A redogmatização da religião e o entrincheiramento identitário acabam sendo sua marca, apoiados na racionalidade pré-moderna. Como se está em estado de guerra, qualquer crítica não é tolerada, pois enfraquece a resistência. Diante da dúvida, a certeza da tradição e a obediência à autoridade monárquica, ícone da divindade na terra. A missa tridentina alimenta o imaginário de novos cruzados, no resgate da pré-modernidade perdida.

---

[5] Sobre a questão, ver MANZANARES, C. V. *Postmodernidad y neoconservadurismo*. Estella: Verbo Divino, 1991; LUNEAU, R.; LADRIÈRE, P. *Le retour des certitudes*. Paris: Centurion, 1988, e, também, dos mesmos autores, LUNEAU, R.; LADRIÈRE, P. *Le rêve de Compostelle*. Paris: Le Centurion, 1990; GONZÁLEZ FAUS, J. I. El meollo de la involución eclesial. *Razón y Fe* 220 (1989) nn. 1089/90, 67-84; CARTAXO ROLIM, F. Neoconservadorismo eclesiástico e uma estratégia política. *REB* 49 (1989) 259-281; LADRIERE, P.; LUNEAU, R. (dir.). *Le retour des certitudes: événements et orthodoxie depuis Vatican II*. Paris: Le Centurion, 1987. p. 161-178; LIBANIO, J. B. *A volta à grande disciplina*. São Paulo: Loyola, 1984. (Col. Teologia e evangelização, n. 4.)

2.3. A pastoral secularista

Por sua vez, os que reagem à crise atual com uma *visão catastrófica* da realidade, na pastoral, praticam uma espécie de pastoral secularista, restrita ao presente, ao aqui e agora. Há o encolhimento da utopia no cotidiano, uma "religião do corpo" em que salvação é sinônimo de prosperidade material, saúde física e realização afetiva (CORBÍ, 2007). Na pastoral secularista, a religião passa a ser consumista, centrada no indivíduo e na degustação do sagrado, entre a magia e o esoterismo. Propõe-se responder às necessidades imediatas das pessoas no contexto atual, em sua grande maioria órfãs de sociedade e de Igreja. É integrada por pessoas desencantadas com as promessas da modernidade, por "pós-modernos" em crise de identidade, pessoas machucadas, desesperançadas, em busca de autoajuda e habitadas por um sentimento de impotência diante dos inúmeros obstáculos a vencer, tanto no campo material como no plano físico e afetivo. Em suas fileiras, estão pessoas que querem ser felizes hoje, buscando solução a seus problemas concretos e apostando em saídas providenciais e imediatas. Nesses meios, há um encolhimento da utopia no momentâneo.[6]

Em meio às turbulências de nosso tempo, dado que o passado perdeu relevância e o futuro é incerto, o corpo é a referência da realidade presente, deixando-se levar pelas sensações e professando

---

[6] Sobre as mudanças em curso no seio da religião, ver MARDONES, J. M. *Para comprender las nuevas formas de la religión*. Navarra: Verbo Divino, 1994. p. 151-163; TERRIN, A. N. Despertar religioso: nuevas formas de religiosidade. *Selecciones de Teología* 126 (1993) 127-137; CAMPICHE, R. et al. Individualisation du croire et recomposition de la religion. *Archives de Sciences sociales des Religions* 81 (1993) 117-131; na América Latina, ver AZEVEDO, M. América latina : perfil complexo de um universo religioso. *Medellín* 87 (1996) 5-22; sobre as mudanças do cristianismo em relação à modernidade, ver HERVIEU, D.; CHAMPION, F. Les manifestations contemporaines du christianisme et la modernité. In: CENTRE T. MORO. *Christianisme et modernité*. Paris: Cerf, 1990.

uma espécie de "religião do corpo". Na medida em que Deus quer a salvação a partir do corpo, essa religiosidade colada à materialidade da vida pode ser porta de entrada para a religião, mas, caso se reduza a isso, é certamente porta de saída. A pastoral secularista vem na esteira de uma religiosidade eclética e difusa, uma espécie de neopaganismo imanentista, que confunde salvação com prosperidade material, saúde física e realização afetiva. É a religião *à la carte*: Deus como objeto de desejos pessoais, solo fértil para os mercadores da boa-fé, no seio do atual próspero e rentável mercado religioso. A religião já é o produto mais rentável do capitalismo.

No seio da pastoral secularista, há um deslocamento da militância para a mística na esfera da subjetividade individual, do profético ao terapêutico e do ético ao estético (da passagem de opções orientadas por parâmetros éticos para escolhas pautadas por sensibilidades estéticas), contribuindo para o surgimento de "comunidades invisíveis", compostas de "cristãos sem Igreja", sem vínculos comunitários. Há uma internalização das decisões na esfera da subjetividade individual, esvaziando as instituições, inclusive a instituição eclesial, composta também de muitos membros sem espírito de pertença.

Nesse contexto, a mídia contribui para a banalização da religião, não só a reduzindo à esfera privada como também a um espetáculo para entreter o público. Trata-se de uma "estetização presentista", propiciadora de sensações "intranscendentes", espelho das imagens da imanência. Também a religião passa a ser consumista, centrada no indivíduo e na degustação do sagrado, entre a magia e o esoterismo.

2.4. A pastoral do Vaticano II e da tradição libertadora

Mas será que também existe na Igreja os que, em meio à crise, olham para a frente, com uma *visão prospectiva*? Sim, aqueles que fizeram do Vaticano II, mais do que um ponto de chegada, um *ponto de partida*, como frisou Paulo VI no seu encerramento. Estes já foram maioria, mas hoje são quase minoria. Em muitos lugares, são brasas sob cinzas. Ultimamente, entretanto, com a arejada de *Aparecida* e do pontificado do Papa Francisco, ao resgatarem o Vaticano II e a tradição eclesial libertadora, as chamas voltaram a arder, ainda que tímidas em meio a tantas adversidades.

É a Igreja das pequenas comunidades inseridas profeticamente na sociedade, para além do paroquialismo e do universalismo dos movimentos supradiocesanos (LIÉGÉ, 1978; LOSADA, 1986, p. 243-256); é a Igreja da opção pelos pobres, que faz deles sujeitos de uma sociedade inclusiva, e não meros objetos de caridade; é a Igreja da Campanha da Fraternidade e das pastorais sociais, alimentada na mística dos mártires e em uma espiritualidade libertadora; é a Igreja sinodal da pastoral orgânica e de conjunto em processos de planejamento participativo e dos conselhos e assembleias de pastoral; é a superação de uma Igreja autorreferencial, em relação ecumênica e inter-religiosa; enfim, é a Igreja que busca ser toda ela ministerial, para além do binômio clero-leigos etc.

Mas esta é também uma Igreja *perplexa*, e não só porque precisa mudar a linguagem: as intuições básicas e eixos fundamentais do Vaticano II e da tradição libertadora continuam válidos, mas o contexto mudou e nos deparamos todos com novos desafios e a irrupção de novos valores. Como conjugar: *comunidade e autonomia* (há uma crise de compromisso comunitário também por conta de comunitarismos); *militância e gratuidade* (o outro como imperativo ético e o outro como alteridade gratuita); *utopia e vida presente* (a insustentável utopia como dilatação indeterminada do futuro); *objetividade e subjetividade* (a veracidade de diferentes versões do mesmo); *global e local* (o global como volatização do real da realidade); *autoridade e consenso* (a verdade como consenso das diferenças no ato comunicativo) etc.

3. Que tipo de pastoral para assumir a crise e superá-la

Por mais duras e desconcertantes que possam ser as mudanças no seio de uma sociedade em profundas transformações, como Igreja, não estamos condenados ao pragmatismo do cotidiano nem a repetir o passado. Em tempos de travessia e de criação de novas respostas a novas perguntas, de nada servem saídas pastorais providencialistas ou modelos nostálgicos restauradores de um passado sem retorno. Em meio à ambiguidade dos acontecimentos, é preciso ficar atentos às interpelações do Espírito e, sobretudo, não satanizar as práticas proféticas que "minorias abraâmicas" vão cravando como cunhas nas brechas de modelos sociais e eclesiais obsoletos. São respostas ainda frágeis, incapazes de compor um modelo estável e satisfatório, mas suficientes para sinalizar algumas balizas de um novo paradigma pastoral em tempos de mudança, a ser ainda plasmado, com a paciência das sementes, que sabem esperar para germinar na estação propícia.

O Concílio Vaticano II, superando a cristandade, que havia se distanciado do modelo eclesial normativo neotestamentário, se propôs a fazer uma "volta às fontes" bíblicas e patrísticas (*ad rimini fontes*) e, na fidelidade a elas, ressituar-se no contexto da modernidade.[7] Hoje, os segmentos eclesiais alinhados à neocristandade

---

[7] Cf. J. BEOZZO, O. (org.). *O Vaticano II e a Igreja latino-americana*. São Paulo: Paulinas, 1985; BRIGHENTI, A. Énfasis pastorales de la Iglesia en América Latina y El Caribe en los últimos 50 años. *Medellín* 123 (2005), p. 375-398. Para uma visão da renovação conciliar na Igreja latino-americana, ver: SOBRINO, J. *El Vaticano II y la Iglesia latinoamericana*. In: FLORISTÁN, C. Y; TAMAYO, J.-J. (eds.). *El Vaticano II*: veinte años después. Madrid: Cristiandad, 1985. p. 105-134; METHOL FERRÉ, A. El camino de la Iglesia latinoamericana. *Nexo* 10 (1986), p. 43-73; KELLER, M. A. El proceso evangelizador de la Iglesia en América Latina: de Río a Santo Domingo. *Medellín* 81 (1995), p. 5-43; JIMÉNEZ CARVAJAL, J. Las cuatro conferencias generales del episcopado: Río, Medellín, Puebla, Santo Domingo. El camino recorrido. *Medellín* 118 (2004), p. 177-218; CADAVID, A. El camino pastoral de la Iglesia en América Latina y el Caribe. *Medellín* 123 (2005), p. 331-374.

propugnam pela "volta ao fundamento", que não é volta às fontes bíblicas e patrísticas, mas à tradição tridentina atrelada a manuais e catecismos apologéticos, a uma fé "porto de certezas". Houve uma "primeira recepção" do Vaticano II no contexto da modernidade; hoje, apresenta-se o grande desafio de uma "segunda recepção" no novo contexto, que em muitos aspectos precisa ser de *ruptura* com a modernidade, mas sem voltar à pré-modernidade.

Em tempos de mudanças e de avanços no seio do projeto civilizacional moderno, a Igreja precisa caminhar para a frente, sem perder de vista o Concílio Vaticano II e a tradição latino-americana, de *Medellín* a *Aparecida*.[8] Tal como a modernidade, que apesar de sua crise continua vigente em seus valores e conquistas, também a renovação conciliar, em suas intuições básicas e eixos fundamentais, continua relevante para os dias de hoje. O Concílio Vaticano II fez uma ruptura radical com o eclesiocentrismo medieval, elaborando uma nova autocompreensão da Igreja, em diálogo com o mundo moderno e em espírito de serviço, especialmente aos mais pobres (CHENU, 1977, p. 73-79). O mesmo vale para a "recepção criativa" do Vaticano II feita por *Medellín* (SCATENA, 2007). É preciso ir além, não aquém de *Medellín*, não perdendo de vista suas intuições e posicionamentos inspiradores para a ingente e gigante tarefa que se nos apresenta.

3.1. Uma pastoral de conversão missionária

De *Aparecida* brota um novo modelo de pastoral, que, com o magistério do Papa Francisco, poderíamos denominar "pastoral de

---

[8] Sobre a recepção do Vaticano II na América Latina, ver: Cf. SOBRINO, J. El Vaticano II y la Iglesia latinoamericana. In: FLORISTÁN, C.; TAMAYO J. J. (eds.). *El Vaticano II*: veinte años después. Madrid: Cristiandad, 1985. p. 105-134; GUTIÉRREZ, G. La recepción del Vaticano II en América Latina. In: ALBERIGO, G.; JOSSUA, J. P. (eds.). *La recepción del Vaticano II*. Madrid: Cristiandad, 1987. p. 213-237.

conversão missionária". "Pastoral de conversão" se remete a *Santo Domingo*, que, para levar adiante a renovação do Vaticano II, propõe uma "conversão pastoral" (SD, n. 30) (ESPEJA PARDO, 2008, p. 299). Por sua vez, *Aparecida* resgata *Santo Domingo* e, junto à "conversão pastoral", além de sua coerência com o Concílio, que ela esteja também em sintonia com a *tradição eclesial libertadora*. E mais que isso, frisa que a "conversão pastoral" deve ser "missionária". Missionariedade que o Papa Francisco completa na *Evangelii gaudium*, traduzindo-a em "Igreja em saída", isto é, que rompe com uma Igreja "autorreferencial", saindo para as "periferias" geográficas e existenciais (FERNANDES, 2010). Para Francisco, o centro da Igreja é a periferia.

Curiosamente, a maneira como *Santo Domingo* e *Aparecida* concebem a "conversão pastoral", e também como o Papa Francisco entende uma "Igreja em saída", tem fortes vínculos com as posturas e as práticas do *pensamento descolonial* (CODINA, 2008, p. 138-145). Para *Santo Domingo*, a "conversão pastoral" abarca quatro âmbitos: o âmbito da consciência ou da mentalidade; o âmbito das práticas ou das ações; o âmbito das relações de igualdade e de poder; e o âmbito das estruturas. Isso converge no pensamento descolonial, que postula uma descolonização do *poder* (nível ético), do *saber* (nível epistemológico) e do *ser* (nível ontológico). Poderíamos, então, postular que uma pastoral que faça uma "segunda recepção" do Vaticano II e da tradição libertadora precisa conjugar "conversão pastoral" e "Igreja em saída", em perspectiva descolonial (ASCENJO GÁLVEZ, 2008, p. 270).

3.2. Conversão em quatro âmbitos

Contentemo-nos, aqui, com apenas algumas indicações de uma "pastoral de conversão missionária", em perspectiva descolonial, em vista de uma "segunda recepção" do Vaticano II e da tradição libertadora no novo contexto atual:

a) Para a conversão no *âmbito da consciência*: ao desautorizar a volta a modelos de Igreja pré-conciliares e reafirmar a eclesiologia do Vaticano II, *Aparecida* frisa a necessidade de "descolonizar as mentes, fazer cessar a lógica colonialista de rechaço e de assimilação do outro; uma lógica que não vem de fora, mas que está dentro de nós" (cf. DAp, n. 96). Por isso, "anúncio e diálogo são elementos constitutivos da evangelização" (DAp, n. 237). Para a *Fratelli tutti,* conformamos uma "humanidade única", desafiada a ser uma "fraternidade universal". Na *Lumen gentium*, o Povo de Deus é um povo que peregrina no seio de uma humanidade toda ela peregrinadora, e o destino do Povo de Deus não é diferente do destino da humanidade. Em um mundo pluralista, é preciso saber acolher e colaborar com a obra que o Espírito realiza, também fora da Igreja, e, portanto, diz *Aparecida*: "necessidades urgentes nos levam a colaborar com outros organismos ou instituições" (DAp, n. 384). Portanto, no âmbito da consciência, um coração aberto ao mundo inteiro; um mundo sem muros, sem excluídos.

b) Para uma "pastoral de conversão missionária" no *âmbito das ações*: Paulo VI, na *Evangelii nuntiandi*, afirma que "a Igreja existe para evangelizar". E evangelizar não significa implantar a Igreja ou incorporar pessoas à instituição. Para o Papa Francisco, na *Evangelii gaudium*, "evangelizar é tornar presente o Reino de Deus no mundo" (EG, n. 176). Por isso, frisa *Aparecida*, em vista de um mundo inclusivo de todos, evangelizar é também "engendrar padrões culturais alternativos para a sociedade atual" (DAp, n. 480). Consequentemente, a Igreja está "convocada a ser advogada da justiça e defensora dos pobres", diante das intoleráveis desigualdades sociais e econômicas, que clamam aos céus (DAp, n. 395) (COMBLIN, 2008, p. 289-305). E continua: a opção pelos pobres, "para que seja preferencial, precisa transpassar todas as nossas estruturas e prioridades pastorais" (DAp, n. 396), o que leva a Igreja a inserir-se particularmente nos meios populares e a trabalhar estreitamente com os movimentos populares. Assim, cabe "promover renovados esforços para fortalecer uma pastoral social estruturada, orgânica e integral, que, com a assistência e a promoção humanas, se faça presente nas novas realidades de exclusão e marginalização, lá onde a vida está mais ameaçada" (DAp, n. 401). Para isso, é preciso "favorecer a formação de um laicato capaz de atuar como verdadeiro sujeito eclesial e competente interlocutor entre a Igreja e a sociedade" (DAp, n. 497).

c) Para uma "pastoral de conversão missionária" no âmbito das relações de igualdade e autoridade: tanto para *Aparecida* como para o Papa Francisco, o clericalismo, o autoritarismo, a minoridade do laicato, a discriminação das mulheres e a falta de corresponsabilidade entre todos os batizados são os grandes obstáculos para levar adiante a renovação do Vaticano II e da tradição libertadora. Daí para *Aparecida* a necessidade da participação "dos leigos e leigas no discernimento, tomada de decisões, no planejamento e na execução" da ação pastoral (DAp, n. 371). Urgem processos de tomada de decisões relativas à pastoral, que contemplem a participação de todos, na corresponsabilidade de todos os batizados na obra da evangelização. E, mais que isso, para *Aparecida*, é preciso promover "o protagonismo, em especial das mulheres", com ministérios e "efetiva presença nas esferas de planejamento e nos processos de tomada de decisão" (DAp, n. 458).

d) Para uma "pastoral de conversão missionária" no *âmbito das estruturas*: estas são um elemento fundamental da visibilidade da Igreja, pois afetam seu caráter de sacramento do Reino (LIBANIO, 2008, p. 323). As estruturas são também mensagem. A Igreja, em suas estruturas, precisa ser exemplo para a sociedade. O Papa Francisco fala da urgência de uma *sã descentralização*, começando pela Cúria romana, passando pela Diocese e a Paróquia. *Medellín* fala das Comunidades Eclesiais de Base como a "célula inicial de estruturação eclesial" (DAp, n. 178) (OLIVEROS, 2018, p. 183-193; CODINA, 2008, p. 138-145). Para uma *Igreja sinodal*, somente se implementando estruturas de "comunhão e participação", em todos os âmbitos eclesiais, regidos por equipes, conselhos e assembleias, representativos de todo o Povo de Deus. Do Sínodo dos Bispos para a Amazônia não nasceu uma Conferência Episcopal para a Região, mas uma *Conferência Eclesial*, integrada por segmentos de todo o Povo de Deus. Em lugar de uma sexta Conferência dos Bispos da América Latina e do Caribe, está em processo de preparação a *I Assembleia Eclesial Latino-americana e Caribenha*. Uma vez mais, algo novo está sendo gestando na América Latina. A CNBB, com seu histórico de profetismo e inovação, não poderia também ser pioneira em reconfigurar-se mais sinodalmente, constituindo-se, em lugar de "conferência episcopal", como uma "conferência eclesial", representativa de todo o Povo de Deus? (TILLARD, 1987).

Concluindo

Afirma *Medellín* que todo compromisso pastoral brota de um discernimento da realidade, pois a finalidade da evangelização é impregnar a história dos mistérios do Reino de Deus e transfigurar em Cristo tudo o que está desfigurado. Consequentemente, não há fidelidade ao Evangelho sem fidelidade à realidade. Nosso atual contexto, marcado por profundas mudanças, em meio às ambiguidades dos acontecimentos, é também lugar de revelação de novos sinais dos tempos, interpelações do Espírito, que clamam por uma renovação das mediações eclesiais que mantêm viva, na concretude da história, a obra redentora de Jesus Cristo. É preciso, pois, ter a coragem de mudar a roupagem, de abandonar modos de ação e estruturas obsoletas, para que a Mensagem, sempre nova, se renove a cada manhã.

Para que Deus seja novo em cada manhã e seu plano de amor não caduque no tempo, a Igreja, depositária da Boa-Nova do Reino, precisa estar em constante estado de *aggiornamento*, tanto em seu "ser" como em seu "fazer". Haverá sempre uma inevitável tensão entre a promessa do Reino que a Igreja testemunha, anuncia e edifica e o caráter obsoleto das mediações que buscam visibilizá-lo na concretude da história, através de sua ação evangelizadora e das estruturas que lhe dão suporte. O institucional inscreve-se no tempo provisório da eternidade do Reino; por isso, sempre precário e desafiado a colocar-se em constante estado de desaparição.

A precariedade do instituído não somente é consequência de infidelidades como também, e muito mais, fruto da distância engendrada pela Promessa em relação a toda forma de realização histórica da mesma. A flexibilidade da Tradição ou a consciência da precariedade da instituição é o rosto vivo do modo discreto de Deus manifestar-se no mundo, dado que ele não dispõe da liberdade humana como um senhor despótico, mas a solicita como um amigo. Mediante sua discrição, é como Deus se apresenta como Deus. Por sua vez, mediante seu próprio eclipse e sua flexibilidade é como a instituição eclesial mostra ser sua testemunha e sacramento, na precariedade da história. Os modelos de pastoral, que têm subjacentes modelos eclesiológicos que se sucedem, são a mais palpável expressão da precariedade do instituído.

Referências

ALBERIGO, G. O Vaticano II e sua história. *Concilium* 312 (2005/4), p. 7-19.

ASCENJO GÁLVEZ, L. A. La conversión pastoral: un llamado a vivir en libertad y comunión. *Medellín* 134 (2008), p. 247-275.

AZEVEDO, M. América latina: perfil complexo de um universo religioso. *Medellín* 87 (1996), p. 5-22.

BALLESTEROS, J. *Postmodernidad*: decadencia o resistencia. Madrid: Herder, 1989.

BENEDETTI, L. R. Quando un tissu social se déchire. In: MULLER, H. A. M.; VILLEPELET, D. (org.). *Risquer la foi dans nos sociétés*: Églises d'Amérique Latine et d'Europe en dialogue. Paris: Karthala, 2005. p. 17-29.

BEOZZO, J. O. (org.). *O Vaticano II e a Igreja latino-americana*. São Paulo: Paulinas, 1985.

BOFF, L. *Modelos de teologia, modelos de Igreja*: curso para coordenadores diocesanos de pastoral. Porto Alegre: Instituto de Pastoral da Juventude, 1988. (Subsídio 3).

BRIGHENTI, A. *A Igreja perplexa*: a novas perguntas, novas respostas. São Paulo: Paulinas, 2004.

BRIGHENTI, A. Énfasis pastorales de la Iglesia en América Latina y el Caribe en los últimos 50 años. *Medellín* 123 (2005), p. 375-398.

BRIGHENTI, A. A pastoral na vida da Igreja: repensando a missão evangelizadora em tempos de mudança. In: CNBB. *Comissão episcopal para a Animação Bíblico-catequética*. Brasília: Ed. CNBB, 2012. p. 123-124.

BRIGHENTI, A. A ação pastoral em tempos de mudança: modelos obsoletos e balizas de um novo paradigma. *Vida Pastoral*, v. 56, n. 302 (2015), p. 23-34.

CADAVID, A. El camino pastoral de la Iglesia en América Latina y el Caribe. *Medellín* 123 (2005), p. 331-374.

CAMPICHE, R. et al. Individualisation du croire et recomposition de la religion. *Archives de Sciences sociales des Religions* 81 (1993), p. 117-131.

CARTAXO ROLIM, F. Neoconservadorismo eclesiástico e uma estratégia política. *REB* 49 (1989), p. 259-281.

CHENU, M. D. La Iglesia de los pobres en el Vaticano II. *Concilium* 124 (1977), p. 73-79.

CODINA, V. A eclesiologia de Aparecida. In: AMERÍNDIA. *V Conferência de Aparecida: renascer de uma esperança*. São Paulo: Paulinas, 2008. p. 138-145.

COMBLIN, J. Los pobres en la Iglesia latinoamericana y caribeña. In: BONAVIA, P. y varios. *Tejiendo redes de vida y esperanza*: cristianismo, sociedad y profecía en América Latina y el Caribe. São Paulo: Paulinas, 2008. p. 289-305.

CORBÍ, M. *Hacia una espiritualidad laica*: sin creencias, sin religiones, sin dioses. Barcelona: Herder, 2007.

DULLES, A. *A Igreja e seus modelos*. São Paulo: Paulinas, 1978.

ESPEJA PARDO, J. La conversión pastoral como cambio de paradigmas, métodos y lenguajes. *Medellín* 134 (2008), p. 277-308.

ESTRADA, J. A. *La Iglesia: identidad y cambio*. El concepto de Iglesia del Vaticano I a nuestros días. Madrid: Cristiandad, 1985.

FERNANDES, V. M. *Conversión pastoral y nuevas estructuras*. ¿Lo tomamos en serio? Buenos Aires: Agape Libros, 2010.

FLORISTÁN, C. Modelos de Iglesia subyacentes a la acción pastoral. *Concilium* 196 (1984), p. 417-426.

FLORISTÁN, C. *Teología Práctica*: teoría y praxis de la acción pastoral. Salamanca: Sígueme, 1991.

FLORISTÁN, C.; TAMAYO, J.-J. (eds.). *El Vaticano II, veinte años después*. Madrid: Cristiandad, 1985.

FOSSION, A. Images du monde et images d'église. *Lumen Vitae* 45 (1990), p. 61-70.

GASTALDI, Í. De la modernidad a la posmodernidad. *Iglesias, Pueblos y Culturas* Quito: Ediciones Abya-Yala, 30 (Jul-Sep. 1993), p. 5-22.

GONZÁLEZ FAUS, J. I. El meollo de la involución eclesial. *Razón y Fe* 220 (1989) n. 1089/90, p. 67-84.

GUTIÉRREZ, G. La recepción del Vaticano II en América Latina. In: ALBERIGO, G.; JOSSUA, J. P. (eds.). *La recepción del Vaticano II*. Madrid: Cristiandad, 1987. p. 213-237.

HABERMAS, J. *Modernidad y postmodernidad*. Madrid: Alianza, 1988.

HERVIEU, D.; CHAMPION, F. Les manisfestations contemporaines du christianisme et la modernité. In: CENTRE T. MORO. *Christianisme et modernité*. Paris: Cerf, 1990.

HÜNERMANN, P. Silêncio frente ao Concílio Vaticano II? *Concilium* 346 (2012/3) p. 283-296.

JIMÉNEZ CARVAJAL, J. Las cuatro conferencias generales del episcopado: Río, Medellín, Puebla, Santo Domingo. El camino recorrido. *Medellín* 118 (2004), p. 177-218.

KELLER, M. A. El proceso evangelizador de la Iglesia en América Latina: de Río a Santo Domingo. *Medellín* 81 (1995), p. 5-43.

LADRIERE, P.; LUNEAU, R. (dir.). *Le retour des certitudes*; événements et orthodoxie depuis Vatican II. Paris: Le Centurion, 1987.

LIBANIO, J. B. *A volta à grande disciplina*. São Paulo: Loyola, 1984. (Col. Teologia e evangelização, n. 4.)

LIBANIO, J. B. Conversão pastoral e estruturas eclesiais. *Medellín* 134 (2008), p. 309-329.

LIÉGÉ, P. A. *Comunidad y comunidades en la Iglesia*. Madrid: Herder, 1978.

LOSADA, J. Modelos eclesiológicos y sus derivaciones en la evangelización y catequesis. *Actualidad Catequética* 92-93 (1979), p. 273-283.

LOSADA, J. La Iglesia, Pueblo de Dios y Misterio de Comunión. *Sal Terrae* 74 (1986), p. 243-256.

LUNEAU, R.; LADRIERE, P. *Le rêve de Compostelle*. Paris: Centurion, 1990.

LYOTARD, J. F. *La condición postmoderna*. Madrid: Cátedra, 1986.

LYOTARD, J. F. *La postmodernidad (explicada a niños)*. Barcelona: Gedisa, 1987.

MANZANARES, C. V. *Postmodernidad y Neoconservadurismo*. Estella: Verbo Divino, 1991.

MARDONES, J. M. *Para comprender las nuevas formas de la religión*. Navarra: Verbo Divino, 1994.

MELLONI, A. O que foi o Vaticano II? Breve guia para os juízos sobre o Concílio. *Concilium* 312 (2005/4), p. 34-59.

MENASSE, Robert. El mayor error histórico ha sido la "Historia". *Humboldt* 117 (1996).

METHOL FERRÉ, A. El camino de la Iglesia latinoamericana. *Nexo* 10 (1986), p. 43-73.

OLIVEROS, R. Igreja particular, paróquia e CEBs em Aparecida. In: AAVV. *V Conferência de Aparecida*: renascer de uma esperança. São Paulo: Paulinas, 2018. p. 183-193.

PALÁCIO, C. Trinta anos de teologia na América Latina: um depoimento. In: SUSIN, L. C. (org.). *O mar se abriu*: trinta anos de teologia na América Latina. São Paulo: Loyola, 2000. p. 51-64.

POBLET, F. *Contra la modernidad*. Madrid: Ed. Libertaria, 1985.

QUEIRUGA, A. T. *Fin del cristianismo premoderno*. Santander: Sal Terrae, 2000.

SCATENA, S. *In populo pauperum*: la chiesa latinoamericana dal Concilio a Medellín (1962-1968). Bologna: Il Molino, 2007.

SOBRINO, J. *El Vaticano II y la Iglesia latinoamericana*. In: FLORISTÁN, C.; TAMAYO, J. J. (eds.). *El Vaticano II, veinte años después*. Madrid: Cristiandad, 1985. p. 105-134.

TERRIN, A. N. Despertar religioso: nuevas formas de religiosidade. *Selecciones de Teología* 126 (1993), p. 127-137.

THEOBALD, C. As opções teológicas do Concílio Vaticano II: em busca de um princípio "interno" de interpretação. *Concilium* 312 (2005/4), p. 115-138.

TILLARD, J. M. R. *Église d'Églises*: l'écclesiologie de communion. Paris: Les Éditions du Cerf, 1987.

TOFLER, A. *A terceira onda*. São Paulo: Record, 1980.

VATTIMO, G. *El fin de la modernidad*. Barcelona: Gedisa, 1986a.

VATTIMO, G. *El fin del sentido emancipador de la historia*. Barcelona: Anthropos, 1986b.

VATTIMO, G. Posmodernidad. In: ORTIZ-OSÉS, A.; LANCEROS, P. *Diccionario de Hermenéutica*. Bilbao: Universidad de Deusto, 1998. p. 640-646.

VELASCO, J. M. *La transmisión de la fe en la sociedad contemporánea*. Santander: Sal Terrae, 2002.

VILLEPELET, D. *Risquer la foi dans nos sociétés*: églises d'Amérique latine et d'Europe en dialogue. Paris: Karthala, 2005.

Desafios e perspectivas para a pastoral no Brasil, hoje

Leonardo Ulrich Steiner (Arcebispo de Manaus)

Introdução

Agradeço o convite para participar do 1º Congresso Brasileiro de Teologia Pastoral, que deseja discernir linhas pastorais, em tempo de crise, sondando a realidade, deixando-se encontrar por desafios, abrindo-se para tarefas que a evangelização está pedindo.

Foi-me entregue o serviço de refletir sobre os *Desafios e as perspectivas para a pastoral no Brasil, hoje*. Como o pano de fundo das nossas buscas é a pastoral, trata-se, então, de pensar a evangelização e a pastoral, sondando os desafios e as perspectivas que poderíamos trazer à luz. Os desafios são muitos e as perspectivas, esperançosas, pois estamos escutando os anseios do nosso modo de evangelizar, como discípulos missionários e discípulas missionárias, de sermos despertados para a pastoral.

São "matutações" como as de Riobaldo em *Grande Sertão: Veredas*: "O senhor solte na minha frente uma ideia ligeira, e eu rastreio essa por fundo de todos os matos, amém!" (ROSA, 1988, p. 8). Enquanto caminha nas ditas e desditas da vida, mesmo na travessia do deserto, está a matutar, abrindo veredas no sertão da vida. Tentarei fazer minhas "matutações" em cinco pontos: 1. Sondar a palavra "fé"; 2. Sondar as palavras "evangelização" e "pastoral"; 3. Caminhos das Diretrizes para a Ação Evangelizadora; 4. Escutar os desafios; 5. Escutar as perspectivas.

1. Da fé[1]

Fé: ser despertado, tocado, tomado pela presença do Deus de Jesus Cristo. Deus que se doou e nos amou primeiro; a prioridade da fé. Antes que o amássemos, veio ao nosso encontro em Jesus Cristo, seu Filho, presenteando-o como salvação. A singeleza de Deus, tocando a nossa humanidade e fragilidade! Feito humanidade e fragilidade! A criança de Belém, Deus encarnado, desperta a fé. O Crucificado doado, entregue, acende a fé. O saído da morte, o Ressuscitado, razão da fé. A inefável e insondável ternura e vigor do amor misericordioso do Pai, manifestado em Jesus Cristo, e que continua a manifestar-se por meio da História da Salvação. A fé é a fidelidade da doação do amor do Deus de Jesus Cristo. A fidelidade que é o próprio Deus.

Fé, portanto, não como ato de fé, como vivência, nem crença, nem confiança, nem atitude de disposição, nem conjunto de dogmas e artigos da doutrina cristã. Tudo isso, de alguma forma, pode ser chamado de fé ou ser referido à fé, porque já é fruto da fé. Os ritos, cantos, orações nascem da fé, são expressões da fé; a religião brota da fé e permanecerá religião, enquanto referida à fé; de outro modo, torna-se ideologia.

Tudo o que, de alguma forma, pertence à vida cristã, desde Jesus Cristo até um pequeno gesto de bênção, um copo de água, toda a

---

[1] Baseado em texto não publicado de Hermógenes Harada.

Igreja, o Corpo Místico de Cristo, com tudo que ele implica, a vida cristã como Seguimento de Jesus, as doutrinas cristãs, os dogmas, as experiências místicas cristãs, as atitudes de confiança, disponibilidade, amor e fidelidade, a vocação, a caridade, o cuidado dos pobres, a participação na política e nas realidades todas que nos envolvem, tudo que é de alguma forma cristão, existe porque é sustentado, doado pelo Pai de Jesus Cristo. Tudo isso é a própria presença viva do Pai em Jesus Cristo, como fé, como fidelidade da doação do Pai.

Nesse sentido poderíamos dizer: nós não temos fé, é a fé que tem a nós. E até a possibilidade, a disposição de nos abrirmos à fé, é doação da fé.

A fé é simples: una, inteiriça, coerente. Simples não quer dizer nem ingênua nem fácil. Trata-se da experiência da gratuidade do encontro e encontro da gratuidade. A absoluta doação da fidelidade do amor do Pai é toda ela, inteira e radicalmente, gratuita. Essa gratuidade, quanto mais claramente captada, na sua graciosidade, suscita em nós também a doação da mesma "natureza"; portanto, inteira e radicalmente gratuita. A uma doação primeira de encontro de tamanha boa vontade só é possível corresponder da mesma maneira, ser do mesmo modo, ser uno, ser o mesmo: gratuito! Esse ser-o-mesmo não é ajuntamento de duas coisas, mas simples e concretamente a própria dinâmica e ser-do--encontro, o próprio encontro, ele mesmo. Quem assim é, dá o melhor de si, em tudo, e, em assim se dando, se percebe não como dono, como proprietário da doação, mas sim como agraciado pela doação do Outro.

2. Evangelização e pastoral[2]

Evangelização e pastoral: duas palavras que guardam buscas e propõem dinâmicas do ser Igreja, o Reino de Deus. São conceitos que

---

[2] Colaboração de Padre Zenildo Lima, Presbítero de Manaus.

guardam o movimento da fé e se comunicam, mas têm distinções quanto a abrangência, profundidade e realização.

Ao nos referirmos ao agir da Igreja, muitas vezes, empregamos univocamente os conceitos de evangelização ou de pastoral para significar o empenho da comunidade cristã em tornar presente o Reino de Deus. É assumir a missão que Jesus confiou: "Ide, pois, e fazei discípulos todos os povos, batizando-os em nome do Pai, do Filho e do Espírito Santo. Ensinando-os a observar tudo o que vos mandei. Eis que estou convosco todos os dias, até o fim dos tempos" (Mt 28,19-20). "Ide pelo mundo inteiro e proclamai o Evangelho a toda criatura! [...] Então, os discípulos foram anunciar por toda parte. O Senhor cooperava, confirmando a palavra pelos sinais que a acompanhavam" (Mc 16,15.20).

No agir da Igreja, Povo de Deus, comunidade de fiéis, pode-se intuir a significação e a dinâmica da evangelização e da pastoral e como elas são inseparáveis.

2.1. Evangelização

Paulo VI, na Exortação Pós-Sinodal *Evangelii nuntiandi* (EN), indica a complexidade do que chamamos de "ação evangelizadora". O pano de fundo é o anúncio da Boa-Nova para toda a humanidade, para toda criatura (EN, n. 17-18). Trata-se, segundo ele, de

> levar a Boa-Nova a todas as parcelas da humanidade, em qualquer meio e latitude, e, pelo seu influxo, transformá-la, a partir de dentro, e tornar nova a própria humanidade [...]. No entanto, não haverá nova humanidade, se não houver, em primeiro lugar, homens novos, mulheres novas, pela novidade do batismo e da vida, seguindo o Evangelho. A finalidade da evangelização, portanto, é, precisamente, esta mudança interior [...]. Converter, ao mesmo tempo, a consciência pessoal e a consciência coletiva das pessoas (EN, n. 18).

Os elementos constitutivos dessa compreensão de evangelização envolvem a proclamação pelo testemunho, o anúncio explícito de Jesus Cristo, a acolhida do anúncio, por meio da adesão à comunidade eclesial, o desdobramento em novo apostolado. A exortação indica, dentro desta mesma perspectiva abrangente, o conteúdo: a salvação em Jesus Cristo, que implica uma libertação integral; os meios: o testemunho, a pregação, a liturgia e vida sacramental, a religiosidade popular; a destinação universal da evangelização e os agentes nela envolvidos (EN, n. 18-73).

Evangelização encontra ressonância na reflexão teológica, seja da eclesiologia, seja da missiologia. Evangelização e missão: a missão da Igreja é evangelizar.

> Evangelizar é verbo derivado de evangelho e equivale à proclamação ou anúncio de Jesus Cristo e sua mensagem. Com a finalidade de quem recebe esta alegre notícia se converta e se batize, para ser Filho adotivo de Deus, fazer parte da Igreja e chegar à plenitude da vocação sobrenatural com a prática das boas obras (VILANOVA, 2004, p. 455).

"A Igreja existe para evangelizar" (BENTO XVI, 2012). Missão da Igreja, na sua identidade, é chamada a ser Boa Notícia, sinal e instrumento de salvação de Deus no mundo, para todos os povos; evangeliza pela palavra, pelo testemunho (LIENHARD, 2004, p. 1152-1157). A Boa-Nova é proclamada mais pelo testemunho dos cristãos que, na sociedade, pela compreensão, pelo colhimento, pela solidariedade e pela comunhão de vida, são presença do bem e da bondade (EN, n. 21).

No Documento de Aparecida, o ardor que o encontro suscita leva o discípulo missionário, a discípula missionária, a responder "à vocação recebida e comunicar, em todas as partes, transbordando de gratidão e alegria, o dom do encontro com Jesus Cristo" (DAp, n. 14). O ardor suscita o desejo de que "Jesus Cristo seja encontrado, seguido, amado, adorado, anunciado e comunicado a todos, não obstante todas as dificuldades e resistências" (DAp, n. 14). Evangelização como ação da Igreja, que exerce a missão recebida de anunciar a todos os povos e a todas as criaturas.

2.2. Pastoral

Ao analisar a pastoral no Concílio Ecumênico Vaticano II, Walter Kasper afirma que "não se chegou a um consenso sobre o que se deve precisamente entender por 'pastoral', e, menos ainda, sobre sua relativa hermenêutica" (KASPER, 1989, p. 178). Apesar dessa afirmação, podemos dizer que há um amplo consenso de que a pastoralidade é decisiva para a compreensão global do Concílio e requer uma atenção específica para a leitura e compreensão dos textos. Compreendemos a pastoral à luz do Concílio.

Pastoral vem de pastor. No latim, temos o verbo *pascere*, que significa "apascentar", "fazer comer", "levar a pastar", "proteger"; isso porque no indo-europeu *pa* significa "comer", "proteger". Pastor é aquele que é atingido pela ação de proteger, dar de comer, isto é, do cuidado com quem vive; pois *tor*, em pastor, indica a ação daquele que causa a ação. Mas, para que cause a ação, deve estar atingido pela ação da "apascentação". Pastor é, na verdade, aquele que apascenta. Apascentar significa conduzir à paz, ser pacificador, levar aos pastos. Aquele que cuida, alimenta e protege as ovelhas, os irmãos e irmãs. Pastoral, a dinâmica que cuida, cultiva o dom recebido.

Os evangelhos apresentam-nos Jesus como pastor. Ser pastor, a exemplo de Jesus, o Bom Pastor que conhece suas ovelhas, e elas o conhecem (Jo 10,14), chama cada uma por seu nome (Jo 10,3) e caminha à frente e as ovelhas o seguem (Jo 10,4). Ele conduz suas ovelhas às boas pastagens, vai em busca de ovelhas que não são do redil, a fim de que tenham vida e a tenham em abundância (Jo 10,10). Ele vai em busca da ovelha perdida e alegra-se quando a encontra (Lc 15,6), pois a ama e dá sua vida por ela (Jo 10,11). Ele veio para servir e dar a vida pela redenção (Mt 20,28). Ele é misericordioso e digno de confiança (Hb 2,17).

Ele, o Bom Pastor, procura, cuida, cura, alimenta, para que todos tenham abundância de vida. Um pastor tomado pela bondade; a bondade fazendo o pastor. É pastor, porque é bondade. Pastoral como cuidado, como o agir que visibiliza o Reino de Deus e sua justiça.

O agir da comunidade eclesial vai historicizando a missão evangelizadora, de modo que a comunidade vai respondendo criativamente às mudanças, diante das novas exigências com o mesmo e perene anúncio da Boa-Nova. Podemos chamar esse serviço ou ainda essas ações de "Igreja de pastoral".

Podemos falar de pastoral como a "totalidade das atividades da Igreja", não como uma soma de ações justapostas, mas na perspectiva da redenção em Cristo e da sua mediação, a partir do processo encarnatório do qual a Igreja participa. A autoconsciência da comunidade eclesial, como partícipe do processo encarnatório, se expressa no agir pastoral da Igreja, que vai promovendo, para cada homem e mulher, a libertação redentora, quando esse mesmo agir se insere nas realidades e apelos da história (CNBB NORTE 1 e 2, 1997).

O encontro da essência missionária da Igreja e sua realização histórica implicam respostas que correspondam aos desafios das circunstâncias históricas concretas. A caminhada evangelizadora da Igreja na América Latina e no Caribe e na Conferência Nacional dos Bispos do Brasil articula a ação evangelizadora, em um agir impulsionado pelo apelo de uma conversão pastoral, como delineiam o Documento de Aparecida e as Diretrizes de Ação Evangelizadora da Igreja no Brasil.

É o que a exortação Apostólica pós-sinodal *Evangelii gaudium*, sobre o anúncio do Evangelho, apresenta como "transformação missionária da Igreja": uma Igreja em saída. Como recorda o Papa Francisco:

> A Igreja sabe "envolver-se". Jesus lavou os pés dos seus discípulos. O Senhor envolve-se e envolve os seus, pondo-se de joelhos diante dos outros, para os lavar; mas, logo a seguir, diz aos discípulos: "Sereis felizes se o puserdes em prática" (Jo 13,17). Com obras e gestos, a comunidade missionária entra na vida diária dos outros, encurta as distâncias, abaixa-se – se for necessário – até à humilhação e assume a vida humana, tocando a carne sofredora de Cristo, no povo. Os evangelizadores contraem assim o "cheiro de ovelha", e estas escutam a sua voz. [...] A comunidade [...] acompanha a humanidade em todos os seus processos, por mais duros e demorados que sejam. Conhece as longas esperas e a suportação apostólica (EG, n. 24).

Pastoral é um agir, um cuidar, uma aproximação; encarnação que nasce da missão evangelizadora da Igreja. A evangelização envia ao cuidado pastoral e a pastoral se torna anúncio.

3. Caminho das Diretrizes para a Ação Evangelizadora: desafios e perspectivas

A Igreja no Brasil tem um caminho percorrido na busca da dinâmica pastoral. Devemos a São João XXIII o nosso modo de buscar elementos comuns para evangelizar nas igrejas particulares. Ele convidou os Bispos do Brasil a prepararem o primeiro plano pastoral (JOÃO XXIII, 1958). "Daquele início, cresceu uma verdadeira tradição pastoral no Brasil, que fez com que a Igreja não fosse um transatlântico à deriva, mas tivesse sempre uma bússola" (FRANCISCO, 2013). A Igreja no Brasil percorreu um rico processo de reflexão, busca, planejamento pastoral, elaborando diretrizes e planos, tendo em vista corresponder melhor à ação do Espírito, em uma realidade em constante transformação.

As Diretrizes de 2011-2015 retomam reflexões das Diretrizes de 2008. Estas, por sua vez, acentuavam as transformações que atingem todos os setores da vida humana, de modo que já não vivemos uma "época de mudanças, mas uma mudança de época" (CNBB, 2008, n. 13).

A proposta das Diretrizes foram as "urgências", inspiradas no Documento de Aparecida: estado permanente de missão, iniciação à vida cristã, animação bíblica da vida e da pastoral, comunidade de comunidades, serviço à vida plena para todos. As urgências foram a indicação de caminho pastoral. Ofereceram a oportunidade de aprofundar diversas dimensões da pastoral, por meio de documentos aprovados em Assembleias da CNBB: "Comunidade de comunidades: uma nova paróquia, conversão pastoral da paróquia" (Doc. CNBB, 100); "Cristãos leigos e leigas na Igreja e na sociedade, Sal da terra e Luz do mundo (Mt 5,13-14)" (Doc. CNBB, 102), "Iniciação à Vida Cristã: itinerário para formar discípulos missionários" (Doc. CNBB, 107), "Ministério e celebração da Palavra" (Doc. CNBB, 108). Nos dois quadriênios em que as urgências serviram de inspiração, houve discussão e tentativa de recolher as experiências pastorais das igrejas.

As Diretrizes 2015-2019 repropuseram as cinco urgências, iluminadas pelo magistério de Francisco. Elas expressam um desejo:

> Prefiro uma Igreja acidentada, ferida e enlameada, por ter saído pelas estradas, a uma Igreja enferma pelo fechamento e pela comodidade de se agarrar às próprias seguranças. Por isso, ela sabe ir à frente, tomar a iniciativa sem medo, ir ao encontro, procurar os afastados e chegar às encruzilhadas dos caminhos, para convidar os excluídos. Vive um desejo inesgotável de oferecer misericórdia (EG, n. 49).

A saída exige prudência e audácia, coragem, ousadia. Uma Igreja, "Mãe de coração aberto", "casa aberta do Pai" (EG, n. 46-47).

As Diretrizes 2019-2023 buscam responder à realidade da cultura urbana, propondo a Comunidade Eclesial Missionária. Os quatro pilares que animam a comunidade missionária são: palavra (iniciação à vida cristã e animação bíblica), pão (a liturgia e espiritualidade), caridade (serviço à vida plena) e ação missionária (estado permanente de missão).

A missão tornou-se um pilar da comunidade missionária, quando a missão é a razão de ser da comunidade cristã: anunciar e testemunhar a Jesus Cristo e seu Reino. A Palavra, a iniciação à vida cristã, a liturgia são anúncios. O que deveria ser a razão, o fundamento da evangelização, do existir da casa, está como um pilar.

As Diretrizes anteriores haviam intuído a centralidade da Palavra e a necessidade de a comunidade de fé introduzir os seus membros na vida do Reino. Há necessidade de perceber que a comunidade que inicia seus filhos e filhas na vida de Jesus necessita de proximidade e do aroma da Palavra e da caridade. São duas colunas que mantêm a comunidade. Os povos indígenas sabem muito bem iniciar seus membros na vida de seu povo. É invejável a iniciação à vida de Xavante. E a sabedoria do missionário que soube ver como a iniciação à vida xavante tinha sinais, rituais, significados para a iniciação à vida cristã.

4. Desafios

Temos muitos desafios. A palavra "desafio", segundo sua etimologia: des-a-fiar. *Afiar* – dar fiança, confiar; *des* – ação contrária, retirar a confiança. *Des-afio*, como ser confrontado, pois foi retirado o fiar, a confiança, a palavra dada.[3] Uma espécie de vazio que nos

---

[3] Disponível em: http://etimologias.dechile.net – La palabra "desafío".

obriga a sondar o que se apresenta, na tentativa de fiar, de confiar. Um vazio que nos oferece a oportunidade de empregar nossas energias e forças na sondagem de possibilidades de fiar, confiar.

4.1. O pensamento calculante e dominador

Um dos vazios que somos levados a sondar, muitas vezes deixado ao largo, é o pensamento calculante, dominador da ciência e da técnica. Não dados científicos, nem instrumentos tecnológicos, mas o que Heidegger, no texto *Gelassenheit*, demonstrou como modo próprio de pensar, de ser (HEIDEGGER, 1969, p. 19).

A particularidade do intelecto calculante consiste em continuamente contar e calcular, seja na projeção, seja na realização, seja na finalidade dos projetos de diversos tipos, seja na pesquisa. As atividades todas estão marcadas pelo cálculo e pelo resultado da atividade. Sempre se está no cálculo, e o calcular é constituído de uma adequação das intenções a determinados resultados, de antemão estabelecidos ou a serem estabelecidos, a partir dos resultados obtidos na pesquisa.

O cálculo do tempo, da economia, também do próprio pensar. O pensamento, nesse caso, é sempre um calcular, mesmo quando não se realizem operações com números ou se pense em não estar na soma, na subtração, na multiplicação e na divisão. O mundo deixa de ser o mundo, onde se sonda a verdade de cada coisa e a verdade do ser humano, para se tornar o mundo como objeto. Objeto porque, por exemplo, no modo calculante, a natureza se torna a possibilidade renovada para a utilização como energia, como fonte energética para a técnica e a indústria, para o mercado (HEIDEGGER, 1969, p. 23). A natureza perde a sua poesia, o seu encanto, para tornar-se uma coisa de uso. Nesse modo calculante, o homem se torna um a mais entre outros homens, uma coisa entre as coisas, e Deus entre outros deuses.

A ciência moderna, a um tempo, vivia no círculo limitado dos estudiosos, mas, como modo de pensar e, antes de mais nada, como modo de agir, se tornou presente em quase todos os níveis. Esse pensar racional finalístico vai tocando todos os níveis, e também as relações sociais, familiares, a religião. Cria-se uma estrutura racional finalística, levando a uma ideologia (WELTE, 2015, p. 26-27). Tudo pode ser pensado sem Deus.

No pensamento calculante e de dominação, vem à tona ainda outro elemento decisivo. O cálculo e o domínio trazem a aparência velada de uma competência total e absoluta: a aparência da onipotência semelhante àquela de Deus. Uma onipotência, ainda que aparente, que não só domina as figuras de Deus como também quase elimina tanto a figura quanto a Deus, no modo calculante de domínio (HARARI, 2016).

Esse modo de viver e de orientar-se do empírico, tornado absoluto e totalizante, coloca em questão o sentido do existir humano, a própria existência de Deus, a ausência de Deus. A ausência de Deus não nasce da ciência ou sob a influência da ciência, mas da tendência ou do crer operante na ciência por parte do ser humano e que não é cientificamente fundada (WELTE, 2008, p. 212). Uma ausência presente; na ausência, a presença!

O pensamento calculante e dominante não é um pensamento reflexivo, não é um pensamento que repensa o sentido que a tudo dirige, que a tudo dá sentido ou deixa tudo ser (WELTE, 1975, p. 83).

Como seres no mundo, estamos determinados de diversos modos e por relacionamentos que não surgem de nós mesmos e que estão marcados pelo mistério que está mais além das realidades apreendidas pela ciência e pela tecnologia, e que ultrapassa a nós mesmos e à nossa consciência (WELTE, 1969, p. 13).

O saber, o pensar, que vem à interrogação, de um saber a partir da coisa, exige reflexão, escuta, espera. O pensamento calculante e dominante, por ser obrigado a uma representação, permanecendo na representação, não consegue entrar no movimento da espera, do desvelamento gratuito de cada coisa, no seu ser e no ser de tudo. O pensamento reflexivo exige deixar-se conduzir àquilo que, à primeira vista, não é conciliável com os dados empíricos. Não é conciliável porque não pertence à verificação empírica, mas o é em si mesmo. É o que Bernhard Welte chama de *Lebensintelligenz* (WELTE, 1975, p. 83; HEIDEGER, 1969, p. 27). Deus não é verificável ao modo da empiria. Sondar, silenciar, deixar ser na espera do inesperado que pode guardar, na palavra, resquícios da realidade que nos transcende e que dá sentido ao existir.

4.2. Figuras de Deus

De Deus podemos dizer quem ele não é, nos ensina Tomás de Aquino.[4] É dado a nós viver com figuras. Não permanecemos na imediatez da experiência do existir; buscamos guardar, nas palavras, nas figuras, o viver e o conviver. Viver com figuras e nas figuras é o nosso mundo. Isso significa que recebemos as figuras como tarefa, uma vez que, nelas, se alarga nosso horizonte, e nos transformamos, porque estamos no movimento das figuras do mundo, de nós mesmos, de Deus.

Estamos na tentativa de ser atingidos pelo mistério da encarnação. No atingimento, guardamos Deus em figuras. Deus, no seu ser, não nos é dado guardar. Ele é o incondicionado, o inominável. Mas se aproxima como misericórdia, no dizer de Santo Agostinho:

> Porque disse: "Eu sou Aquele que é", e: "Aquele que é me enviou", intuíste o que é o ser e desesperaste de compreender. Ergue a esperança: "Eu sou o Deus de Abraão, o Deus de Isaac o Deus de

---

[4] Cf. Tomás de Aquino, S.Th., pI, q. 3,5: *"Auia de Deo scire non possumus quid sit sed quis non sit, non possumus considerare de Deo quomodo sit, sed potius quomodo non sit"*.

Jacó". Sou o que sou, sou o ser mesmo, mas não desejo afastar-me dos homens. Se, portanto, em qualquer modo podemos procurar Deus e encontrar aquele que é, e, além disso, não se encontra distante *de cada um de nós, de fato nele vivemos, nos movemos e somos*, louvemos a sua inefável essência e amemos a sua misericórdia (AGOSTINHO, 1979. p. 117).

Rompe o distanciamento e vem habitar a nossa terra. Mas, mesmo nessa proximidade, o colhemos nas figuras, como acabamos colhendo a nós mesmos nas figuras. Viver com figuras ou nas figuras se pode com apropriação ou sem apropriação. Com apropriação, *mit Eigenschaft*, as figuras e as configurações tolhem o movimento livre do ser humano, levando-o ao já sabido, ao domínio das figuras. Com apropriação, as figuras não falam mais da coisa ela mesma, do que veio ao encontro, permanecendo uma figuração, uma aparência. Tornar a figura própria é deixar que ela seja figura da coisa que vem ao encontro. Por isso, a não apropriação, *ohne Eigenschaft*, leva o ser humano a viver na interioridade da figura, com liberdade. Com liberdade quer dizer sem domínio, sem coisificação, sem desfiguração da figura. Também significa que, na apropriação da figura de nós mesmos, já não estamos mais na mobilidade e na transformação da figura de quem somos. Acabamos, assim, identificando a apropriação da figura conosco, coisificando a compreensão de nós mesmos. Percebe-se que ter a figura como tarefa é permanecer na mobilidade, na responsabilização das figuras, isto é, deixando que as próprias figuras permaneçam na manifestação, a partir da coisa que vem ao encontro e, ao mesmo tempo, da figura de nós mesmos, no retorno à compreensão da originalidade própria. Estar na experiência da fé.

Deus não é a figura que dele temos. Se permanecemos na figura, criamos um ídolo e nos relacionamos com um ídolo, vivemos de uma ideologia religiosa. Existe uma tensão, a partir da fé entre Deus e a figura. Mestre Eckhart, para tentar deixar transparente a presença de Deus, diz "Deidade" (ECKHART, 2009, p. 334). Deus já seria figura.

Nas pregações, no anúncio, estamos sempre necessitados de figuras, para dizer algo de Deus. Mas nos esquecemos de insinuar que ele está para além da figura. Nas pregações hoje, temos figuras que não correspondem ao Pai de nosso Senhor Jesus Cristo nem a Jesus Cristo. São cheias de milagres, de promessas, de curas, de dinheiro, de compra e venda. As figuras, na experiência relacional, vão insinuando outros contornos, perspectivas, dimensões, jamais deixando que a figura que criamos de Deus se torne uma imagem, um ídolo, mas que Deus permaneça Deus: "Felizes os que não viram e creram" (Mt 20,29).

As figuras de Deus nos levam ao encontro da intuição de Nicolau de Cusa: *"Deus est non aliud"* (NICOLAU DE CUSA, 1989, p. 443-566). O Deus humanado é tão outro, tão ele mesmo, na sua identidade diferenciadora, que dizer de Deus, que é outro, é dizer demais. O não outro de nós mesmos! Dizer do outro é dar-se conta de uma relação. Relação que pode chegar à mística, em que já não se encontram figuras. Deus da relação! Essa análise, no modo de pensar de hoje, torna-se crucial para abordar a questão da fé e da pastoral.

4.3. A morte de Deus

Apesar de ter saído de moda, ter passado o tempo da interrogação pelas suas afirmações, o horizonte apontado por Nietzsche continua um desafio. Ele foi rejeitado, manipulado, condenado, esquecido, mas o nosso tempo deveria deixar-se provocar por ele. O desafio de refletir em profundidade a questão da morte de Deus (NIETZSCHE, 1977). Ele se deu conta de que o deus da metafísica estava entrando em crise. Indicava a morte das figuras de Deus. Ele começara a ver o que hoje está presente de modo inequívoco no que chamamos de "pós-moderno", de mudança de época. Não se tratava de ateísmo, não se tratava de negação de Deus. Era a percepção bem mais grave: Deus, nas suas figuras, já não mais regeria o céu e a terra. E, hoje, não rege mais. Quando vemos que mais de 10% dos brasileiros afirmam ser sem religião, percebemos que as figuras de Deus não regem mais. Como, a partir da percepção da morte de Deus, refletir sobre Deus como relação?

A essa diluição chamou de "deserto". *Die Wüste wegst* (NIETSZCHE, 1954, p. 126-128): "O deserto avança!". A percepção da ausência de Deus. Mas a que ausência ou morte se está insinuando? Ausência é o modo de viver como se Deus não existisse. Esse viver que está satisfeito no cuidado de si mesmo. Uma vida que não transcende. O existir humano sem perspectiva de mistério. O mistério como a realidade a guardar o universo a que inspira. Por outro lado, talvez seja sinal de que o viver possa ser vivido como se Deus não existisse. Já não está na necessidade da recordação contínua, mas na proximidade tão próxima que já não mais recorda, apenas contempla. Talvez estejamos sendo provocados a refletir e a aprofundar sobre Deus como relação. O grande desafio é não deixarmos que a doutrina se torne uma ideologia. É que na relação somos reenviados para a profundidade, para o mistério que nos gerou. Entramos na dinâmica de um amor límpido, generoso, gratuito, cordial, jovial. Mas também para uma relação que, às vezes, pode se tornar uma noite escura, uma confiança que permanece à escuta do Amado que parece ter-se escondido. Uma relação que, na solidão e na perda de tudo, é capaz de enviar seu coração ao Pai: "Meu Deus por que me abandonaste?" (Mt 27,46), "Pai, nas tuas mãos entrego o meu espírito" (Lc 23,46).

Esse caminho que só pode ser percorrido na fé, no seguimento de Jesus.

4.4. O desafio de anunciar Jesus e seu Reino

Existe uma insegurança relacional que faz anunciar mais um moralismo que o Reino de Deus. A pregação tem a força da doutrina, faltando o vigor suave da presença apequenada de Deus, em Jesus Cristo. É muito frequente o anúncio de uma doutrina, de uma moral. Não que o anúncio deva prescindir da doutrina e da moral. Aos jovens, na Áustria, Bento XVI ensinava: *"Christentum ist mehr als moral"*. O anúncio que possa despertar para uma presença de Deus no mundo, uma presença de amor, de misericórdia, de salvação. Como nos lembram os papas: por atração. Como está difícil dialogar com grupos que se aferraram a uma doutrina! Pior, a doutrina tornou-se ideologia. Tem-se a impressão da perda do frescor de crer. Uma relação de amor, de misericórdia. Um anúncio de misericórdia, a alegria do Evangelho, sempre recordada pelo Papa Francisco.

4.5. Os meios de comunicação de inspiração católica

As TVs, rádios e outras mídias de inspiração católica são hoje um grande desafio pastoral. Exercem forte influência sobre os fiéis de determinada região, quando não no Brasil inteiro. Os fiéis recebem cantos, liturgia, interpretação da Palavra de Deus, teologia, eclesiologia. Nem sempre segundo o Concílio Ecumênico Vaticano II. Também defendem certas opções políticas que nem sempre seguem as orientações das igrejas particulares, da Conferência Episcopal. O anúncio, às vezes, tem característica moralizante, moralista. É um desafio que temos como Igreja de ajudar esses meios preciosos a estarem a serviço do Evangelho vivo e da libertação; do cuidado e do alento das comunidades e famílias.

4.6. Diálogo

Apesar do esforço nos últimos anos, há a necessidade de uma presença nas periferias geográficas e existenciais. Qual a presença da Igreja nas universidades, no meio intelectual, no mundo da cultura e do esporte? Qual nossa presença no mundo da política, da justiça/direito? São realidades que também merecem receber o cuidado do Evangelho. Uma pastoral que possa despertar para a beleza e a profundidade do Reino realizado em Jesus Crucificado Ressuscitado.

Mas também uma presença nas periferias e no interior. Estamos entregando nossas periferias e nosso interior às igrejas neopentecostais. A dificuldade não é que passem para essas igrejas, mas sim a exploração econômica, psíquica e espiritual que acontece. Jesus veio para tirar o peso, o jugo dos ombros dos irmãos e irmãs; veio libertar, proclamar que somos todos filhos e filhas de Deus. Temos uma dívida com as comunidades das periferias e do interior.

4.7. Sinodalidade

Na Igreja Católica, as igrejas particulares têm autonomia dentro das expressões de comunhão com o ministério petrino e com as igrejas particulares, além da pertença à colegialidade. Existe uma espécie de tensão entre o ser-Igreja-de-igrejas particulares e ser-Igreja-como-igreja, no Brasil, colegiada na Conferência Episcopal. Temos uma tentação de obrigar as dioceses e prelazias a seguirem o que propõem as Assembleias e o Secretariado, através das Comissões Episcopais de Pastoral. As relações são sempre de comunhão e participação, não de obrigação. Em relação à pastoral, isto é, aos cuidados e expressões de cuidado, podem soar contraditórios, dependendo do que cada Igreja oferece.

A sinodalidade, no entanto, é expressão de todos os membros da Igreja particular e das igrejas: leigos, leigas, vida consagrada, diáconos, presbíteros, bispos. Existem várias expressões da sinodalidade:

Assembleias diocesanas, paroquiais e comunitárias, Conselhos diocesanos, paroquiais e comunitários. Mas existe pouca sinodalidade quanto à discussão e à elaboração das Diretrizes da Evangelização da Igreja no Brasil. A participação do Povo de Deus na construção das Diretrizes expressaria bem melhor as necessidades e o cuidado pastoral e haveria maior partilha das experiências pastorais. O Papa Francisco adiou para 2023 o Sínodo dos bispos, para envolver a todos os batizados, para ouvir as igrejas. Uma Igreja sinodal!

4.8. Meio ambiente

Sofremos, a terra mãe e irmã sofre, com as agressões, com a destruição, com a grilagem, com o desmatamento, com o garimpo, com a mineração. A natureza, no modo de pensar calculista, vale enquanto pode produzir e dar lucro. Nesse modo de agir não existe casa comum. Os seres, os microrganismos, não importam. Vale dominar a terra.

Não contam os povos que a habitam e a têm como morada. As pessoas que habitam nossas florestas e navegam nossos rios permanecem à margem, quando não são cassadas. Essas culturas são desprezadas, destruídas. Mesmo os indígenas que vivem nas cidades são considerados de segunda categoria e não recebem a assistência do SUS. O serviço de tantos irmãos e irmãs que vivem com esses povos apresentam à sociedade a necessidade dos direitos e da justiça. *Laudato Si'* é para a Igreja um grande desafio, com perspectiva lúcida e atraente.

4.9. Formação

Encontramos pessoas que foram acompanhadas na JUC, na JEC, na PJ. Essas mulheres e homens receberam uma formação que os fez perceber a força do Evangelho e a sua força transformadora na sociedade. Nesse sentido, é um grande desafio a formação do clero, da vida religiosa, das novas comunidades, dos leigos e leigas. Não só para desclericalizar, mas, especialmente, para "dar razões da própria esperança" (1Pd 3,15), da fé em Cristo, como ensinava São Pedro. Um grande desafio é introduzir os adolescentes e jovens na vida do Evangelho, sendo fermento na sociedade, como propõe o documento: "Cristãos leigos e leigas na Igreja e na sociedade, sal da terra e luz do mundo (Mt 5,13-14)" (Doc. 105 da CNBB). Uma formação que desperte os futuros presbíteros para uma Igreja em saída, misericordiosa, profética, na qual todos sejam fermento, sal, luz!

5. Perspectivas

O que é perspectiva? Relaciona-se ao que nos é dado ver; é estar na observação, na tentativa desarmada do ver que se deixa atingir; mais como tentativa de ser atingido; na tentativa de ver de modo ativo e passivo, de receber a manifestação, o acontecer. Uma espécie de espera do inesperado.[5]

5.1. A Palavra de Deus

Temos, sempre mais, nos aproximado da Palavra de Deus? Temos deixado que ela se torne guia das nossas comunidades, o horizonte que vai maturando os passos na fé?

Apesar de todo esforço temos um longo caminho a percorrer. Vamos percebendo sempre mais que a leitura, a hermenêutica, necessitam de muito exercício, para que a Palavra de Deus seja inspiradora e não um livro de normas. Na última Assembleia da CNBB, foi retomada a tentativa de indicar a centralidade da Palavra de Deus.

---

[5] Disponível em: https://www.gramatica.net.br/origem-das-palavras/etimologia-de--perspectiva/.

O texto recebeu como título "Animação Bíblica da Pastoral, a partir das Comunidades Eclesiais Missionárias". O texto teve uma maturação significativa durante o processo, mas exigirá muito trabalho, como tentativa de a palavra ser Palavra de Deus para a vida das comunidades. Na realidade, deveriam ser as Comunidades Eclesiais Missionárias, partindo da leitura e da animação da Palavra de Deus. A ação da Palavra nas Comunidades missionárias. Vale lembrar a dinâmica dos Círculos Bíblicos. Tenho visto pequenas comunidades que encontraram na Palavra de Deus a razão de ser filhos e filhas de Deus, de ser uma comunidade católica.

Documentos sobre a Palavra de Deus, a partir da Palavra de Deus, temos o suficiente. Deveríamos oferecer as experiências que temos de leitura da Palavra. Ela deveria ser o ponto de partida da vida cristã, da iniciação à vida cristã. Temos mais de quinhentas comunidades cuja grande maioria tem a Palavra como alimento diário. Para recordar as palavras de São Jerônimo:

> Sem dúvida que o texto "quem come a minha carne e bebe o meu sangue" encontra toda a sua aplicação no mistério eucarístico; mas o verdadeiro corpo de Cristo e o seu verdadeiro Sangue são também a palavra das Escrituras, a doutrina divina. [...] Sendo a carne do Senhor verdadeiro alimento e o seu Sangue verdadeira bebida, o nosso único bem é comer a sua carne e beber o seu sangue, não apenas no mistério eucarístico, mas também na leitura da Escritura (SÃO JERÔNIMO, *Epistula* 53).

O esforço das dioceses e das prelazias para entregar a Palavra de Deus nas mãos das pessoas é animador. Mas teríamos que ajudar na leitura, na hermenêutica. Uma das dificuldades são as leituras. A carta pós-sinodal *Querida Amazônia* poderia ajudar a abrir perspectivas quanto à leitura. A Palavra ilumina quando lida e meditada, segundo as dimensões apresentadas pelo Papa Francisco como sonhos: sonho cultural, social, ecológico e eclesial (FRANCISCO, 2020). A Palavra que provoca a nos movermos em todas as direções e dimensões. Não se trata de uma leitura espiritual, de uma leitura social, política, ecológica, cultural, eclesial, mas sim de uma leitura que ilumina todas essas realidades e vai recebendo as indicações das dimensões do viver e conviver; que ilumina a totalidade. É a vida que se lê na Palavra, se assim o podemos expressar.

> Não nos esqueças de comer o teu pão, para que teu coração não desfaleça, mas tua alma se sacie com este alimento saboroso. Se assim guardares a Palavra de Deus, certamente ela te guardará (BERNARDO DE CLARAVAL, 1966, p. 188-190).

5.2. Celebração da Palavra de Deus

A Celebração da Palavra de Deus que oferecemos às comunidades é a mesa da Palavra na celebração Eucarística. As buscas têm sido significativas no sentido de a comunidade ser celebração. Mas falta rito, isto é, as expressões celebrativas deveriam ser enriquecidas com a expressão religiosa da comunidade, como, por exemplo, as "rezadas" (algumas em latim), rezas longas com uma piedade encantadora. Comunidade que canta, depois reza o terço, depois lê a Palavra de Deus e conversa a partir da Palavra ouvida.

Talvez a celebração da Palavra pudesse receber as manifestações religiosas das comunidades locais. Por que a ministra, o ministro da Palavra, não pode traçar a bênção sobre a comunidade, com o livro da Palavra de Deus, antes de voltarem para suas casas? E nas comunidades indígenas, por que não inculturar a celebração, como pede o Papa Francisco, em *Querida Amazônia*, e abrir espaço para que as comunidades possam expressar sua fé por meio de seus símbolos, gestos?

5.3. Iniciação à vida cristã

Estamos despertando para a grandeza e a necessidade da Iniciação à Vida Cristã. Dedicamos tempo para recolher as experiências que várias igrejas particulares realizam na busca de sempre melhor indicar o caminho do seguimento de Jesus Cristo. Temos o documento "Iniciação à Vida Cristã: itinerário para formar discípulos missionários" (CNBB, 2019). A comunidade, a família, retomam seu lugar na iniciação de seus membros na vida de Cristo. Uma renovação difícil de ser feita. Mas onde acontece, percebe-se uma mudança e uma adesão muito maior ao seguimento de Jesus Cristo, especialmente onde os presbíteros intuíram essa dinâmica evangelizadora, pastoral. Infelizmente, algumas obras mudaram o título da publicação sem mudar o modo. A Comissão Episcopal Bíblico-Catequética começou a oferecer os itinerários para essa nova dinâmica. Dinâmica de evangelização, mas também de pastoral, pois se trata do cuidado de sempre mais maturar em Cristo.

5.4. As comunidades

Existem esforços na Igreja do Brasil no modo da animação das comunidades em uma Igreja particular. Não se trata de descentralização, mas de a comunidade sentir-se comunidade de fé. Temos a experiência das Áreas Missionárias, dos Regionais, como espaço de referência, mas sem uma igreja matriz. Todas as comunidades que formam a Área Missionária têm a autonomia e a comunhão. As celebrações eucarísticas acontecem nas comunidades, sem privilégio de uma delas.

Essa dinâmica já é um avanço. Mas o que fazer com as comunidades que recebem a visita do presbítero duas a três vezes por ano? Como oferecer a essas comunidades uma dinâmica em que possam sentir-se Igreja e pertencentes a uma Igreja particular? Na África, existe a experiência do ministério do catequista, que, na realidade, é quem coordena, instrui, celebra, anima a comunidade. A comunidade sente-se protegida, animada, pertencente; não se dispersa. A comunidade deveria celebrar, sem a presença do presbítero, alguns dos sacramentos, como o Batismo, o Matrimônio. É o que vem dito em *Querida Amazônia*: uma presença estável dotada de autoridade.

Como ser Igreja nas comunidades dos povos indígenas, acolhendo a cultura, as suas expressões religiosas? *Querida Amazônia* indica caminhos animadores.

Na *Evangelii gaudium*, encontramos um ensinamento que poderia ajudar e que sempre é recordado: a piedade popular. As manifestações da *piedade popular* necessitam ser valorizadas, estimuladas e, onde for necessário, purificadas. Tais práticas têm grande significado para a preservação e a transmissão da fé, para a iniciação à vida cristã, bem como para a promoção da cultura (EG, n. 122-126). "As expressões da piedade popular têm muito que nos ensinar e, para quem as sabe ler, são um *lugar teológico* a que devemos prestar atenção, particularmente na hora de pensar a nova evangelização" (EG, n. 126). É expressão da fé, visibilização, "mostração" da fé.

5.5. Os leigos

É admirável como os leigos são ativos na Igreja. Mulheres e homens que são verdadeiras testemunhas na sociedade. As assembleias das igrejas particulares deveriam ter sempre mais a participação dos leigos; e os ministérios ser confiados aos leigos, mulheres e homens que assumem responsabilidades no cuidado do crescimento e da maturação da comunidade. Em *Querida Amazônia*, o Papa Francisco afirma:

Uma Igreja de rostos amazônicos requer a presença estável de responsáveis leigos, maduros e dotados de autoridade, que conheçam as línguas, as culturas, a experiência espiritual e o modo de viver em comunidade de cada lugar, ao mesmo tempo que deixem espaço à multiplicidade dos dons que o Espírito Santo semeia em todos. Com efeito, onde houver uma necessidade peculiar, ele já infundiu carismas que permitam dar-lhe resposta. Isto requer na Igreja capacidade para abrir estradas à audácia do Espírito, confiar e concretamente permitir o desenvolvimento de uma cultura eclesial própria, *marcadamente laical*. Os desafios da Amazônia exigem da Igreja um esforço especial para conseguir uma presença capilar, que só é possível com um incisivo protagonismo dos leigos (QA, n. 94).

Esse protagonismo suscita uma nova vida nas comunidades, de forma a promover o encontro com a Palavra e o amadurecimento na santidade, por meio de vários serviços laicais que supõem um processo de maturação – bíblica, doutrinal, espiritual e prática – e distintos percursos de formação permanente (QA, n. 93).

Na elaboração das Diretrizes para a Evangelização da Igreja no Brasil, deveria haver uma participação maior de mulheres e homens que estejam à frente de pastorais e das comunidades. A Assembleia do Povo de Deus poderia ser uma contribuição, celebrando-a no ano anterior à Assembleia que discute e aprova as Diretrizes. A dinâmica da sinodalidade ajudaria na discussão, na reflexão e na elaboração das Diretrizes para a ação evangelizadora.

5.6. Fé que deseja encarnar-se na cultura

Essa dimensão já temos refletido muitas vezes. Fomos, mais uma vez, despertados para essa dimensão com o envio da Carta pós-sinodal *Querida Amazônia*. Ela lembra o ensinamento de São João Paulo

II: "Uma fé que não se torna cultura é uma fé não de modo pleno acolhida, não inteiramente pensada, nem com fidelidade vivida". A Igreja vive um caminho de recepção que a enriquece com aquilo que o Espírito já tinha misteriosamente semeado naquela cultura. O próprio Papa Francisco o afirma: "Como podemos ver, na história da Igreja, o cristianismo não dispõe de um único modelo cultural" e "não faria justiça à lógica da encarnação pensar em um cristianismo monocultural e monocórdio". "Trata-se, em última instância, de permitir e incentivar a que o anúncio do Evangelho inexaurível, comunicado com categorias próprias da cultura onde é anunciado, provoque uma nova síntese com essa cultura" (QA, n. 68-69).

Uma espiritualidade inculturada, uma liturgia inculturada, ministérios e serviços inculturados. Inculturar a espiritualidade? Uma espiritualidade que nasce do encontro entre o Evangelho e uma cultura. Fala-se de "rito amazônico", que expressa mais que o rito litúrgico. Entre os povos indígenas, as expressões religiosas, os cantos e danças visibilizam culturas diferentes. Deve-se ter sensibilidade para deixar que cada cultura ofereça expressões identitárias. Que a fé, o encontro com Jesus Cristo e seu Reino, possa expressar a alma da cultura. Ao escutar os povos indígenas, as comunidades ribeirinhas, se percebe a necessidade da inculturação da fé.

5.7. Escuta permanente

Estamos necessitados de um grupo permanente de irmãos e irmãs que contribuam com a teologia, a filosofia, a eclesiologia, a sociologia, que compreendam a realidade e que sugiram o modo de pastoral, de evangelização. Houve esse desejo na reestruturação do Instituto Nacional de Pastoral (INP), com mudança do estatuto. Não se trata de palestras, de reunião para elaborar alguma coisa. Trata-se de discutir, refletir, sem rodeios e sem medos, a realidade da Igreja na sua missão de anunciar o Reino de Deus e sua justiça; de buscar as razões da fé, a identidade da Igreja. Um grupo permanente! Fazer como faz o povo Tapirapé. À noite, reúnem-se e conversam, conversam... Nada decidem. Quando percebem que a ideia maturou, é aceita sem votação, sem imposição. Esse sondar, esse expor, esse esperar exige disponibilidade, diálogo, mas especialmente escuta.

As Diretrizes são elaboradas por uma comissão e enviadas aos bispos. Vários bispos repassam o texto para um irmão, uma irmã, que ajuda na reflexão e no aprofundamento. Mas não refletimos permanentemente a nossa evangelização, a nossa pastoral, a nossa missão. Seria um serviço benéfico e libertador para a Igreja no Brasil. Uma espécie de caixa de ressonância da evangelização, da pastoral.

Conclusão: partir do princípio

Gostaria ainda de propor duas reflexões como conclusão: o encontro e a misericórdia. Não saberia como designar, se pano de fundo ou horizonte ou perspectiva. Mas faz-se necessário permanecer na cercania do encontro e da misericórdia, para nos desviarmos da tentação da doutrinação e da ideologia.

A misericórdia como a essência do ser cristão

O Ano da Misericórdia, com seus gestos, com seus textos, homilias, nos remeteu para a essência do ser cristão, da evangelização, da pastoral. Especialmente a nossa pastoral. O magistério de Papa Francisco tem a força e a suavidade da misericórdia. É o magistério da misericórdia. Ele está recordando a essencialidade do ser Igreja.

"Misericórdia" quer dizer, pois, *amor cordial, amor matricial*. Matricial é aquilo que se refere à *matriz*. Matriz é o lugar em que se gera e cria e de onde se nasce; é o *útero*. Em hebraico, a palavra útero, matriz, se diz *réhem*. A cordialidade, a ternura da misericórdia, por sua vez, se diz: *rahamim*. Assim, o poeta judeu André Chouraqui, ao traduzir o Sermão da Montanha, em vez de dizer "Bem-aventurados os *misericordiosos*", diz: "Em marcha os matriciais!". Quem são esses, os *matriciais*? Ele responde:

> Aqueles que assumem entre seus irmãos a função principal de IHVH/Adonai, que é a de ser a matriz do Universo. A palavra *rahamîms* deriva de *réhem*, "a matriz", o útero da mulher. A matriz recebe, mantém e dá a vida, oferecendo ao feto, a cada segundo, tudo de que ele precisa para viver. Assim *Elohîms*, matricial, tem função de matriz para o Universo e para cada uma de suas criaturas. O mesmo acontece com o que ama IHVH/Adonai, que só vive para matriciar o mundo (CHOURAQUI, 1996, p. 87).

O coração de Deus é a matriz, o útero, do universo. Ali está o ponto de salto da geração do Filho Unigênito. Ali está a fonte da criação do universo e de cada indivíduo na sua unicidade. Jesus revela esse amor matricial de Deus para com cada e todo ser humano – um amor universal, isto é, que, com sua lonjura, com sua largueza e com sua profundidade, originariamente abraça toda criatura. Ele, no seu relacionamento com as pessoas, revela o Pai dos céus, no seu cuidado, que veste as ervas do campo, alimenta as aves do céu, faz cair a chuva e nascer o sol sobre bons e maus, e cujo amor paterno e matricial gera, nutre e rege todas as coisas. Misericórdia, portanto, tem a ver com senso de unidade entre Deus e o ser humano. É demonstração de amor, ação graciosa, que ajuda, socorre, se doa e perdoa.

A misericórdia tem a ver com nosso modo de estar no mundo, como nosso modo de estar com os pobres e de ser uma Igreja pobre. A misericórdia concede a graça de uma Igreja em saída! Uma comunidade de discípulos missionários com iniciativa se envolve, acompanha, frutifica e festeja. Uma comunidade tomada pela dinâmica da fé. A fé na manifestação do amor em Jesus Cristo e seu Reino. E o amor sempre em saída. Ela assume a cotidianidade das pessoas com suas lutas, sofrimentos e alegria; serve sem receios, assume a vida humana, tocando a carne sofredora de Cristo, no povo (EG, n. 24). Uma Igreja acidentada, ferida e enlameada por ter saído pelas estradas, que não se tornou enferma pelo fechamento e a comodidade de se agarrar às próprias seguranças (EG, n. 42). Mas também uma Igreja de portas abertas, disposta ao diálogo com todos; que sabe escutar as culturas, os povos, as angústias e as esperanças. Uma Igreja que sai ao encontro das periferias geográficas e existenciais (EG, n. 20). Está nas periferias dos pobres, dos povos originários.

A misericórdia nos faz ser Igreja dos pobres, pobre.[6] Quantas vezes nos foi lembrado, no Ano da Misericórdia, o texto de Mateus: "Em verdade, vos digo: todas as vezes que fizestes isso a um destes mínimos que são meus irmãos, foi a mim que o fizestes" (Mt 25,30). A misericórdia continuamente está recordando que o necessitado é aquele que nos faz ser Evangelho de Jesus. "Há que afirmar sem rodeios que existe um vínculo indissolúvel entre a nossa fé e os pobres" (EG, n. 48). Não estamos falando de assistência social, mas do modo de ser cristão.

A pandemia veio recordar nosso ser cristão. A solidariedade, o cuidado, sinais da misericórdia e da vida do Evangelho, visibilizaram quem somos. É que a força histórica do cristianismo não vem do poder, mas sim da autoridade do não poder do amor. A verdade do ser-cristão, isto é, a cristicidade do cristianismo, depende sempre do modo e da intensidade com que se assume essa autoridade do não poder, a autoridade quenótica, da cruz, do pobre. No entanto, os cristãos podem sempre, de novo, trair a sua própria cristicidade, elegendo o poder e a força, em lugar da autoridade e do serviço de quem cuida. Mas nunca é demais recordar:

---

[6] Cf. Documento de Medellín, Documento de Puebla.

Na verdade, o cristianismo ganhou sua imensa expansão sobre a terra, pelo fato de que seu senhorio deu partida justamente com os fracos e enfermos, com os pobres e humilhados. Pois, somente aquele que começa junto da coisa desprovida de poder, se obriga a começar junto da *coisa mesma*. Ele não cabe em nenhum esquema, em nenhuma ordem, em nenhum plano, em nenhum mundo já interpretado. Caso, porém, a coisa deva ser "salva", então deve ser encontrado para ela um mundo *próprio*, um "novo mundo" (ROMBACH, 1983, p. 61).

A força e a fraqueza, o vigor e a suavidade da Igreja, isto é, da pastoral, advêm da graça da pobreza da cruz, visibilizada nos pobres, que o Papa Francisco chama de "carne de Cristo". A pandemia veio nos ensinar que nosso lugar é junto dos pobres, mas também para sermos uma Igreja pobre.

Permanecer na iluminação do encontro

Devemos permanecer na fidelidade do encontro. Temos a sensação de que intuímos a graça de ser tocados pela fé como se dependesse de nós. Pensamos que já sabemos o que é encontro, pois estamos sempre falando sobre o encontro, e pouco fazemos para ser encontro.

Vale recordar o que diz Bernardo de Claraval na homilia, a partir do Cântico dos Cânticos:

"Procurei, diz a Esposa, aquele que o meu coração ama" (3,1). Sim, é de fato a esta procura que te convida a ternura daquele que, antes de ti, te procurou e te amou. Não o procurarias, se primeiro ele não te tivesse procurado; não o amarias, se primeiro ele não te tivesse amado. O Esposo não se antecipou em uma só bênção, mas em duas: no amor e na procura. O amor é a causa da sua procura; a procura é o fruto do seu amor, e dele é também penhor assegurado. És amada por ele, de maneira que não podes lamentar-te por não seres realmente amada. A dupla experiência da sua ternura encheu-te de audácia: aniquilou-te as vergonhas, persuadiu-te a voltares para ele, deu força ao teu entusiasmo. Daí o fervor, daí o ardor em "procurares aquele que o teu coração ama", pois é evidente que não terias podido procurá-lo, se primeiro ele não te tivesse procurado; e agora que ele te procura, não podes deixar de o procurar. Que a alma disto se lembre: foi o Esposo quem, primeiro, a procurou e quem, primeiro, a amou; tal é a fonte da sua própria procura e do seu próprio amor (BERNARDO DE CLARAVAL, 2020, n. 84).

Encontro como antecipação de Deus, é o que lemos nos Atos:

Lídia tinha devoção a Deus e escutava com atenção. O Senhor lhe abriu o coração, para que acolhesse as palavras de Paulo. Após ter sido batizada, assim como toda a sua casa, ela convidou-nos: "Se achais que sou uma fiel do Senhor, vinde hospedar-vos em minha casa" (At 16,14-15).

É Paulo que prega, mas é Deus quem abre o coração. Paulo prega, pois havia sido atingido por Jesus Cristo. Ele mesmo confessará: "Continuo correndo para alcançá-lo, visto que eu mesmo fui alcançado por Cristo Jesus. Irmãos, eu não julgo já tê-lo alcançado" (Fl 3,12-13).

No encontro, a iniciativa não é nossa; somos atingidos no encontro. No encontro, há uma dinâmica que não obriga, mas atrai, eleva, impulsiona, transforma, liberta. Ser alcançado, ser atingido, demonstra uma correspondência em relação a quem atinge. Assim é no amor. Mas como permanecer nessa dinâmica, sem nos impormos um voluntarismo, sem estarmos no esvaziamento (*Abgeschiedenheit*), como nos propõe Mestre Eckhart? Aparecida nos despertou para a graça do encontro. Uma relação onde Deus é admirado, amado.

A experiência da relação de Deus para conosco, e não suas figuras. É conhecida a afirmação de Rahner: "O cristão do futuro ou será 'místico', isto é, pessoa que 'experimentou' algo, ou não será cristão" (RAHNER, 1967, p. 25). Mais tarde, ele acrescentará:

> Se se entende por mística não estranhos fenômenos parapsicológicos, mas uma autêntica experiência de Deus que brota do centro da existência, então essa afirmação é muito justa e se tornará ainda mais clara em sua verdade e em sua relevância na espiritualidade do futuro (RAHNER, 1992, p. 365-366).

Experiência relação! Ali é um tu a tu! O que estamos pregando, pastoreando? Como ser atingidos pela evangelização e pela pastoral? Vale lembrar a experiência de Blaise Pascal: "Fogo, Deus de Abraão, Deus de Isaac, Deus de Jacó, não dos filósofos e sábios. Certeza, alegria, certeza, sentimento, alegria, paz, alegria" (PASCAL, 1992, p. 31). A experiência da liberdade; uma relação livre.

Desafios e perspectivas – Nada de novidade, tudo uma recordação, pois "matutações" de quem se percebe instrumento para a visibilização do Reino. Estar atentos para perceber os rastros de Deus na história da humanidade; a presença do Crucificado-Ressuscitado no rosto de tantos irmãos e irmãs que sofrem. A Igreja: Povo de Deus!

Referências

AGOSTINHO, *Sermo* VII, 7, Opere di Sant'Agostino Discorsi. Roma: Cittá Nuova Editrice, 1979. p. 117.

BENTO XVI. *Homilia*. Abertura da XIII Assembleia Geral Ordinária do Sínodo dos Bispos, 07/10/2012. Disponível em: https://www.vatican.va/content/benedict-xvi/pt/homilies/2012/documents/hf_ben-xvi_hom_20121007_apertura-sinodo.html. Acesso em: 20/04/2021.

BERNARDO DE CLARAVAL. Sermo 5, in *Adventu Domini*, 1-3. In: BERNARDO DE CLARAVAL. *Opera omnia*, Edit. cisterc. 4 [1966], p. 188-190.

BERNARDO DE CLARAVAL. *Sermões sobre o Cântico dos Cânticos*. Niterói: Permanência, 2020.

BISPOS DA AMAZÔNIA. A Igreja se faz carne e arma sua tenda na Amazônia. Documento do VIII Encontro das Igrejas da Amazônia, Manaus, 1997. In: CNBB (org.). *Desafios missionários*: Documentos da Igreja na Amazônia. Coletânea. Brasília: CNBB, 2014. p. 67-84.

CELAM. *Conclusões da II Conferência do Episcopado Latino-Americano (Medellín)*: presença da Igreja na atual transformação da América Latina à luz do Concílio Vaticano II. Petrópolis: Vozes, 1968.

CELAM. *Conclusões da III Conferência do Episcopado Latino-Americano (Puebla)*: a evangelização no presente e no futuro da América Latina. Petrópolis: Vozes, 1979.

CHOURAQUI, A. *A Bíblia – Matyah* (Mateus). Rio de Janeiro: Imago, 1996.

CNBB. *Diretrizes Gerais da Ação Evangelizadora da Igreja no Brasil (2008-2010)*. São Paulo: Paulinas, 2008.

CNBB. *Iniciação à Vida Cristã*: itinerário para formar discípulos missionários. Documentos da CNBB 107. Brasília: Edições CNBB, 2019.

ECKHART. *Sermões alemães*. Petrópolis: Vozes/Editora Universitária São Francisco, 2009. v. 1, p. 334.

FRANCISCO. *Exortação Apostólica "Evangelii gaudium"*: sobre o anúncio do Evangelho no mundo atual. São Paulo: Paulinas, 2013.

FRANCISCO. *Discurso no encontro com o episcopado brasileiro.* JMJ Rio, 27/07/2013. Disponível em: https://www.vatican.va/content/francesco/pt/speeches/2013/july/documents/papa-francesco_20130727_gmg-episcopato-brasile.html. Acesso em: 20/04/2021.

FRANCISCO. *Exortação pós-sinodal Querida Amazônia.* Brasília: Edições CNBB, 2020.

HARARI, Y. N. *Homo Deus*: uma breve história do amanhã. São Paulo: Companhia das Letras, 2016.

HEIDEGGER, M. Gelassenheit. In: KLOSTERMANN, Vittorio. *Zum 80 Geburtstag von seiner Heimatstadt Messkirch.* Frankfurt/M., 1969.

JOÃO XXIII. Discurso aos cardeais, arcebispos e bispos participantes da segunda reunião do Conselho Latino-Americano, 15 de novembro de 1958, 2. Disponível em: https://www.vatican.va/content/john-xxiii/it/speeches/1958/documents/hf_j-xxiii_spe_19581115_america-latina.html. Acesso em: 20/04/2021.

KASPER, W. La provocazione permanente del Concilio Vaticano II: per un'ermeneutica degli enunciati conciliari. In: KASPER, W. *Teologia e chiesa.* Brescia, 1989. p. 302-312.

LIENHARD, F. Missão/Evangelização. In: *Dicionário Crítico de Teologia.* São Paulo: Paulinas; Petrópolis: Vozes, 2004.

NICOLAU DE CUSA. *De non-aliud.* Philosophisch-Theologische Schriften Bd II, Wien, 1989. p. 443-566.

NIETZSCHE, F. Die fröliche Wissenschaft, Drittes Buch, 125. Der tolle Mensch. In: NIETZSCHE, F. *Werke in drei Bänden.* München: 1954, Band 2, S. 126-128.

NIETZSCHE, F. *La gaia Scienza e Idili di Messina.* Milano: Adelphi, 1977.

PASCAL, B. *Discours sur la Religion et quelques autres sujets qui ont été trouvés après sa mort parmi ses papiers*. Paris: Fayard, 1992.

PAULO VI. *Exortação Apostólica "Evangelii nuntiandi"*: sobre a evangelização no mundo contemporâneo. Vaticano: Libreria Editrice Vaticana, 1968. Disponível em: https://www.vatican.va/content/paul-vi/pt/apost_exhortations/documents/hf_p-vi_exh_19751208_evangelii-nuntiandi.html. Acesso em: 20/04/2021.

RAHNER, K. Ser Cristiano. In: RAHNER, K. *Escritos de Teología*, VII. Madrid: Taurus, 1967. p. 25.

RAHNER, K. Elementos de espiritualidade na Igreja do futuro. In: OOFFI, T.; SECONDIN, B. (org.). *Problemas e perspectivas de espiritualidade*. São Paulo: Loyolam, 1992. p. 365-366.

ROMBACH, H. *Welt und Gegenwelt*: Umdenken über die Wirklichkeit – die philosophische Hermetik. Basel: Verlag Herder, 1983.

ROSA, G. *Grande Sertão: Veredas*. Rio de Janeiro: Nova Fronteiras, 1988.

SÃO JERÔNIMO. *Epistula* 53, 5: *CSEL* 54, 451; ou então S. COLA (ed.). *Le Lettere*, vol. II da coletânea "Opere di San Girolamo" (Città Nuova, Roma 1997), 54.

TOMÁS DE AQUINO, S.Th., pI, q 3,5. *"Quia de Deo scire non possumus quid sit sed quis non sit, non possumus considerare de Deo quomodo sit, sed potius quomodo non sit"*.

VILANOVA, J. G. Evangelização. In: *Dicionário de catequética*. São Paulo: Paulus, 2004.

WELTE, B. *Determination und Freiheit*. Frankfurt: Knecht, 1969.

WELTE, B. *Zeit und Geheimnis*: Philosophische Abhandlungen zur Sache Gottes in der Zeit der Welt. Freiburg: Herder, 1975.

WELTE, B. *Gesammelte Schriften Religionsphilosophie.* Tl.1. Freiburg: Herder, 2008.

WELTE, B. *Das Licht des Nichts.* Von der Möglichkeit neuer religiöser Erfahrung. Verlagsgem: Topos, 2015.

SEGUNDA PARTE
PAINÉIS

SEGUNDA PARTE
PAINEIS

I.
Aprendizagens pastorais na pandemia

Aprendizagens pastorais na pandemia

Vanildo de Paiva (Pouso Alegre)

Introdução

Refletir sobre aprendizagens pastorais em tempos de pandemia nos coloca diante de grandes desafios. Desde aquele extraordinário dia do primeiro Pentecostes, muitas foram as vezes em que a Igreja foi convocada pelas circunstâncias a ouvir o que o Espírito tem a lhe dizer (cf. Ap 2,7ss). E, como o Espírito é a criatividade divina, que sopra onde quer (cf. Jo 3,8), como quer e renova a face da terra (cf. Sl 104/103), assim a Igreja precisa estar atenta aos sinais dos tempos e ter a coragem para se reinventar, quantas vezes forem necessárias. Há um bom tempo, já éramos alertados para a urgência da chamada "conversão pastoral" (cf. EG, n. 32), superando definitivamente uma pastoral de manutenção. No dizer da Conferência de Aparecida, "nenhuma comunidade deve isentar-se de entrar decididamente, com todas as forças, nos processos constantes de renovação missionária e de abandonar as ultrapassadas estruturas que já não favoreçam a transmissão da fé" (DAp, n. 365). No entanto, como em uma "síndrome de Nicodemos" (cf. Jo 3), tentamos nos iludir com algumas reformas superficiais, quando o Senhor parece querer de nós que nasçamos de novo!

A pandemia nos convoca para uma revisão das ações, do conteúdo, dos objetivos e da metodologia de nossas práticas pastorais. A conversão pastoral, com tudo o que dela deriva (Igreja em saída, revisão de estruturas, rede de comunidades, estado permanente de missão, protagonismo leigo etc.), tornou-se jargão comum, referencial teórico sem efetividade, um apêndice importante, porém, ainda não levado a sério. É muito difícil mudar hábitos. Não tínhamos coragem de mexer em algumas estruturas e formas de trabalho que já não vinham dando certo ou com poucos resultados. A pandemia nos obriga não só a pensar como também a agir de formas diferentes. Nesse contexto, ou nos convertemos pessoal, comunitária e estruturalmente ou sucumbiremos na caminhada de um deserto eclesial e pastoral a que a pandemia nos conduz. Como nos lembra o Papa Francisco, "ao enfrentar uma crise, nossos funcionalismos são abalados e têm de ser revistos e corrigidos, para que ressurjamos da crise como pessoas melhores. Uma crise exige sempre que todo o nosso ser esteja presente; não é possível nos retirar e recuar para os nossos velhos papéis e estilos de vida" (FRANCISCO, 2020, p. 9).

Duas imagens da história do Povo de Deus nos parecem significativas para ajudar a pensar sobre o momento desafiante a que nossas experiências de fé e de estruturação pastoral estão submetidas: o Êxodo e o Exílio na Babilônia. Do Êxodo tomamos emprestadas as ideias de transição ou passagem, foco no essencial, protagonismo de Deus na caminhada e reorganização da vida comunitária sobre bases justas e fraternas, na Terra Prometida. Do Exílio aprendemos que, no momento de dificuldades e tragédias na história do Povo de Deus, a glória de Deus deixa o templo; também nos fazem pensar a centralidade da Palavra de Deus na resistência do povo e a força para a reconstrução. Ambas as imagens nos remetem a momentos dramáticos da vida dos judeus, que foram cruciais para a afirmação de sua fé e revisão de suas relações com Deus e com os irmãos, o que exigia uma nova ética comunitária e social. Crise, assumida com fé e administrada com discernimento, pode ser fecundo momento de transformação e crescimento.

Esta reflexão procura acenar para alguns aspectos que nos ajudem a pensar melhor por onde poderíamos começar a tão desejada e necessária reinvenção ou renascimento pastoral. Parece-nos cedo para falar de aprendizados pastorais, visto estarmos ainda no olho do furacão, quando o máximo que damos conta é improvisar saídas emergenciais e acudir os inúmeros feridos vindos das tantas batalhas. Batalhas como a do contágio do vírus, acentuada pela inapta e perversa gestão política da crise, as consequências advindas de um governo descomprometido com a vida, a miséria social e econômica a que estamos expostos, com duras consequências, sobretudo, para os mais empobrecidos, graves rupturas entre as Instituições republicanas e até mesmo intraeclesiais, como a crise vivida na última Campanha da Fraternidade, etc. Aprendizagem demanda tempo, paciência, debates, reflexão, paixão, tolerância à gestação da semente. Contudo, já podemos vislumbrar alguns desafios que nos parecem muito relevantes e exigem de nós que os levemos a sério. E os que apresento aqui são fruto da contribuição de várias pessoas comprometidas com a ação pastoral, a quem agradeço a lucidez da reflexão.[1]

1. O protagonismo dos leigos

Nosso jeito de ser Igreja ainda é bastante clericalista, não obstante a boa caminhada que já fizemos em uma eclesiologia de comunhão

---

[1] Gratidão às contribuições de Pe. Eduardo Rodrigues, Pe. Jean Poul Hansen, Maria Cristina Carrão Padilha, Marlene Maria Silva e Suzana Coutinho.

e participação, sobretudo com as Comunidades Eclesiais de Base e o incentivo à ministerialidade, dado pelos documentos pós-conciliares, especialmente os da CNBB. A dependência da figura do padre, mormente no terreno da liturgia e da administração paroquial, ainda funciona como um fator preponderantemente impeditivo de uma configuração eclesial, na qual os cristãos leigos e leigas assumam seu lugar prioritário de ação e testemunho, dentro da instituição e também fora dela, como "sal da terra e luz do mundo" (Mt 5,13-14). Há profundas raízes culturais que se alastram, como os modelos europeus de evangelização a que fomos submetidos em nossa história de nação cristã, que chegam até nós, fortalecendo o imaginário popular quanto à posição quase sagrada do padre no meio da comunidade cristã. Ainda que essa imagem venha sendo paulatinamente desgastada pelo processo de secularização, empreendido pela modernidade e pelas constantes crises enfrentadas pela instituição nos últimos tempos, ela persiste. Movimentos conservadores reforçam essa imagem, dos quais não escapam muitos presbíteros, que também alimentam uma eclesiologia centrada na figura do ministro sagrado, ao se colocarem como a síntese dos ministérios, e não exercendo o ministério da síntese. Não se trata, obviamente, de minimizar a importância do ministro ordenado e de seu papel no conjunto carismático dos dons e serviços eclesiais, mas de pensar seu lugar no meio do Povo de Deus em harmonia com os demais membros.

    A pandemia, de alguma maneira, subverteu o esquema tradicional da relação padre-leigos, igualando-os ante os mesmos problemas e desafios existenciais e pastorais. Muitos leigos acabaram por assumir tarefas importantes na direção de processos de evangelização e catequese *on-line*, presidência de momentos celebrativos em suas famílias ou grupos pastorais, tarefas de aconselhamento e orientação espiritual de grupos ou pessoas com necessidade de acompanhamento etc. Mesmo sem muita formação para atuarem e pouca consciência de seu sacerdócio batismal, no entanto, não faltam leigos e leigas a se reinventarem e a viverem um protagonismo que precisa ser definitivamente assumido e aprimorado. Uma releitura da eclesiologia sob o prisma da categoria "Povo de Deus" seria uma retomada muito importante neste momento em que estamos vivendo, para que, na mística do Êxodo, superemos certas dicotomias que teimam em se fazer valer, opondo fé e vida, oração e comprometimento sociotransformador, liturgia e ética cidadã, povo cristão e seus ministros ordenados, em relações de dependência e exclusão. Lugar preponderante cabe à família cristã e sua importante atuação, sobretudo nos campos da catequese e da liturgia, dentro do seu próprio lar, concretizando, de algum modo, o tão propalado protagonismo da Igreja doméstica. Este aspecto, mais do que nosso incentivo, merece nossos cuidados pastorais e sua valorização, pois aponta para respostas a uma problemática que tem ocupado a Igreja nos últimos tempos, a saber, como evangelizar a família, com a família e como família (cf. Diretório para a Catequese, n. 226-235).

2. Igreja samaritana, a serviço da vida

A crise pandêmica expôs grandemente nossas vulnerabilidades existenciais e sociais. A grande mídia escancarou um drama vivido em nível planetário ao rosto do mundo, o que nos distraiu até de outras graves crises, como aquelas que ameaçam o meio ambiente, os conflitos de guerras e os mercados espúrios dos armamentos ou a triste realidade de multidões de refugiados que riscam os caminhos íngremes e os mares bravios em busca de um cantinho que possam fazer de lar e onde vivam com dignidade. A pandemia colocou a iminência do perigo de morte bem perto de cada um de nós, ricos e pobres, ainda que esses últimos sejam ainda os que mais correm perigos, devido à sua condição muitas vezes subumana de vida. No Brasil, tudo isso se tem agravado bem mais, pois o drama da pandemia é maximizado por uma gestão política inconsequente, que opta claramente contra a vida, com discursos e ações pautadas pelo ódio às minorias, cerceamento dos direitos civis, retrocessos nas políticas públicas, que deviam garantir a qualidade de vida a todo e qualquer cidadão, e uma grave fratura socioideológica, que, no final, faz sucumbir a todos, mais uma vez com prejuízo dos mais pobres.

São Paulo VI já afirmava que "a Igreja é perita em humanidade" (PP, n. 13). O Papa Francisco insistentemente nos ensina que ela deve ser um "hospital de campanha", capaz de cuidar daqueles que são atropelados e feridos pela inospitalidade dos que deviam, antes, ser seus irmãos. Propõe-nos a mística do Bom Samaritano (cf. Lc 10,30-37), modelo de toda pessoa que sabe renunciar ao próprio eu e a suas comodidades para cuidar e se fazer próximo de quem quer que seja (FT, n. 56-86). Segundo o Papa, essa deveria ser a opção da Igreja:

> Muitas vezes é melhor diminuir o ritmo, pôr de parte a ansiedade para olhar nos olhos e escutar ou renunciar às urgências para acompanhar quem ficou caído à beira do caminho. [...] Prefiro uma Igreja acidentada, ferida e enlameada por ter saído pelas estradas, a uma Igreja enferma pelo fechamento e a comodidade de se agarrar às próprias seguranças (EG, n. 46.49).

A pandemia tem-nos mostrado a urgência de se priorizar a defesa da vida plena de cada um de nossos irmãos, pelos quais Jesus deu a própria vida. O restante pode esperar, seja as agendas pastorais, seja até nossas liturgias! "Deixa a tua oferta aí e vai primeiro reconciliar-te com teu irmão e depois vem apresentar a tua oferta" (Mt 5,24) é uma ordem do Senhor que também pode ser lida nessa perspectiva da prioridade do bem-estar do próximo, em quaisquer circunstâncias. Afinal, "o sábado (dia do culto) foi feito para o homem, e não o homem para o sábado" (Mc 2,27).

3. A centralidade do essencial

Já nos ensinava o velho e bom livro *O Pequeno Príncipe* que "o essencial é invisível aos olhos" (EXUPÉRY, 2016, p. 72), tão invisível que mesmo uma pandemia do porte desta que estamos vivendo pode não dar conta de nos fazer enxergar o quanto nos dispersamos do centro de nós mesmos e do que realmente importa em nossas tantas relações. Mas o fato é que os excessos não nos estão servindo de nada, ou, em certas situações, até nos atrapalham! Em termos existenciais e sociais, a experiência da pandemia nos nivelou a todos, de modo que nem condição social nem outra diferenciação pouparam alguém de ter que enfrentar suas angústias ante os sofrimentos, o risco de morte e a derrocada de tantas estruturas tidas até então como inabaláveis. "Colapso" passou a ser uma palavra constante em nosso vocabulário para designar aquela segunda praga que a todos ameaça. Também em termos eclesiais as coisas não andam bem! Muitas, senão todas as paróquias, tiveram que fechar suas portas por medidas preventivas e, com essa atitude, fechar também suas tantas agendas sobrecarregadas de compromissos pastorais, movimentações, controles financeiros, festas, provas mais que evidentes da dedicação de pastores e leigos comprometidos com o processo de evangelização. No entanto, não raramente, esse complexo de atividades também é delator de nosso ativismo e manias caducas, nós que nos acostumamos a correr de um lado para o outro, perdendo-nos do essencial: "Marta, Marta, tu te preocupas com muitas coisas, mas uma só é necessária; Maria escolheu a melhor parte, e esta não lhe será tirada" (Lc 10,41-42).

O momento nos convida a sérias revisões, e também dos métodos e estruturas pastorais. "Desta crise podemos sair melhores ou piores. Podemos retroceder ou criar algo novo. Neste momento, o que precisamos é da oportunidade de mudar, de criar espaço para surgir esse novo de que necessitamos" (FRANCISCO, 2020, p. 10). Como um rio que, ao encontrar obstáculos no seu curso, procura desvios, mas não deixa de correr, a vida cristã tem se sustentado, em muitos casos, à revelia das complicadas estruturas pastorais já caducas que teimamos em manter. Fomos obrigados a ser criativos e a descobrir novos caminhos, mais próximos da realidade das pessoas. A pandemia evidenciou que a maior parte de nossas atividades e dos nossos recursos materiais e humanos giram em torno do templo. Não só Deus "saiu do templo", mas muitas pessoas já haviam saído antes da pandemia, outras estão saindo durante e muitas não voltarão. Mais uma vez, acostumados ao templo, temos dificuldade de compreender e agir fora dele, como Igreja em saída. Como na experiência do Exílio do Povo de Deus na Babilônia (598 a.C. – 538 a.C., aproximadamente), vimos sucumbir aquilo que sustentava nossas comunidades e funcionava como centro agregador dos fiéis. Temos que nos perguntar se tudo isso era mesmo essencial. Obviamente, temos necessidade do templo, da liturgia e da pastoral, mas nosso modo de lidar com essas estruturas tem que mudar, redirecionando o nosso olhar para o ser humano e suas verdadeiras demandas e colocando-as a seu serviço. Focar no essencial exigiria de nós renúncias que nos podem aproximar um pouco mais da prática e do sonho de Jesus de Nazaré e dos Franciscos, de Assis e de Roma, isto é, uma Igreja pobre, no meio dos pobres, atenta aos perigos do mundanismo, do secularismo, dos projetos faraônicos, do exibicionismo e triunfalismo litúrgico, do consumismo sacramental, do clericalismo centralizador, do ideal de cristianismo massivo, da corrupção financeira do sacerdócio, da visão financista da gestão de recursos na rotina paroquial, entre tantos outros desafios.

4. O lugar preferencial dos pobres

O empobrecimento da população é uma das consequências nefastas das grandes crises sanitárias, guerras e pandemias, como esta que estamos vivendo. Já se faz ressentir a condição de pobreza em muitas partes do mundo, agravando situações que já eram críticas e criando novos bolsões de miséria; condição que também mata muitas pessoas. O desemprego, o falimento de muitas instituições, a ingerência estatal e a manipulação inescrupulosa da crise por parte de muitos poderosos aumentam enormemente o fosso que separa os miseráveis e excluídos daqueles que têm condições de vida digna. A distância é maior ainda quando se olha para uma pequena parcela que detém a maior parte dos bens.[2] A pandemia da Covid-19 precisa nos ensinar algo muito importante no que se refere a esse aspecto, abrindo-nos para uma nova consciência social e novas maneiras de conceber as relações humanas e o acesso de todos ao necessário para se viver. Há bonitas iniciativas surgindo aqui e acolá, apontando que um novo mundo é possível e que o problema não está na falta de recursos materiais, mas na sua injusta divisão. Neste período da pandemia, pessoas solidárias têm se dado as mãos para organizar serviços de assistência imediata àqueles que emergencialmente precisam de socorro. Outros se têm mobilizado, exigindo justiça social e relações igualitárias. Mesmo sendo chamados equivocadamente

---

[2] Disponível em: https://www.pucrs.br/blog/desigualdade-social-cresce-nas-metropoles-brasileiras-durante-a-pandemia/#:~:text=Com%20base%20em%20valores%20que,a%2032.6%20no%20C3%BAltimo%20trimestre. Acesso em: 23/04/2021.

de "comunistas", muitos cristãos leigos e ordenados estão, profeticamente, fermentando em nosso meio uma inquietação ante essa realidade que chega até a nos envergonhar! O Papa Francisco tem chamado a atenção do mundo para a necessidade de uma renda mínima universal.[3]

No dizer do Papa Francisco, "todo o caminho de nossa redenção está assinalado pelos pobres" (EG, n. 197). De fato, do começo ao fim da história, estão os pobres a protagonizar o enredo de nossa salvação, encontrando seu ponto máximo em Jesus de Nazaré, Deus que "se fez pobre" (cf. 2Cor 8,9), viveu e morreu como pobre e entre os pobres, e os colocou como critério definitivo para nosso ingresso em seu Reino: "a mim o fizeste!" (Mt 25,40). Por isso mesmo,

> para a Igreja, a opção pelos pobres é mais uma categoria teológica que cultural, sociológica ou filosófica. [...] Como ensinava Bento XVI, esta opção "está implícita na fé cristológica naquele Deus que se fez pobre por nós, para enriquecer-nos com sua pobreza". [...] A nova evangelização é um convite a reconhecer a força salvífica das suas vidas, e a colocá-los no centro do caminho da Igreja (EG, n. 198).

Portanto, nosso compromisso não se pode resumir em ações assistenciais aos pobres, ainda que sejam necessárias nesta hora, mas em deixar-nos evangelizar pelo seu jeito de ser, valorizá-los pela riqueza que são, cuidar de sua vida espiritual e necessidades temporais, defendê-los para que não se tornem joguetes de manipulação política, alavancar a sua promoção à vida digna e sustentável e promover, com eles, a verdadeira justiça social. São questões intimamente ligadas a nossas opções pastorais, que não podem continuar veladas pelas

---

[3] Disponível em: http://www.ihu.unisinos.br/78-noticias/598065-o-papa-francisco-pede-um-salario-universal-para-os-trabalhadores-precarios. Acesso em: 22/04/2021.

tantas desculpas que damos, passando ao longe dessas urgências, como aquele sacerdote e o levita da parábola do bom samaritano, que julgavam ter coisas mais importantes a fazer (cf. Lc 10,30-37). Não podemos esquecer-nos dos destinos de Lázaro e do rico avarento (cf. Lc 16,19-31)!

5. A força transformadora da liturgia

Em perspectivas pastorais, o terreno da liturgia talvez tenha sido um dos mais afetados, visto que as celebrações presenciais ficaram praticamente impossibilitadas, na maior parte do tempo. Batismos, confirmações, matrimônios e sacramentais foram adiados na medida do possível, e as missas remediadas por assistência a celebrações transmitidas à distância. Não foi sem dor para fiéis e seus pastores que tudo isso aconteceu! O "jejum litúrgico" foi acolhido com espírito de fé por boa parte dos cristãos católicos, mas não faltaram aqueles que protestaram e reivindicaram a volta das celebrações presenciais, apelando para o direito do fiel de ser alimentado pela Eucaristia. Em contrapartida, multiplicaram-se as iniciativas de se promover uma liturgia doméstica, valorizando-se a reunião da família ao redor da mesa para celebrar a vida, partilhar o pão e se alimentar da Palavra de Deus. O caos pandêmico tem servido de diagnóstico a apontar nitidamente os tipos de cristãos que temos e que não conhecíamos, bem como para denunciar grandes lacunas em nossa formação da consciência do verdadeiro ser cristão. O consumismo religioso e uma visão mágica dos sacramentos têm causado mais danos do que poderíamos imaginar! A retirada necessária do templo e de todo seu aparato litúrgico, bem como a impossibilidade de acesso à comunhão das espécies consagradas, simplesmente tiraram o chão de muita gente, que parece não saber onde repousar sua identidade cristã. Se, por um lado, há quem ressinta, e com razão, a falta que tudo isso faz, mas compreende que a vida cristã extrapola essas mediações, por mais importantes que sejam, há outros tantos que não suportam a ideia de ser cristão sem tudo isso, ainda que por um período necessário.

Essa situação nos faz pensar na necessidade de uma maior consciência do lugar que a liturgia deve ocupar na vida cristã e de um aprofundamento da fecunda interação entre fé e vida. Se, com o Concílio Vaticano II, podemos afirmar que "a liturgia é o cume para o qual tende toda a ação da Igreja e, ao mesmo tempo, a fonte de onde emana a sua força" (SC, n. 10), com o mesmo Concílio precisamos entender que "a vida espiritual não se resume na liturgia" (SC, n. 12) e que a liturgia do cotidiano, no qual tornamos nossa vida uma perfeita oferenda a Deus, pode ser tão santificadora quanto o culto que lhe prestamos no templo. De acordo com a Igreja, "a liturgia também leva os fiéis a serem unânimes na piedade depois de participarem dos sacramentos pascais, para que na vida conservem o que receberam na fé" (SC, n. 10). Sendo assim, o ser cristão não é gestado e sustentado somente no seio litúrgico do templo e dos ritos que ali acontecem, mas também na vida diária, nas orações ao Pai, no segredo do coração (cf. Mt 6,6), na prática da caridade fraterna, nas orações em família e na escuta atenta da Palavra de Deus, na vida e nas Escrituras. Em sintonia com 70% dos irmãos católicos que não têm a missa dominical com frequência, e na linha do que sempre a Igreja nos ensinou a respeito da importância da Palavra de Deus, urge que renovemos nossa compreensão da Palavra como pão do céu que também nos alimenta, à semelhança da Eucaristia (cf. DV, n. 21) e da força transformadora da vida que a liturgia deve ter. Um questionamento nos inquieta muito, ante tudo que tem acontecido: nossas experiências rituais estão, de fato, construindo uma cidadania do Reino ou estão associadas a práticas individualistas e "mágicas", renunciando à dimensão da caridade e da transformação das estruturas? Estão reforçando a cultura da indiferença, do ódio e a desconexão entre fé e vida?

6. A sacramentalidade da Palavra de Deus

Somos a Igreja da Palavra e do Pão! Esta verdade ensinada pelo magistério da Igreja ainda não encontrou eco suficiente em nossa espiritualidade e práticas cristãs. Assiste-se, é verdade, a um crescente movimento de valorização da Palavra, incentivando sua celebração e meditação, especialmente na América Latina, por meio das Celebrações da Palavra presididas por ministros leigos, leitura orante da Bíblia, círculos bíblicos etc.[4] No entanto, é preciso avançar nessa consciência de que há uma sacramentalidade da Palavra a ser (re)descoberta pelo povo cristão, especialmente pelos católicos. Uma supervalorização das espécies eucarísticas, historicamente compreendida, muitas vezes cercada de devocionismos eucarísticos, dificulta, na prática, a acolhida daquela equiparação que os padres conciliares claramente apontaram entre a Palavra e o Corpo de Cristo:

> As divinas Escrituras sempre foram veneradas como o próprio Corpo do Senhor pela Igreja que – máxime na sagrada Liturgia – não cessa de tomar e distribuir aos fiéis o pão da vida, tanto da mesa da Palavra de Deus quanto da mesa do Corpo de Cristo (DV, n. 21).

A pandemia trouxe às nossas comunidades eclesiais, sobretudo àquelas acostumadas às celebrações diárias ou dominicais da Missa, uma realidade um tanto quanto desinstaladora: a impossibilidade da participação dos cultos nos templos e da comunhão das espécies

---

[4] A 58ª AG da CNBB, realizada de modo virtual em abril de 2021, teve como tema central "Casas da Palavra – Animação bíblica da vida e da pastoral nas comunidades eclesiais missionárias".

eucarísticas por longos períodos. Este fato gerou uma crise sem precedentes e fez emergir uma situação que requer muito cuidado pastoral: a reeducação dos fiéis em relação ao que aqui chamaremos de "nova consciência eucarística", para superação de visões reducionistas relativas a esse sacramento. E, nessa nova consciência, ênfase precisa ser dada à relação íntima entre Palavra e Eucaristia, para que se compreenda melhor o lugar que a Palavra deve ocupar na vida do cristão:

> Palavra e sacramento não se opõem nem se confundem. Ambos, cada um a seu modo, são os meios de que o Senhor se serve para comunicar a sua graça, para edificar os cristãos, para construir a Igreja como Povo de Deus, Corpo de Cristo, Templo do Espírito, sacramento do Reino de Deus no mundo (CNBB, Doc. 108, n. 29).

A celebração em torno da Palavra, especialmente em família, precisa ganhar *status* de legítimo alimento para a vida e a fé do povo crente, levando a experiências profundas de oração, impulso à missão e ao testemunho evangélico. Trata-se, ainda, de redescobrir a Igreja doméstica como estrutura fundamental e original da Igreja, dando verdadeiro protagonismo evangelizador, catequético e celebrativo às famílias, em suas mais diversas configurações, à luz, sobretudo, da Palavra de Deus.

7. A missionariedade e a Igreja em saída

Já ficou muito conhecido o pensamento do Papa Francisco, ao insistir em uma Igreja "em saída", enviada em missão às periferias existenciais: "Não quero uma Igreja preocupada com ser o centro, e que acaba presa em um emaranhado de obsessões e procedimentos" (EG, n. 49). Trata-se de um desafio para que a Igreja – diga-se, todos nós – não apenas repense seus projetos pastorais como também, principalmente, se autodefina teologicamente, olhe para sua essência de comunidade a serviço da missão. Essa empreitada já fora enfrentada pelo Concílio Vaticano II, ao convidar a Igreja a tomar consciência de quem ela é (na Constituição Dogmática *Lumen gentium*), em vista de sua presença no mundo (Constituição Pastoral *Gaudium et spes*). Afinal, na sua origem está o mandato da "saída": "Ide, pois, fazei discípulos todos os povos, batizando-os em nome do Pai, e do Filho e do Espírito Santo, ensinando-os a cumprir tudo quanto vos tenho mandado" (Mt 28,19-20). Desse modo, Jesus deixa aos seus discípulos como legado a prática pastoral que ele mesmo inaugura: a do peregrino do Reino, que não tem "onde reclinar a cabeça" (Mt 8,20), mas sempre está onde o povo está: nas estradas, na praia, no templo, nas ruas, nas praças, nas casas etc. À curiosidade original dos primeiros discípulos: "Mestre, onde moras?" (Jo 1,38), segue-se não um endereço, mas uma provocação dinâmica: "Vinde e vede!" (Jo 1,39). Portanto, o Mestre pode ser encontrado em todo e qualquer lugar, anunciando o Reino, fazendo-se presente em cada coração que o acolhe com generosidade: "Eis que estou à porta e bato, se alguém ouvir a minha voz e abrir a porta entrarei em sua casa e cearei com ele e ele comigo" (Ap 3,20).

A pandemia tem nos obrigado, de algum modo, a rever nossa compreensão da dimensão missionária da vida da Igreja, passando da concepção de missão como movimento (programática) para missão como modo permanente e essencial de ser da Igreja (paradigmática). A situação de diáspora[5] em que nos encontramos nos faz lançar o olhar para um horizonte mais amplo de vivência da fé, questionando

---

[5] *Diáspora* é uma palavra derivada do hebraico e significa "dispersão". Refere-se às inúmeras vezes em que o povo judeu (e, depois, os cristãos) foi forçosamente espalhado por motivos de perseguição, tendo que se estabelecer em novos ambientes e, de algum modo, reinventar sua vida e experiências religiosas.

nossos modelos costumeiros e congelados de ser Igreja. O empenho para fazer chegar a cada cristão a força renovadora do Evangelho tem-nos levado a ser criativos e preocupados com cada um dos irmãos e irmãs, a partir do seu contexto de vida. Pensar na Igreja que subsiste em cada pequena comunidade, em cada uma das famílias espalhadas pelo território paroquial ou além dele, é um convite a vencermos a teimosia pastoral das grandes concentrações e eventos massivos como formas prioritárias de evangelização. A autorreferencialidade deve ceder lugar a uma visão mais circular da vida eclesial e à valorização das experiências de Deus feitas para além das fronteiras estabelecidas pelos modelos clássicos de pastoral. Sobretudo, o momento nos convida a uma Igreja da presença, da acolhida, do cuidado e do afeto junto às famílias e pessoas excluídas ou mais vulneráveis, concretizando o chão das periferias existenciais a serem pisadas pelo missionário. Urge ser Igreja a serviço da vida, da justiça e da fraternidade. A missão inclui, necessariamente, a priorização da vida como boa notícia. Em outros momentos da história da Igreja, em que houve pestes e epidemias, guerras e outras catástrofes, naturais ou humanas, levantaram-se homens e mulheres que, em nome da fé, acolheram, cuidaram e deram esperança a muitos, surgindo, inclusive, ordens religiosas, movimentos leigos etc. (Pavoni, Teresa de Calcutá, Dom Bosco etc.). E, agora, como estamos vivenciando a dimensão pastoral como serviço aos que enfrentam a doença e a morte?

8. A importância das novas mídias na vida da Igreja

É fato incontestável que estamos vivendo um momento de profundas transformações no mundo e, por consequência, na Igreja, no que se refere às formas de comunicação e contato entre as pessoas. Está se configurando para todos nós, e com a participação de todos nós, uma nova cultura, a digital. De acordo com o Papa Francisco, vivemos em uma cultura amplamente digitalizada, que afeta de modo muito profundo a noção de tempo e de espaço, a percepção de si mesmo, dos outros e do mundo, o modo de comunicar, de aprender, de informar-se, de entrar em relação com os outros (CV, n. 86).

Essa cultura digital tem mudado nossa linguagem, mentalidade e hierarquia de valores (PONTIFÍCIO CONSELHO PARA A PROMOÇÃO DA NOVA EVANGELIZAÇÃO, n. 359). A tradicional dicotomia entre real e virtual, hoje, é questionada por muita gente que defende que não há mais o virtual, mas somente o real da presença e das relações entre pessoas, mediadas pelas redes, inclusive com trocas afetivas. Uma presença diferenciada, é verdade, mas sempre presença, já que as mídias seriam verdadeiras extensões dos nossos sentidos. Do mesmo modo, há que se superar o binômio *off-line/on-line*, já que, "hoje, vivemos uma experiência *onlife* (Luciano Floridi). A conectividade e as redes já são uma *dimensão existencial das pessoas*. Redes e ruas estão mais do que nunca conectadas e interligadas. O 'véu' dessa separação se rasgou há um bom tempo". De acordo com esse pensamento, um novo tipo de realidade cultural se instaura, possibilitando novas formas de encontro e relação das pessoas entre si e destas com o sagrado (SBARDELOTTO, 2020, p. 98-110). Isto traz sérias indagações para nós, pois mexe com conceitos e princípios fundamentais por nós consagrados, também no terreno da pastoral.

O momento em que estamos vivendo tem exigido da Igreja, muito mais que uma adaptação, uma verdadeira mudança de mentalidade e de posturas na lida com os recursos tecnológicos. Se já os considerávamos importantes instrumentos para a evangelização, eles estão se mostrando imprescindíveis. Os processos pastorais têm se beneficiado dos múltiplos caminhos abertos pelo uso dos meios de comunicação e tantas mídias que estenderam as mãos, ouvidos, boca e coração da Igreja às famílias e pessoas, individualmente ou em grupos. Sobretudo durante períodos de suspensão de atividades litúrgicas e pastorais presenciais, temos nos valido desses meios para interagir com os fiéis, levar a meditação da Palavra de Deus e a catequese da Igreja a tantas pessoas, favorecer as orações em família e sustentar algum vínculo das pessoas com as nossas comunidades eclesiais e, dignas de nota, as inúmeras inciativas de formação em todos os níveis eclesiais. Iniciativas de encontros, bate-papos, escuta e aconselhamento espiritual, "novos jeitos" de convivência, têm-nos mostrado o lugar significativo que eles ocupam e deverão ocupar na caminhada pastoral daqui para a frente. Como desafios ficam a urgência da formação de agentes para ocupar o protagonismo dessas ferramentas midiáticas com sabedoria técnica e pastoral – a começar pelas lideranças do ministério ordenado! – e uma compreensão mais ampla da missão da Pastoral da Comunicação, em muitos lugares ainda reduzida à transmissão de missas e eventos. Preocupação nos causa a investida de grupos com eclesiologia conservadora e na contramão do Concílio Vaticano II, que têm nas mãos o poder financeiro, o acesso e a destreza no uso desses meios, revelando e incentivando posturais radicais que ameaçam nossas tentativas de manter nossa comunhão eclesial.

Conclusão

Enfim, assim como as experiências do Êxodo e do Exílio na Babilônia foram, para os judeus, radicalmente fundantes de um novo modo de compreender a sua relação com o Deus da aliança e, consequentemente, do modo de se organizar como sociedade em constante processo de reinvenção, o que nos move, neste momento, é a "esperança que não decepciona" (Rm 5,5), aquela que brota do Ressuscitado, vencedor da morte e da cruz. A pandemia tem nos provocado um sério diagnóstico e mostrado quem é quem nesse grande e complexo terreno da pastoral. Ela tem colocado em xeque nossas seguranças e desmascarado algumas pretensões que tínhamos de que poderíamos dormir em paz, já que estava tudo aparentemente sob controle. Hoje estamos inquietos e, por isso, perguntamos o que temos a aprender com tudo o que tem acontecido. Já vislumbramos a Terra Prometida, mas ainda pisamos o deserto. Caminhamos para ela, certos de que o Senhor caminha conosco, ora como nuvem quando nos fustigam o calor e o desânimo, ora como coluna luminosa, se nos falta a direção (cf. Ex 13,21). E, como os peregrinos que ainda choram, caminhamos já professando a nossa fé: "Os que semeiam entre lágrimas, ceifam em meio a canções. Vão andando e chorando ao levar a semente. Ao regressar, voltam cantando, trazendo seus feixes" (Sl 126[125],5-6). Portanto, lancemos as sementes. A primavera não tardará!

Referências

Documentos da Igreja

CELAM. *Documento de Aparecida*: texto conclusivo da V Conferência Geral do Episcopado Latino-Americano e do Caribe. São Paulo: Paulus/Paulinas/CNBB, 2007.

CNBB. *Ministério e Celebração da Palavra*. Documento 108. Brasília: Edições CNBB, 2019.

CONCÍLIO VATICANO II. *Constituição Dogmática "Sacrosanctum Concilium"*: sobre a Sagrada Liturgia. 11. ed. São Paulo: Paulinas, 2015.

CONCÍLIO VATICANO II. *Constituição Pastoral "Dei Verbum"*: sobre a Revelação. 11. ed. São Paulo: Paulinas, 2015.

FRANCISCO. *Exortação Apostólica "Evangelii gaudium"*: sobre o anúncio do Evangelho no mundo atual. São Paulo: Paulus/Loyola, 2013.

FRANCISCO. *Exortação Apostólica Pós-Sinodal "Christus vivet"*. Brasília: Edições CNBB, 2019.

PAULO VI. *Carta Encíclica "Populorum Progressio"*: sobre o desenvolvimento dos povos. São Paulo: Paulus, 1998.

PONTIFÍCIO CONSELHO PARA A PROMOÇÃO DA NOVA EVANGELIZAÇÃO. *Diretório para a Catequese*. São Paulo: Paulus, 2020.

SBARDELOTTO, M. Virtualização da fé? Reflexões sobre a experiência religiosa em tempos de pandemia. *Annales Faje*, v. 5, p. 98-110, 2020.

Livros

EXUPÉRY, A.-S. *O Pequeno Príncipe*. 3. reimp. São Paulo: Vozes, 2016.

FRANCISCO. *Vamos sonhar juntos*: o caminho para um futuro melhor. Rio de Janeiro: Intrínseca, 2020.

Links

https://www.pucrs.br/blog/desigualdade-social-cresce-nas-metropoles-brasileiras-durante-a-pandemia/#:~:text=Com%20base%20em%20valores%20que,a%2032.6%20no%20%C3%BAltimo%20trimestre.

http://www.ihu.unisinos.br/78-noticias/598065-o-papa-francisco--pede-um-salario-universal-para-os-trabalhadores-precarios.

http://www.ihu.unisinos.br/78-noticias/601104-virtualizacao-da--fe-reflexoes-sobre-a-experiencia-religiosa-em-tempos-de-pandemia.

II.
Pentecostalidade e mística

Encontros entre a pentecostalidade e a mística

Luana Martins Golin (UMESP; UNIFAI)

Introdução

Neste contexto de pandemia e morte no Brasil, este painel busca refletir sobre o significado do pentecostalismo e da mística para a ação pastoral da Igreja. O caminho percorrido foi o seguinte: 1) Pensar acerca de uma "mística" pentecostal; 2) Trazer para a discussão e o diálogo algumas premissas da mística ortodoxa oriental; 3) Resgatar o mistério e a experiência do absoluto como possibilidades para uma espiritualidade menos institucional e eclesiocêntrica e mais pneumática, livre como o Espírito Santo.

1. A "mística" pentecostal

O Pentecostes cristão (CATALÁN, 2008), descrito em Atos 2, retoma símbolos e significados do Pentecostes judeu. Originalmente era celebrado como a festa da ceifa (Ex 23,14) e logo se tornou a festa da renovação da Aliança (2Cr 15,10-13). Para os cristãos, tratava-se da vinda ou descida do Espírito Santo. Não se sabe, exatamente, o que aconteceu no cenáculo nem o que ocorreu no interior das pessoas ali reunidas. Foi uma *experiência inefável*, indescritível. O vento violento como um vendaval e as línguas de fogo remetem a uma teofania; portanto, trata-se de uma revelação sagrada ou de uma *experiência mística*.

Algumas manifestações podem ser notadas no momento do Pentecostes e nos eventos que se seguiram: explosão emocional; êxtase; entusiasmo arrebatador (que alguns interpretaram como consequência dos efeitos do vinho); espécie de iluminação intelectual de Pedro e sua pregação logo após a descida do Espírito Santo; contemplação a céu aberto, caso do mártir Estêvão; possessão pelo Espírito de Deus, que dava coragem e ânimo aos discípulos; contemplação de Paulo, no caminho de Damasco, de "uma luz vinda do céu que o envolveu com seu brilho. Caindo por terra" (At 9); alusões a milagres, curas e prodígios em toda a narrativa de Atos dos Apóstolos, que também é chamado por alguns biblistas de Atos do Espírito.

Pode-se dizer que também ocorreu em Pentecostes uma *experiência profética*, com o cumprimento da profecia de João 2,28-29: "E acontecerá, depois, que derramarei o meu Espírito sobre toda a carne; vossos *filhos* e vossas *filhas* profetizarão, vossos *velhos* sonharão, e vossos *jovens* terão visões; até sobre os *servos* e sobre as *servas* derramarei o meu Espírito naqueles dias". Os apóstolos se tornaram *porta-vozes* ou *profetas* da mensagem de Deus.

Outro ponto importante da profecia de Joel é o caráter do Espírito Santo: inclusivo, que não faz distinções hierárquicas e de gênero, mas acolhe a todos/as, filhos/as, velhos, jovens, servos/as. Trata-se de uma *experiência de comunhão e unidade*. Pentecostes é o contrário de Babel. Lá houve confusão e divisão das línguas; em Pentecostes, todos passaram a "falar a mesma língua do Espírito", apesar da diversidade das línguas ali pronunciadas. O Espírito Santo não desceu sobre apenas um indivíduo, mas sobre uma comunidade, proporcionando um estado místico coletivo. A multidão foi contagiada por essa experiência.

Os afetados pelo Espírito Santo sofreram uma transformação profunda e intensa. Certas celebrações massivas, como foi o Pentecostes, têm o potencial de canalizar as emoções da coletividade e costumam ter um efeito catártico e extático. O êxtase pode ser pessoal ou coletivo. Há também uma associação entre o êxtase e a possessão. Em Pentecostes, eles/as foram possuídos pelo Espírito, pela divindade, pelo sagrado.

O conhecimento místico de Deus geralmente é direto, não abstrato e sem intermediação. Porém, essa liberdade pessoal parece estar sempre em tensão com a figura do *líder* carismático, que traz sobre si a marca da autoridade e do "porta-voz legítimo" do sagrado. Nesse caso, corre-se o risco de certa idolatria e de uma espiritualidade que leva à dependência:

> A idolatrização *da figura de autoridade* gera sistemas religiosos que consentem *atitudes de irresponsabilidade*, pois fomentam uma *concepção mágica da vida na qual se pretende solucionar os problemas de saúde, dinheiro e amor por meio de intervenções sobrenaturais*. Essa concepção religiosa parte de um *otimismo ingênuo* que busca o bem-estar físico, as consolações celestes e *uma desculpa que constantemente justifique o lúdico e o festivo*. Parece óbvio que a motivação que subjaz a essa atitude é tremendamente egoísta e muito distante das exigências éticas pregadas por todas as religiões e tradições espirituais. [...] Nesses sistemas, a relação com Deus é substituída pela fidelidade às formas, isto é, às aparências. Essa é a hipocrisia criticada tão duramente por Jesus nos Evangelhos (CATALÁN, 2008, p. 107-108 – Grifo meu).

Atitudes de irresponsabilidade; solução mágica da vida; otimismo ingênuo; desculpa que justifique o lúdico e o festivo. Acrescenta-se a isso, no atual contexto em que vive o Brasil, uma atitude negacionista ante os desafios de combate à pandemia, por parte de muitas igrejas pentecostais e neopentecostais.

João Décio Passos, no livro *Pentecostais: origens e começo* (2005), faz uma diferenciação entre o que ele chama de "Cristianismo – logos" ou histórico, mais racional, e o "Cristianismo – *mithos*", típico do movimento pentecostal. Muitas vezes essa dualidade é acentuada como: racionais x emocionais; eruditos x populares; institucionais x carismáticos. Essas classificações mais didáticas ajudam a pensar o tema, mas restringem a complexidade do fenômeno pentecostal. Entretanto, o autor faz uma observação muito importante:

> Opera-se uma ligação direta com o tempo das origens, com o evento de Pentecostes, com os milagres de Jesus, com os dons do Espírito Santo. Os fatos do passado, narrados nos textos bíblicos, tornam-se, *imediatamente*, realidade vivenciada pelo fiel: *experimentada e verificada por sua experiência pessoal e grupal*. O fiel *sente a experiência do Espírito*. [...] *O tempo das origens torna-se hoje* (PASSOS, 2005, p. 33).

Essa lógica da temporalidade mítica, que instaura a eternidade e torna indistinto o ontem do hoje, é fundamental na cosmovisão pentecostal.

2. A tradição mística ortodoxa oriental

"Sempre se acusou o Ocidente de não desenvolver tão profundamente como o Oriente a dimensão pneumatológica do processo evangelizador." Esta frase estava na proposta e na ementa desse painel.

Por esse motivo e porque já tive a oportunidade de pesquisar um pouco sobre a tradição ortodoxa oriental, é que eu resolvi dedicar uma seção ao tema.

Existe uma diferença entre a teologia ortodoxa e a teologia latina ou ocidental. Para a fé ortodoxa, não existe separação entre a experiência e o racional. Só é possível falar daquilo que se experimenta e se conhece. É por isso que a teologia ortodoxa passa a existir a partir da mística. Somente aquele/a que teve uma experiência mística é capaz de produzir teologia, pois só quem conhece a Deus é capaz de falar acerca dele. O conteúdo da mensagem religiosa não tem obrigação de estar em sincronia com a racionalidade humana ou com a ciência. A fuga do conceito é uma característica típica da ortodoxia, pois, quando se tem a experiência, não há necessidade de conceituação. A conceituação é vista como abstracionismo. Dentro dessas características, a teologia ocidental se encontra no âmbito do *intelectus*, enquanto a teologia mística oriental encontra-se no âmbito do *affectus* (palavra latina que tem origem no termo grego *páthos*), por isso é menos racional e pautada na revelação e no mistério.

A espiritualidade ortodoxa está baseada na *experiência*. Para o/a crente ortodoxo/a, o processo de chegada do Reino de Deus no indivíduo é chamado de *metanoia*, palavra de origem grega que significa "conversão" ou "transformação". A pessoa que passa pela *metanoia* encontra-se em processo de redenção permanente e imediato, e não espera uma transformação que acontecerá no além ou no fim dos tempos. A salvação e o contato com Deus ocorrem por meio de uma *experiência mística* no presente. Até aqui se percebe correlações entre a mística e o pentecostalismo.

Um postulado aristotélico dizia que todo conhecimento começa por uma apreensão sensível, exceto quando se pensa no conhecimento acerca de Deus. Barlaam (1290-1350), de tradição latina, nascido na Itália e que foi para Bizâncio, disse que não era possível perceber Deus por intermédio dos sentidos, porque Deus não era natural como as coisas existentes. Além disso, também não era possível se chegar até Deus por intermédio da razão, porque Deus não era como um objeto, sujeito à análise. Por estes motivos:

> A humanidade estaria apartada de Deus. A única relação que teríamos com ele seria pela fé advinda das Escrituras, da revelação. [...] Do ponto de vista do conhecimento, podemos dizer que a postura de Barlaam nos aproxima, de fato, da ideia de niilismo cognitivo com relação à divindade, pois constrói um distanciamento total do ser humano em relação a Deus (PONDÉ, 2003b, p. 78.80).

A pessoa mística diz *ver e sentir* Deus e, na concepção de Barlaam, isso seria incoerente. A crítica dele à impossibilidade de percepção de Deus ou da Transcendência influenciou fortemente o pensamento moderno, tanto que foi tido como uma espécie de "humanista" e antecessor do Renascimento. Contudo, o teólogo ortodoxo Gregório Palamas (1296-1359) contestou Barlaam ao dizer que ele se esquecera do postulado teológico da encarnação de Deus em Jesus de Nazaré. Neste caso, se Deus tornou-se humano, existe uma possibilidade de comunicação com a Transcendência por intermédio dos sentidos ou da imanência.

A razão não seria suficiente para descrever a experiência com o divino. A experiência mística não é antirracional, apenas não é da ordem da razão:

> (a) na mística não existe nenhum critério lógico, apenas evidencial: da ordem da experiência e não da inteligência; e (b) o conhecimento direto de Deus é do tipo antinômico, isto é, um conhecimento onde não cabe *nomos*, normatização ou sistematização. [...]

Segundo Evdokimov,[1] a razão é "deífuga", isto é, o discurso não contém e não pode conter Deus: querer enquadrar os indivíduos que conhecem Deus ou a fala desses indivíduos nos esquemas da razão significa, na verdade, fugir de Deus (EVDOKIMOV, *L'Orthodoxie*, apud PONDÉ, 2003a, p. 111).

A base do misticismo oriental está pautada nos mistérios de Deus, que são inacessíveis e estão para além da razão. Para Palamas:

> a) o homem não pode conhecer a essência de Deus transcendente;
> b) porém pode conhecer suas ações, suas operações, seus atributos;
> c) por isso, em Deus deve haver uma distinção real entre *essência incognoscível* e *atributos cognoscíveis* (MONDIN, 2003, p. 309).

De acordo com as citações feitas, pode-se observar o princípio da *teologia negativa ou apofática* (do grego, *apophatikós* = negativo, derivado do verbo *apóphami*, que significa "dizer não, negar"). Para a teologia apofática, o conhecimento de Deus só é possível afirmando-se o que *ele não é*. O conhecimento apofático é contrário ao conhecimento *catafático* (do grego *kataphatikós* = afirmativo ou enfático), que define Deus por afirmações positivas:

> A teologia chamada apofática, negativa, adverte-nos do perigo do conhecimento conceitual exclusivo: "os conceitos de Deus criam ídolos"; de Deus, só podemos saber o que ele não é. Tal teologia procede pelo desconhecimento racional e conduz à união mística e à sua ciência indizível (EVDOKIMOV, 1986, p. 43).

---

[1] Evdokimov foi o maior teólogo russo que trabalhou no Ocidente. Ele fugiu para a França, devido às perseguições sofridas na Rússia, e viveu a maior parte de sua vida trabalhando no Instituto Saint-Serge, em Paris, a mais antiga escola de teologia ortodoxa da Europa ocidental.

Em resumo: não se *de-fine* nem se *de-limita* Deus!

Para a fé ortodoxa oriental, a teologia é uma contemplação dos *mistérios* da Revelação e não um sistema lógico-racional. Assim, "o homem não poderia jamais imaginar Deus, porque não pode ir até Deus senão partindo dele. Se o homem pensa Deus, é porque já se encontra dentro do pensamento divino, é que Deus já se pensa nele" (FORTE, 2006, p. 97).

Na teologia oriental fala-se muito em *taborização*, palavra oriunda de Tabor, possível monte onde ocorreu a transfiguração de Cristo para alguns de seus discípulos (cf. Mt 17,1-9). Segundo o relato bíblico, nesse monte, a presença de Deus tornou-se manifesta na luz que resplandecia sobre Cristo. *Luz tabórica* significa a irradiação ou a manifestação das energias divinas que são distintas da essência de Deus, além de poder significar o estado da pessoa mística em contato com tais energias. "Ele nos transfigura pelo *esplendor da luz divina*, amolda-nos ao *fogo do Espírito*, mas também nos modifica e nos transforma como só Deus o pode fazer, através do poder divino" (CALIXTO II, *Filocalia*, p. 201).

Os seres humanos são chamados por graça a compartilhar a vida divina, processo chamado de *theosis* ou *deificação*, de acordo com 2 Pedro 1,4: "[...] para que por elas *vos torneis coparticipantes da natureza divina*". A frase de Santo Irineu: "Deus torna-se homem, para que o homem se torne deus", significa que o ser humano torna-se segundo a graça o que Deus é segundo a natureza. Nas palavras de Paul Evdokimov: "Deus criou o mundo para nele se tornar homem e para que o homem aí se torne Deus pela graça, e participe das condições da existência divina. Em seu projeto, Deus decide unir-se ao ser humano para deificá-lo" (EVDOKIMOV, 1986, p. 41).

O cristianismo ortodoxo apresenta não somente a fé em Deus como também a fé no ser humano, na possibilidade da realização do divino nele. Contudo, da mesma maneira que Deus não é cognoscível completamente, pois se encontra na esfera do mistério, assim também se encontra o ser humano. A ideia de *Deus absconditus* é seguida da ideia de *ser humano absconditus*, ou seja, da sua incognoscibilidade. Neste caso, a tentativa de definir a pessoa humana é tão complexa e complicada quanto definir Deus.

No que se refere à pneumatologia, o Espírito Santo é o responsável pela divinização do ser humano, da natureza e do mundo. A teologia apofática, como critério de escolha, além da valorização da presença e ação do Espírito na liturgia, levou a teologia ortodoxa a uma ênfase em torno da Trindade. A ortodoxia adverte contra os excessos institucionais e hierárquicos; por isso Evdokimov afirma: "A voz misteriosa de Cristo nos diz sem parada: 'Não apagueis o Espírito', não vos torneis *escravos da ordem excessivamente organizada*" (EVDOKIMOV, 1986, p. 115). Em sua visão, para que o cristianismo seja, de fato, luz do mundo e sal da terra, é preciso que o cristão/ã deixe de ser aquele/a que fala *sobre Deus* e se deixe tornar aquele/a por meio do/a qual Deus fala.

3. Abertura ao mistério e à experiência do absoluto

> É o coração que sente Deus, e não a razão. Eis o que é a fé: Deus sensível ao coração, não à razão.
> (Pascal)

No mundo moderno parece que a religião vai perdendo espaço. Essa diferenciação entre o espaço sagrado e o espaço profano já foi bem desenvolvida por Eliade (1992) e outros autores. Na modernidade, o ser humano assume uma nova situação existencial: reconhece-se como sujeito e agente da História e começa a rejeitar a Transcendência. Ele se desenvolve à medida que dessacraliza o mundo. O "sagrado" passa a ser um obstáculo por excelência à sua liberdade.

O importante teólogo Karl Rahner já dizia que o cristão do século XXI ou seria místico ou não seria nada. Em outras palavras, todo cristão/ã deveria tornar-se um místico caso quisesse preservar sua fé e crença:

> Portanto, o que vale é que no futuro não vamos apenas crer porque a crença é verdadeira, porque foi transmitida responsavelmente, porque todos em volta creem, mas principalmente também porque ela tem um significado para a "minha" vida, porque ela é compatível com a minha busca pelo *sentido da vida* (SUDBRACK, 2007, p. 72).

Em outras palavras: não basta apenas a crença, mas são necessários a *experiência* e o *sentido*. Assim, a mística acaba sendo ressignificada e reinterpretada, como, por exemplo, uma mística do cotidiano e da imanência. E aqui se pode lembrar a teopoética de Rubem Alves.

A partir de então, é importante destacar:

1) A universalidade e a liberdade do Espírito: o Espírito é livre e sopra onde quer e como quer, em quem ele quer. Não tem amarras. Não se aprisiona.

2) A linguagem poética movimenta-se em vias que nos levam mais para perto do mistério. Não é por acaso que os mistérios mais profundos podem ser mais bem expressos poeticamente. Isso se dá porque a percepção estética da poesia, da música e da arte está além da razão lógica.

3) Para Plotino e a tradição neoplatônica, existe uma espécie de contato cognitivo com o Uno que se realiza *na forma da experiência mística*. "O Uno transcende o epistêmico, pois é incompreensível" (ZILLES, 2011, p. 84) e a "[...] a fé em Deus é, antes de tudo, confiança em Deus, falar a ele, sem compreendermos sua essência, suas metas e seus caminhos" (ZILLES, 2011, p. 88).

Considerações finais

O encontro com Deus é um acontecimento extraordinário reservado a alguns poucos privilegiados ou todo ser humano tem acesso a essa experiência? A mística é uma dimensão da existência intrínseca à condição humana?

A experiência pentecostal é uma dessas possibilidades.

> Ninguém sabe como serão as religiões do futuro, nem onde seus fiéis rezarão, nem que filosofias sustentarão suas doutrinas, nem quais serão seus princípios éticos fundamentais, nem como se organizarão seus dirigentes... Tampouco sabemos como a fé cristã será reformulada diante dos novos modelos de sociedade que se anunciam. No entanto, apesar da incerteza, cremos que no interior de todo ser humano há, e haverá sempre, um espaço sagrado, o *debir*, a partir do qual se vislumbra o Infinito para captar a dimensão eterna da vida. Nada poderá deter a necessidade do ser humano de expressar e alimentar essa vivência profunda inerente à sua própria natureza (CATALÁN, 2008, p. 171).

A experiência mística é um caminho de fé que vai na contramão dos fundamentalismos, dos radicalismos e das polarizações. Deus não se define. Deus se sente, se experimenta, se "degusta".

Referências

ALVES, Rubem. *O que é religião*. 15. ed. São Paulo: Brasiliense, 1992.

BÍBLIA DE JERUSALÉM. Nova edição revista e ampliada. São Paulo: Paulus, 2004.

CATALÁN, Josep Otón. *A experiência mística e suas expressões*. Tradução de M. J. Rosado e Thiago Gambi. São Paulo: Loyola, 2008.

EVDOKIMOV, Michel. *Peregrinos russos e andarilhos místicos*. Petrópolis: Vozes, 1990.

EVDOKIMOV, Paul. *A mulher e a salvação do mundo*. São Paulo: Paulinas, 1986.

EVDOKIMOV, Paul. *O silêncio amoroso de Deus*. Tradução de Ivo Storniolo. Aparecida, SP: Santuário, 2007.

FORTE, Bruno. *A porta da beleza*: por uma estética teológica. Tradução de Afonso Paschotte. Aparecida: Ideias e Letras, 2006.

GOLIN, Luana Martins. Dostoiévski e a fé cristã ortodoxa. In: GOLIN, Luana Martins. *O Reino de Cristo e o Reino do Anticristo*: liberdade e autoridade em Dostoiévski. São Paulo: Fonte Editorial, 2012.

MENDONÇA, Antonio Gouvêa. *Protestantes, pentecostais & ecumênicos*. Organização de Leonildo Silveira Campos. 2. ed. São Bernardo do Campo: Universidade Metodista de São Paulo, 2008.

MONDIN, Battista. *Os grandes teólogos do século XX*: os teólogos protestantes e ortodoxos e os teólogos católicos. Tradução de José Fernandes. São Paulo: Teológica, 2003.

MORINI, Enrico. *Os ortodoxos*: o Oriente do Ocidente. Tradução de Antônio Efro Feltrin. São Paulo: Paulinas, 2005.

PASCAL, Blaise. Pensamentos diversos sobre a religião. In: *Pensamentos*. Edição eletrônica: Ed Ridendo Castigat Mores (www.ngarcia.org).

PASSOS, João Décio. *Pentecostais*: origens e começo. São Paulo: Paulinas, 2005. (Coleção Temas do Ensino Religioso).

PEQUENA FILOCALIA: o livro clássico da Igreja oriental. São Paulo: Paulinas, 1986.

PONDÉ, Luiz Felipe. *Crítica e Profecia*: a filosofia da religião em Dostoiévski. São Paulo: Editora 34, 2003a.

PONDÉ, Luiz Felipe. Elementos para uma Teoria da Consciência Apofática. *Rever: Revista de Estudos da Religião*, PUC-SP, n. 4, p. 74-92, 2003b. Disponível em: http://www.pucsp.br/rever/rv4_2003/p_ponde.pdf. Acesso em: 24/04/2021.

SUDBRACK, Josef. *Mística*: a busca do sentido e a experiência do absoluto. Tradução de Inês Antonia Lohbauer. São Paulo: Loyola, 2007.

TEIXEIRA, Faustino (org.) *Caminhos da Mística*. São Paulo: Paulinas, 2012. (Coleção Religião e Cultura).

ZILLES, Urbano. *Antropologia teológica*. São Paulo, Paulus, 2011. (Coleção Estudos Antropológicos).

Mística e pentecostalidade

Marcial Maçaneiro (PUC-PR)

1. Da mística

Como sabemos, o termo "mística" deriva de *mistério*, compreendido como um "componente da realidade absoluta" à qual as religiões apontam – como diz Kaufmann –, realidade nomeada como Transcendente, Absoluto, Numinoso, Inefável Abismo ou simplesmente Deus (KAUFMANN, 1993, p. 818). No cenário amplo das tradições religiosas, entende-se "mística" geralmente como "relação com o mistério enquanto tal; como experiência da pessoa humana ou grupos humanos com realidades que não são contidas pelos sentidos, em um primeiro intento", caracterizando-se como "experiências que abrem o caminho a possibilidades e plenitude para além da natureza própria e das faculdades ordinárias da pessoa" (KAUFMANN, 1993, p. 818).

Notemos, porém, que vislumbrar a mística "além" da natureza e das faculdades humanas ordinárias não significa que essa experiência se ponha fora ou contra a condição humana espaço-temporal, mas sim que, de algum modo, a atravessa e a ressignifica de modo intenso. Trata-se de uma "atitude de reverente inclinação e entrega ao mistério", na disposição de "deixar-se informar e transformar por Ele na vida concreta", resultando na pessoa e nas suas vivências "uma transparência para com o mistério" (KAUFMANN, 1993, p. 818). A pessoa mesma, o mundo em que habita e os relacionamentos que cultiva – historicamente situados entre luzes e sombras – se fazem diáfanos, ou seja, transparentes em face do mistério. Assim, a experiência do Absoluto informa a interioridade do sujeito de modo profundo e transformador, com "assombro, interrogação, fascinação, temor, desejo e adoração" (KAUFMANN, 1993, p. 818). Do ponto de vista fenomênico e psicológico, essas características da mística se repartem em diferentes religiões, que as interpretam segundo suas respectivas doutrinas, sem perder, contudo, seu substrato comum de abertura do ser humano ao Mistério inefável.

Na cultura helênica e, sobretudo, nos antigos ritos iniciáticos, o substantivo *mysterion* e o adjetivo *mystikos* derivam etimologicamente "da mesma raiz grega *myô* – cerrar os olhos ou os lábios: os olhos, para não ver o que é secreto; e a boca, para nada dizer a respeito" (ANCILLI, 1984, p. 17). Assim, o verbo *myô* significa tanto emudecer quanto murmurar ou sussurrar, como quem guarda um segredo reservado a poucos. De onde o sentido *esotérico* (reservado) que a mística adquiriu entre os adoradores de Dionísio, Mitra, Demeter, Ísis e Orfeu. Na Grécia, em Roma e no Egito havia muitos "iniciados" no conhecimento secreto dessas divindades, mediante "cultos mistéricos" (FARIOLI, 1998, p. 2-3).

1.1. A mística cristã

A mística cristã preserva os traços da inefabilidade e do mistério divino – mais especificamente do Deus Trino –, que supera toda compreensão e linguagem humanas, mas rompe com o caráter *esotérico* do misticismo grego e egípcio; porque a fé cristã não é uma gnose para eleitos, mas anúncio do amor salvífico de Deus por toda a humanidade, revelado na pessoa e na obra de Jesus Cristo, o Verbo divino feito carne (cf. Jo 1,14; Hb 1,1-4). Quando Paulo incorpora o termo *mysterion* nas suas cartas, o faz apontando ao mistério pascal de Jesus Cristo – sua encarnação, morte e ressurreição –, em quem se cumpre o desígnio salvífico de Deus. Não se trata de uma gnose, mas da pessoa mesma de Jesus Cristo, em quem "o mistério escondido desde séculos, por inúmeras gerações", foi enfim "manifesto aos santos" e "revelado entre os pagãos" (Cl 1,26-27; cf. também 1Cor 2,7; Ef 1,9-10).

A fé cristã admite o caráter *mistérico* da experiência de Deus, em testemunho da sua transcendência e inefabilidade, pois Deus supera o que dele podemos dizer e pensar por nós mesmos, como já advertia o Pseudo-Dionísio: "Nada sabendo dele, a não ser que transcende totalmente o sensível e o inteligível, exclamamos com o salmista: a tua ciência, ó Deus, é demasiado maravilhosa para mim! (Sl 139,6)" (PSEUDO-DIONÍSIO, 2004, p. 292). Daí o uso da analogia, do símbolo e da poesia na linguagem mística, com o propósito de expressar o inefável. Por outro lado, a fé cristã não admite nenhum esoterismo doutrinal, como se houvesse um cristianismo verdadeiro e oculto às massas, em oposição a outro cristianismo difundido entre o povo, mas que seria falso. Pois o que há, na fé cristã, são distintos níveis e itinerários da experiência de Deus, com diferentes ênfases do mistério de Cristo a marcar distintas escolas de espiritualidade, mas sem exclusividade de uma sobre outras, de modo que – professando o Credo apostólico – essas espiritualidades se tocam e complementam a partir das mesmas fontes: a Palavra de Deus, o mistério pascal comunicado nos sacramentos, a comunhão eclesial, a obra do Espírito Santo nos corações e o testemunho exemplar de muitos discípulos e discípulas (cf. ANCILLI, 1984, p. 26).

A fé cristã professa que tudo o que Deus quis nos comunicar em vista da salvação se mostra na criação e na redenção, operadas pelo Verbo, na força do Espírito Santo. Temos, assim, a instância da Revelação enquanto *comunicação* divina à humanidade, centrada na pessoa e obra de Jesus, inscrita nos Evangelhos e posta em ato pela graça que nos move. Ao mesmo tempo, há também a instância da *experiência* do que Deus nos revela e comunica, no expediente subjetivo – isto é, pessoal, consciente e teologal do sujeito crente –, não isoladamente, mas enquanto membro do Corpo de Cristo habitado pelo Espírito Santo (cf. Rm 5,5). Quando falamos de *mística cristã*, falamos dessa experiência teologal que empenha a pessoa, com seu desejo e disposições, seu amor e vínculos comunitários, enquanto sujeito de busca e encontro com Deus.

1.2. Inefabilidade e fecundidade

A experiência mística não preza o que é litúrgico, bíblico ou teológico como conteúdos exteriormente dados, mas desvela à pessoa o núcleo de sentido e de fecundidade do culto, da Bíblia e da teologia: a liturgia faz do cotidiano um caminho pascal; a Bíblia lança a Palavra divina no coração, qual semente em terra boa; a teologia nutre a vida teologal, cada vez mais fecunda. Nessa dinâmica presidida pelo Espírito Santo, a pessoa se abre ao *mistério*, ou seja, àquela plenitude sempre ofertada por Deus, cuja Presença passa pela mediação do culto, da oração e da inteligência da fé, sem, contudo, ser capturada definitivamente por tais instâncias e suas linguagens. Afinal, a Trindade nos habita sem perder-se nem reduzir-se em nós. Nesse sentido, a mística cristã põe-se no limiar entre o *Deus absconditus* e o *Deus revelatus*: o Único "que habita em luz inacessível" (1Tm 6,16) deu-se a conhecer na face de Cristo, que "é a imagem visível do Deus invisível" (Cl 1,15).

Mais que conhecimento nocional, a experiência mística é amor que fecunda as relações e nutre um projeto de vida exigente e feliz, comprometido com a verdade e a justiça. Ou seja, uma relação com Deus aberta ao outro e ao mundo, de afeto com efeito, em conhecimento e amor, poesia e profecia.

Aproximar-se de Deus, para o místico, é dançar à beira do Abismo. É silenciar o Nome, para beijar a Face. É não ver, para ser visto. É acolher o Único que supera toda divisão. É sentir o mundo inteiro em um respiro. É saber-se pequeno, tomado pela Imensidão que o habita. É entregar-se, para ser amado e amar em Deus. É ir ao deserto "como se visse o Invisível" (Hb 11,27). Por isso, a mística cristã comporta intimidade com Deus, mas não posse dele nem isolamento nele, já que Deus nos habita como Dom e Amor na força do Espírito Santo. Isto se manifesta no *primado da caridade* em relação às demais graças místicas: sejam luzes de conhecimento interior, sejam visões proféticas, acima de tudo "buscai o amor" (1Cor 14,1).

1.3. Revelação, ascensão e união

Desde as teofanias do Antigo Testamento e a contemplação do sagrado Tetragrama IHWH, cujas letras eram tomadas como chave das Sagradas Escrituras, surgiu entre os judeus uma instigante tradição mística, compendiada em duas principais correntes: "a mística do Trono (*merkavá*)" e a mística "da união (*devekut*)", como demonstrou brilhantemente Scholem em seus estudos. A primeira busca ascender até o Trono ou Morada divina nos Céus, pelos degraus visíveis e invisíveis que Deus mesmo estabeleceu pela sua revelação no cosmos e, particularmente, na Torá. A segunda busca a união do fiel com Deus, por via não só ascética como também cognitiva e amorosa, como experiência interior e extática da *shekiná* – a Presença divina exilada no mundo. A *shekiná* é invocada como Tenda e Mãe, lugar de encontro com o Divino e fonte de consolação para o místico, no seu peregrinar terreno em busca do Eterno (SCHOLEM, 1995, p. 45.137).

Por que mencionamos aqui essas duas correntes da Cabala hebraica? Porque trazem alguns elementos bíblicos que estão na raiz da mística cristã, como acenamos acima. Sobretudo três elementos: a Revelação, a ascensão e a união.

- A Revelação é de suma importância como escuta e recepção do quanto Deus comunica de si mesmo, marcando a mística como resposta humana ao chamado divino. Ou seja, a experiência com Deus não é um produto humano, mas uma participação nossa no Mistério divino que vem ao nosso encontro.

- A *ascensão* caracteriza a mística como caminho em subida ou busca da plenitude, que vai do visível ao invisível, do temporal ao eterno, de baixo para o alto – falando em termos espaciais –, como sugere a escada de Jacó e a subida do monte sagrado, seja este o Sinai, o Tabor ou o Carmelo, como diz João da Cruz no poema místico *A subida do monte Carmelo* (1991, p. 133-435). A figura do Trono (*merkavá*) remete aos aposentos mais altos da morada divina nos Céus, representada por *sete palácios* ou *sete moradas* (em hebraico *hekhalot*); pois o Trono caracteriza o aposento mais nobre dessas moradas. No Ocidente, essa representação das sete moradas foi assimilada por Teresa de Ávila na obra *Castelo interior* (1995, p. 433-588), para descrever a habitação do divino Rei nos aposentos da alma fiel.

- A *união* exprime a relação de aliança entre a pessoa e Deus, dádiva do amor e da eleição do Pai, que nos criou para participarmos da vida divina (2Pd 1,4). De fato, o itinerário místico é uma via de união, com seu ritmo e seus estágios, em recepção consciente da graça, sob a guia do Espírito Santo. Por isso, tanto os místicos judeus quanto os cristãos prezam muito o *Cântico dos Cânticos*, interpretado como revelação amorosa da união de Adonai com Israel, de Cristo com a Igreja, de Deus com o crente, ao modo de uma *mystica unio* entre o Deus-Esposo e a alma-esposa: "Amado com amada; amada já no Amado transformada" (*Noite escura*, 5ª estrofe: JOÃO DA CRUZ, 1991, p. 439). De modo semelhante se expressam Rashi de Troyes, Bernardo de Claraval, Gertrudes de Helfta e Teresa de Ávila, dentre outros, que liam o *Cântico dos Cânticos* como chave hermenêutica de suas experiências místicas.

2. Da pentecostalidade

Como o termo indica, a *pentecostalidade* se refere às características de Pentecostes, como peculiar manifestação do Espírito de Deus, no quadro pascal dos eventos messiânicos:

> Quando chegou o dia de Pentecostes, os discípulos estavam todos reunidos no mesmo lugar. De repente, veio do céu um rumor como de um vento impetuoso, que encheu toda a casa em que se encontravam. Então apareceram línguas como de foto que se repartiram e pousaram sobre cada um deles. Todos ficaram cheios do Espírito Santo e começaram a falar em outas línguas, conforme o Espírito lhes concedia expressar-se (At 2,1-4).

A partir desse evento, que Pedro interpreta como o dom escatológico do Espírito predito por Joel (cf. At 2,16-21), os Atos dos Apóstolos narram outras manifestações do Paráclito, com diferentes sujeitos, indicando a extensão e a permanência desse dom na comunidade dos discípulos: os judeus que aderiram ao Messias nazareno (At 2,38-39), Pedro que testemunha o Cristo (At 4,8), o grupo que orava com os apóstolos em Jerusalém (At 4,31), os sete homens escolhidos para a diaconia (At 6,3), Estêvão que se entrega ao martírio (At 7,55-56), os samaritanos que acolheram o querigma (At 8,14-17), Saulo sob a imposição das mãos de Ananias (At 9,17), os gentios reunidos na casa de Cornélio (At 10,44-46), Saulo a testemunhar o Nome de Jesus (At 13,9), os discípulos de João Batista que se encontravam em Éfeso (At 19,4-7), as quatro filhas de Filipe que profetizavam, como também Ágabo (At 21,8-11).

Nessas ocasiões há um "derramamento" (At 2,17.33) do Espírito divino (*Ruah/Pneuma*), acompanhado de "curas, sinais e prodígios" realizados "em nome de Jesus" (At 4,30; 5,12), junto com o "anúncio corajoso" do Evangelho (At 4,13.31). Esses sinais atestam a messianidade de Jesus e sua presença gloriosa como o Ressuscitado, de quem o Espírito Santo dá testemunho, corroborando o querigma apostólico.

2.1. Cheios do Espírito Santo

Os relatos de Atos não enfatizam a obra do Espírito no cosmos, como proposto pela literatura sapiencial (cf. Sl 104,30; Sb 1,7), nem os seus efeitos no coração do crente, como trata Paulo em algumas Cartas (cf. Rm 5,5 e 8,15; Gl 4,6 e 5,22-23). A ênfase lucana está na obra do Espírito plenamente "derramado" (At 2,17-18) que se manifesta como "força" escatológico-profética (*dynamis*: Lc 24,49 e At 1,8). De fato, essa peculiar efusão do Espírito *em Pentecostes* tem evidentes "nuances escatológicas" (SCHWEIZER, 1971, p. 153): o vento impetuoso da nova criação, dádiva do tempo messiânico enfim chegado, desce sobre os discípulos com fogo e faz deles profetas (*prophètes*: At 2,16-18) e testemunhas (*martyres*: At 1,8; 2,32). Assim se inaugura "o tempo da Igreja" (SCHWEIZER, 1971, p. 152), com os Atos dos Apóstolos perpetuando os atos de Jesus, em uma conexão pneumatológica entre Lc 1–4 (o Espírito sobre Jesus) e At 1–4 (o Espírito sobre os discípulos). A respeito, Schweizer comenta:

> Lucas retoma a concepção tipicamente judaica do Espírito como Espírito de Profecia [...], por cujo efeito a pessoa é capaz de conhecer a vontade de Deus, que lhe mostra a direção imediata em vista de uma determinada ação. Mas é sobretudo a pregação dos discípulos que Lucas põe em relação direta com o Espírito: a pregação corajosa aparece, então, como milagre de Deus, porque é proferida diante de um mundo hostil que a contradiz e que há de perseguir o pregador. Assim, *profetizar* ocupa o centro de toda eficácia do Espírito, como o mesmo Lucas nos mostra ao introduzir este termo (*prophetèuêin*) em Atos, com a longa citação de Joel sobre a efusão escatológica do Espírito de Deus [cf. At 2,16-21]. A comunidade dos fins dos tempos é para ele uma comunidade de profetas (SCHWEIZER, 1971, p. 150).

Tal qual o Messias pregou o Reino de Deus com sinais proféticos (cf. Lc 4,16-21), também os discípulos o fazem: "Todos ficaram cheios do Espírito Santo e anunciavam corajosamente a Palavra de Deus" (At 4,31) e "muitos sinais e prodígios eram realizados entre o povo pelas mãos dos apóstolos" (At 5,12). Lucas destaca a potência e a eficácia do Espírito que acompanha a *parresía* dos evangelizadores (ousadia e destemor): a potência do Espírito e a intrepidez dos discípulos são marcas peculiares da pentecostalidade. Essas marcas indicam que tais homens e mulheres estão "cheios do Espírito Santo" (*plèreis pnèumatos*): "isto significa que o Espírito é dado aos membros da comunidade de modo duradouro" (SCHWEIZER, 1971, p. 153).

Além dos derramamentos do Paráclito que já citamos, Lucas atribui o estar "cheio/os do Espírito Santo" a Jesus (Lc 4,1) e aos discípulos em Pentecostes (At 2,4), depois aos Sete diáconos (At 6,3), ao diácono Estêvão individualmente (At 6,5 e 7,55), a Paulo (At 9,17) e Barnabé (At 11,24). Desse modo, os relatos mostram a extensão e a permanência do Dom do Espírito para todos os que creem, como Joel profetizou e Jesus prometeu: "Eu enviarei sobre vós o que meu Pai prometeu. Por isso, permaneçam na cidade [Jerusalém] até que sejais revestidos da Força do alto" (Lc 24,49; também At 1,8).

2.2. Traços da pentecostalidade

Em consequência do derramamento do Espírito Santo – de quem os discípulos ficaram "repletos" (*plèreis*: At 2,4) –, os Atos dos Apóstolos apresentam seis traços da pentecostalidade:

- O falar em línguas estrangeiras (*xenoglossia*): At 2,4-11 e 10,45-46;
- O anúncio do Ressuscitado (*kerigma*): At 2,14-36 e 7,2-53;
- O testemunho (*martyría*): At 2,14.40 e 7,54-60;
- A comunhão (*koinonía*): At 2,42-46 e 4,32-37;
- Os sinais e prodígios (*sêmeia kai têrata*): At 3,6-8; 4,8-10; 5,12; 6,8;
- O serviço (*diakonía*): At 6,2-6 (tomamos aqui as citações mais representativas).

O anúncio do Ressuscitado (*kerigma*) e o testemunho (*martyría*) têm destaque nos textos lucanos, em cumprimento da palavra de Jesus: "Recebereis o poder do Espírito Santo que virá sobre vós, para serdes minhas testemunhas em Jerusalém, por toda a Judeia e Samaria, e até os confins da terra" (At 1,8). Nesse sentido podemos compreender as línguas estranhas (ou estrangeiras) como "sinal precursor da expansão do Evangelho entre as nações" (SCHWEIZER, 1971, p. 155):

Partos, medos e elamitas, habitantes da Mesopotâmia, da Judeia e da Capadócia, do Ponto e da Ásia, da Frígia e da Panfília, do Egito e da parte da Líbia próxima de Cirene, também os romanos aqui residentes [em Jerusalém], judeus, prosélitos cretenses e árabes – todos nós os escutamos anunciando as maravilhas de Deus em nossa própria língua! (At 2,9-11).

O falar línguas estrangeiras pode agrupar-se com os outros "sinais e prodígios" (At 5,12), como as curas e libertações (cf. At 5,16), formando um quadro dinâmico de *manifestações carismáticas*. Estas voltam à cena nas comunidades de Roma, Éfeso e Corinto (cf. Rm 12; Ef 4,11-12; 1Cor 12), sem esquecer as comunidades leitoras de Pedro, que recomenda: "Como bons administradores da multiforme graça de Deus, cada qual coloque à disposição dos outros o carisma que recebeu" (1Pd 4,10). De fato, os carismas são *graças para servir*, dispostas ao *bem de todos*, para o testemunho do Evangelho e a edificação da Igreja (cf. 1Cor 12,7: MÜHLEN, 1980, p. 213).

O anúncio, as línguas estranhas e os sinais impactam especialmente na missão dos discípulos para com as outras pessoas, outras cidades e outras nacionalidades, de "Jerusalém [...] até os confins da terra" (At 1,8). A essas manifestações para fora, correspondem, no seio da comunidade, a comunhão (*koinonía*) e o serviço (*diakonía*). Partilhar os bens entre si e servir uns aos outros são dinâmicas de fraternidade e coesão, que vinculam os discípulos entre si, permitem a manutenção da vida comum e favorecem a missão. Lucas atesta que "tudo entre eles era posto em comum" e, em consequência, "ninguém passava necessidade" (At 4,32-34). O zelo pela comunidade, em efetiva partilha, serviço e oração, é uma característica marcante das primeiras comunidades cristãs. Além de Lucas, os textos de Paulo, Pedro e a carta aos Hebreus mencionam o amor mútuo, as coletas em auxílio dos necessitados, o serviço comunitário, a partilha da mesa, a prática da hospitalidade e a solidariedade para com os pobres e encarcerados (cf. At 2,42-46; Rm 12,4-8 e 9-13; 1Cor 1,10; 1Cor 11,33-34; 1Cor 12,26; 2Cor 8,1-6; Cl 3,12-15; 1Pd 4,8-11; Hb 13,1-3).

2.2.1 Em perspectiva católica

O Pentecostes não é um fato pretérito, cuja crônica se lê à distância em Atos 2, mas sim o Dom do Espírito que se renova continuamente, pelo qual a Igreja serve ao Reino de Deus mediante o apostolado (*apostolatum*), a comunhão (*communio*), a vida teologal (*fides, spes, caritas*) o testemunho (*martyria*), o ministério (*ministerium*), os sacramentos (*sacramenta*) e os carismas (*charísmata*) – diz o Concílio Vaticano II (cf. LG, n. 2 e 12, AA, n. 3). Paulo VI retoma esta perspectiva em *Evangelii nuntiandi*:

> Realmente, não foi senão depois da vinda do Espírito Santo, no dia do Pentecostes, que os apóstolos partiram para todas as partes do mundo a fim de começarem a grande obra da evangelização da Igreja; e Pedro explica o acontecimento como sendo a realização da profecia de Joel: "Eu efundirei o meu Espírito" (At 2,17). E o mesmo Pedro é cheio do Espírito Santo para falar ao povo acerca de Jesus Filho de Deus (cf. At 4,8). Mais tarde, Paulo, também ele foi "cheio do Espírito Santo" (At 9,17), antes de se entregar ao seu ministério apostólico, e do mesmo modo Estêvão, quando foi escolhido para a diaconia e algum tempo depois para o testemunho do martírio (cf. At 6,5; 7,55). O Espírito que impele Pedro, Paulo ou os Doze a falarem, inspira-lhes as palavras que eles devem proferir e desce também "sobre todos os que ouviam a sua palavra" (At 10,44) (EN, n. 76).

Paulo VI toma a analogia do Espírito Santo como "alma da Igreja" (EN, n. 75, citando LG, n. 7), o qual "hoje ainda, como nos inícios da Igreja, age em cada um dos evangelizadores que se deixa possuir e conduzir por ele", inspirando tanto o anúncio quanto a escuta da Boa-Nova na dinâmica evangelizadora (EN, n. 75). Ele é o Espírito do testemunho, da unidade e do serviço (cf. EN, n. 76, 77, 78, respectivamente).

A Conferência de Puebla destaca o envio do Espírito Santo em Pentecostes como ato do "Cristo ressuscitado e exaltado à direita do Pai" (DP, n. 198). A sua efusão sobre os apóstolos estende-se "depois sobre todos os que foram chamados (cf. At 2,39)" (DP, n. 198). O mesmo Espírito comunica a graça e a liberdade dos filhos de Deus, desperta os povos à salvação libertadora, conduz os crentes na verdade, reúne os discípulos na unidade e os enriquece na diversidade (cf. DP, n. 198-206). Posteriormente, também a Conferência de Aparecida se volta a Pentecostes, conjugando as perspectivas lucana (efusão do Espírito) e paulina (diversidade de carismas):

> A partir de Pentecostes, a Igreja experimenta, de imediato, fecundas irrupções do Espírito, vitalidade divina que se expressa em diversos dons e carismas (cf. 1Cor 12,1-11) e variados ofícios que edificam a Igreja e servem à evangelização (cf. 1Cor 12,28-29). Através desses dons, a Igreja propaga o ministério salvífico do Senhor até que ele de novo se manifeste no final dos tempos (cf. 1Cor 1,6-7). O Espírito na Igreja forja missionários decididos e valentes como Pedro (cf. At 4,13) e Paulo (cf. At 13,9), indica os lugares que devem ser evangelizados e escolhe aqueles que devem fazê-lo (cf. At 13,2) (DAp, n. 150).

João Paulo II, por sua vez, parte de Pentecostes quando diz que o Espírito Santo é o "protagonista de toda a missão eclesial" (RM, n. 21). Diz que o derramamento do Espírito foi uma "experiência intensa" que "transformou os apóstolos em testemunhas e profetas (cf. At 1,8; 2,17-18)", ao lhes conceder a "serena audácia" de "testemunhar Jesus sem medo" (RM, n. 24). Além disso, o Espírito Santo prepara os povos e as culturas ao anúncio do Evangelho, agindo no cosmos e nos corações, onde espalha as sementes do Verbo (cf. RM, n. 29). Em outra ocasião, João Paulo II propôs uma "nova evangelização [...] arraigada na força e na potência imorredouras de Pentecostes" (SD, 1992, *Discurso de Abertura*).

Da pentecostalidade, o Papa Francisco destaca a marca da *parresía* (ousadia, destemor, intrepidez), que põe em ato a saída missionária:

> No Pentecostes, o Espírito faz os apóstolos saírem de si mesmos e transforma-os em anunciadores das maravilhas de Deus, que cada um começa a entender na própria língua. Além disso, o Espírito Santo infunde a força para anunciar a novidade do Evangelho com ousadia (*parresía*), em voz alta e em todo o tempo e lugar, mesmo contracorrente (EG, n. 259).

Essa *saída em missão* mostra que o centro da Igreja não é ela mesma, mas Jesus Cristo, enviado do Pai na força do Espírito Santo: "O Espírito do Senhor está sobre mim; pois ele me ungiu para anunciar a Boa-Nova aos pobres" (Lc 4,18). Ao propor a toda a Igreja um renovado impulso missionário, o Papa Francisco observa "que nenhuma motivação será suficiente, se não arde nos corações o fogo do Espírito" (EG, n. 261). De onde sua prece ao Paráclito: "Peço-lhe que venha renovar, sacudir, impelir a Igreja numa decidida saída para fora de si mesma, a fim de evangelizar todos os povos" (EG, n. 261).

Vale acrescentar que a pentecostalidade encontra ressonância nos sacramentos, especialmente no sacramento da Crisma ou Confirmação. A Igreja Católica compreende a unção do Crisma como "a efusão especial do Espírito Santo, tal qual foi concedido aos Apóstolos no dia de Pentecostes", com o efeito esperado de "crescer em nós os dons do Espírito Santo" (CIC, n. 1302-1303). Portanto, este sacramento não é uma confirmação estática do Batismo, mas sua confirmação pneumatológica, com uma perspectiva pentecostal aberta aos carismas, à comunhão e ao testemunho, já que a Crisma "perpetua, de certo modo, na Igreja, a graça de Pentecostes", ao comunicar "a força e a graça do Espírito Santo" (CIC, n. 1288 e 1310).

2.2.2 Em perspectiva pentecostal

Entre os pentecostais, especialmente as Igrejas clássicas e os Ministérios carismáticos organizados, os traços da pentecostalidade compõem a experiência cotidiana, mas com ênfases ligeiramente distintas. As Igrejas de Deus, as Igrejas de Santidade e a Igreja Metodista Wesleyana, herdeiras do *Movimento Holiness*, valorizam a efusão do Espírito Santo como plenitude da *vida nova* aberta pelo Batismo: uma vez justificado e agraciado no Batismo sacramental, o crente recebe a plenitude do Espírito Santo que o leva a caminhar em santidade. A vida em santidade inclui os carismas, mas verifica-se particularmente nos frutos do Espírito, como atestado moral e espiritual de adesão ao Evangelho: "Amor, alegria, paz, paciência, amabilidade, bondade, fidelidade, mansidão, autodomínio [ou temperança]" (Gl 5,22-23). Todos os frutos partem do amor e se unificam no amor, como indica Paulo em 1 Coríntios 13. Logo, "o amor é a própria essência do fruto do Espírito" e "[se o crente] não possuir este fruto do Espírito, os dons [carismas] nada significam" (DUFFIELD; VAN CLEAVE, 1987, p. 47).

As Assembleias de Deus batizam em água como testemunho da conversão da pessoa e acentuam sua consequente fidelidade à denominação, na igreja local onde frequenta. O "falar em línguas", compreendido como glossolalia (cf. Mc 16,17), é esperado como "evidência" e "sinal externo" da efusão do Espírito Santo (BERGSTÉN, 1999, p. 99). A glossolalia é o único carisma sem uma direta função comunitária (cf. 1Cor 14,2-4), valorizado como evidência de que o *agente* do derramamento é o Espírito, que, suscitando no crente seus "gemidos inexprimíveis" (Rm 8,26), excede em amor todo o entendimento humano (cf. Ef 3,19). A maturidade da fé conduzirá o crente à "plenitude de Deus" (Ef 3,19) e favorecerá outros carismas, como "a palavra de ciência... a interpretação das línguas... e a profecia" (1Cor 12,8-10).

Já as Igrejas de Missão Apostólica e, particularmente, as Igrejas do Evangelho Quadrangular, remotamente enraizadas na espiritualidade wesleyana de Santidade, enfatizam "o dom de curar" (1Cor 12,9), como manifestação hodierna das "curas, sinais e prodígios", mencionados nos Atos dos Apóstolos (At 3,6-9; 4,29-30; 5,14-16; 6,8; 28,8). De fato, espera-se dos crentes não apenas o falar em línguas como "evidência inicial da recepção do Dom do Espírito Santo" (DUFFIELD; VAN CLEAVE, 1987, p. 80), como também o exercício e a experiência do dom de cura, compreendido como uma ministração própria da Igreja apostólica "até o presente" (DUFFIELD; VAN CLEAVE, 1987, p. 171). A favor do dom de cura, a teologia quadrangular invoca, além da Bíblia, o testemunho de "Justino, Irineu, Tertuliano, Orígenes, Clemente de Alexandria", passando por "Teodoro de Mopsuéstia e Gregório Magno", até "Wesley, Waldo e Zizendorf" (DUFFIELD; VAN CLEAVE, 1987, p. 171-175). Aliás, a proclamação da fé acrescenta que *Jesus cura*, ao lado das outras três proclamações usuais no meio pentecostal: Jesus salva, Jesus batiza no Espírito Santo, Jesus voltará. Ao proclamar essas *quatro* afirmações de fé, a Igreja se apresenta como anunciadora do Evangelho Quadrangular (quádruplo).

Essas ênfases costumam referir-se a 1 Coríntios 12, embora os pentecostais incluam no exercício litúrgico e evangelístico também os carismas de Romanos 12, como "servir, ensinar, exortar, distribuir donativos, presidir e operar misericórdia" (Rm 12,6-8). Notemos que o campo de evangelismo dessas Igrejas e Ministérios é amplo; mais variado e complexo do que a exposição abreviada que fazemos aqui. Suas distintas ênfases mostram como a pentecostalidade se imprime na vida eclesial, de modo receptivo, consciente e intencional. Pois essas Igrejas e Ministérios de expressão pentecostal-carismática entendem que as marcas da pentecostalidade, como capacitação "para o serviço cristão, dotação de poder e dons espirituais como falar em línguas e outras manifestações espirituais" (ALBUQUERQUE, p. 138), são efeitos do *batismo no Espírito Santo* (cf. At 1,5). Esta graça atualiza o Pentecostes e é também chamada de *efusão, recebimento, unção* ou *enchimento* do Espírito, como dizem Bergstén (1999, p. 97-98) e Torquato (2019, p. 231-235). A efusão do Espírito Santo, como notamos, está no centro da espiritualidade e identidade pentecostal, sendo partilhada também pelos carismáticos católicos e protestantes (cf. ICCRS, 2013).

Além deste campo de experiência e evangelismo, a pentecostalidade tem espaço no campo teológico-sistemático. Rodman Williams (2011) propõe uma Pneumatologia Sistemática em perspectiva carismático-pentecostal, articulada sobretudo com a Eclesiologia. No Pentecostes, o Espírito vem como "dom" ou "dádiva graciosa de Deus" (WILLIAMS, 2011, p. 511). É Unção que confirma, plenifica, assinala os crentes; que une os remidos a Jesus na relação trinitária com o Pai; é Dom derramado nos corações para a salvação e a comunhão com Deus, no Corpo da Igreja (cf. WILLIAMS, 2011, p. 512-524). "O Pentecostes" e "sua continuação" na Igreja são um "evento dinâmico" (WILLIAMS, 2011, p. 531-532). Por esse contínuo Pentecostes, o Espírito realiza a Igreja como presença de Deus no mundo, com a coragem de anunciar e agir, em comunhão, adoração e missão, a serviço de toda a humanidade, sob o primado do amor (cf. WILLIAMS, 2011, p. 625-637 e 734-739). A Igreja se reconhece como Corpo de Cristo e Povo onde o Espírito Santo habita, sendo simultaneamente Povo de Deus e Morada do Espírito; sem esquecer a Nova Aliança que a constitui Noiva do Cordeiro (cf. WILLIAMS, 2011, p. 784-793).

Atento à *unidade dos cristãos*, Williams inclui na sua abordagem o imperativo ecumênico "que todos sejam um" (Jo 17,21-23): tem presente os Credos apostólico e niceno, a Confissão de Fé de Westminster das Igrejas Reformadas, os Documentos do Concílio Vaticano II, os Documentos do Conselho Mundial de Igrejas, os Relatórios do Diálogo Católico-Pentecostal e os casos de Igreja Unida entre luteranos, anglicanos e alguns metodistas da América do Norte (WILLIAMS, 2011, p. 765, 766, 773, 780). Apesar das divisões institucionais, o Espírito não cessa de agir, conduzindo os crentes à verdade e à unidade.

Bernardo Campos, por sua vez, propõe a pentecostalidade como *princípio* do ser e do agir da Igreja, em chave teológica, hermenêutica e ecumênica (2018a). Indo além da abordagem habitual sobre os carismas, ministérios e frutos do Espírito, ele ensaia uma exposição sistemática da *pentecostalidade*, como a quinta *nota* da Igreja de Cristo: unidade, santidade, catolicidade, apostolicidade e pentecostalidade. Esta quinta *nota* explicita a ação orgânica e interior do Espírito Santo, enquanto Espírito de Cristo, nas demais *notae ecclesiae*: "Ao percebermos a ação do Espírito Santo que torna possível essas quatro marcas [da Igreja], necessitamos refletir sobre a pentecostalidade como uma marca que une a essas quatro, anteriores" (CAMPOS, 2018a, p. 77).

A tese de Campos se baseia no Pentecostes como manifestação e dom do Espírito de Cristo *à Igreja* em sentido primordial e constitutivo, qual princípio dinamizador da unidade, santidade, catolicidade e apostolicidade. Cabe observar que, em termos fundamentais, esta proposta é admissível à teologia católica que reconhece o Espírito Santo como agente ou princípio das quatro *notae ecclesiae* – como explicam Congar (1999, p. 213-268) e Codina (2010, p. 99-112).

Campos pondera que a pentecostalidade constitua um *imperativo* próprio da Igreja, ao lado dos quatro imperativos tradicionais: assim como há o imperativo ecumênico "que todos sejam um" (Jo 17,21-23) para a *unidade*, o imperativo "sede santos" (1Pd 1,16) para a *santidade*, o imperativo universal "ide fazer discípulos entre todas as nações" e "sereis minhas testemunhas até os confins da terra" para a *catolicidade* (Mt 28,19 e At 1,8) e o imperativo missionário "ide e fazei discípulos" (Mt 28,19) para a *apostolicidade*, há o imperativo pentecostal "sereis batizados com o Espírito Santo" (At 1,5) para a *pentecostalidade* (CAMPOS, 2018b, p. 101).

Enquanto imperativo, a pentecostalidade se vincula diretamente à catolicidade e à unidade do Povo de Deus, uma vez que Pentecostes é derramamento do Espírito "sobre toda carne" (At 2,17). Trata-se de uma perspectiva universal, ecumênica e inclusiva, que abraça "as nações" para traduzir "o evento Cristo na diversidade de expressões culturais", do modo como "viveu a comunidade pentecostal de Atos 2 com todas as nações debaixo do céu" (CAMPOS, 2018b, p. 102). No rol das nações se realiza efetivamente a Igreja com seus múltiplos catolicismos e pentecostalismos, que devem ser interpretados e reconectados pelo sentido original da catolicidade e da pentecostalidade. Disso decorre, então, uma "hermenêutica pentecostal" que favoreça a "interpretação (compreensão) e atualização" da "pentecostalidade" na Igreja do presente e do futuro (CAMPOS, 2018b, p. 103). Não apenas nos níveis "noético e explicativo", como também "práxico e performativo", já que o Pentecostes é um fato "vivencial ou experiencial, existencial e prático, teológico e espiritual" (CAMPOS, 2018b, p. 103).

3. Aproximações (à guisa de conclusão)

Com base no que expomos nos tópicos acima, é possível notar que o nexo mais direto entre mística e pentecostalidade é o Espírito Santo, presente tanto ao místico quanto ao carismático. Isto se dá no nível da *experiência*, não só subjetiva, mas eclesial. Porém, a *interpretação* e a *sistematização* dessa experiência por parte da Teologia, e mesmo da História, nem sempre evidenciam os nexos pneumatológicos ali postos. O que nos parece ocorrer é uma recepção e uma leitura da mística e da pentecostalidade em duas instâncias distintas, nas quais se forjaram linguagens também distintas:

- A mística foi recebida e tematizada pela inteligência da fé como uma experiência da *vida interior*: o Espírito Santo ali se põe como hóspede da alma e pedagogo interior, princípio da vida teologal e das graças místicas, contemplado sob luz eminentemente paulina. O Espírito é especialmente o Espírito de Cristo, do Filho, que em nós clama *"Abbá*, Pai" (Rm 8,15). Uma das chaves mais usadas para esta abordagem é o dito de Paulo aos Romanos: "O amor de Deus foi derramado em nossos corações, pelo Espírito Santo que nos foi dado" (Rm 5,5).

- A pentecostalidade, por sua vez, foi recebida e tematizada como uma experiência da *vida eclesial*: o Espírito Santo é fundamentalmente o Fogo de Pentecostes como força profética e carismática, que anima o serviço e o testemunho da Igreja com múltiplos carismas (cf. Rm 12; 1Cor 12). A leitura dessa experiência costuma acessar as fontes paulinas, mas se estrutura a partir do relato lucano de At 2. A chave de interpretação mais usual da pentecostalidade é o dito de Lucas: "Sereis batizados com o Espírito Santo" (At 1,5), correspondente a "revestidos com a Força do Alto" (Lc 24,49).

Desse modo, embora a experiência aproxime o místico e o carismático, ou a mística e a pentecostalidade, permanecem duas instâncias e linguagens distintas, a demarcar diferentes discursos e teologias nas Igrejas cristãs. Para tal, contam também os diferentes percursos históricos da experiência, entre os místicos e os carismáticos, que começam a distinguir-se a partir da Era Patrística (sob o influxo de mestres como Pseudo-Dionísio, Agostinho e João Crisóstomo), alcançando, enfim, a Idade Média e Moderna. Nesse percurso, houve um declínio das manifestações carismáticas coletivas, dando espaço às riquezas espirituais, sacramentais e missionárias da *vida interior*, ou seja, dos místicos e místicas. A vida interior é geralmente cultivada como "morada" de Deus "na alma", qual secreto "paraíso" que a graça irriga e faz florescer (TERESA DE ÁVILA, 1995, p. 441).

É nesses homens e mulheres místicos que, em diferentes graus, os carismas seguiram se manifestando, tais como luzes de oração, palavra de ciência, dons proféticos, dons de cura e discernimento dos espíritos, recebidos e interpretados, porém, como graças da vida interior. Logo, os carismas jamais cessaram, pois seguiram ativos e fecundos entre os místicos, lidos tradicionalmente pela Teologia da Graça no tópico da Ascética & Mística!

Por muitos séculos, a pentecostalidade permaneceu latente na vida interior de homens e mulheres dados à oração, à caridade, à pregação e à edificação da Igreja. Cá e lá alguns carismas brotavam e revelavam sua força, como sementes pequenas que, enfim, rompem e irrompem. Nesse sentido, teólogos católicos como Grasso e Kasper observam que, "em épocas de particulares dificuldades, o Senhor não deixou de suscitar pessoas dotadas de carismas, dos mais variados, para ajudar a Igreja a vencer muitas situações difíceis e retomar com ardor renovado seu lugar na História" (GRASSO, 1982, p. 190). Ao que Kasper acrescenta, advertindo: "Quando se trata de carismas, não se deve presumir unilateralmente dons extraordinários ou espetaculares"; pois "os carismas são contextuais e correspondem à respectiva situação histórica e às respectivas necessidades da Igreja" ao longo dos tempos (KASPER, 2012, p. 189). Esses autores citam destacadas "figuras carismáticas", como Hildegarda de Bingen, Bernardo de Claraval, Francisco de Assis, Brígida, Catarina de Siena, Vicente Ferrer, Teresa de Ávila, João da Cruz, Inácio de Loyola, Gemma Galgani e João XXIII, entre outros (GRASSO, 1982, p. 183-191; KASPER, 2012, p. 189).

Certamente, há fatores culturais e históricos que influíram na recepção ou não das expressões pentecostais, como os Montanistas e os Entusiastas, que atraíram suspeita sobre as manifestações carismáticas na História da Igreja, arrefecendo muitas vezes a expectativa de um *novo Pentecostes* nas comunidades cristãs. Tal suspeita se agravou nos contextos de polêmica e dissenso, como, por exemplo, no período da Reforma e da Contrarreforma, quando Lutero e Calvino criticaram os *entusiastas* do século XVI, reservando um tímido espaço a eventuais (e legítimas) manifestações carismáticas nas Comunidades reformadas (cf. MESQUIATI, 2017, p. 38-39). Até hoje essa crítica ressoa entre os protestantes e pentecostais; enfim, mais próximos em alguns espaços de diálogo ecumênico (cf. ZWETSCH, 2017).

Referências

ALBUQUERQUE, José F. *Teologia do Espírito Santo*. Guaianazes, SP: Edição Faculdade Evangélica Beth-Shalom, 2006.

ANCILLI, Ermanno. La mistica: alla ricerca di una definizione. In: ANCILLI, Ermanno; PAPAROZZI, Maurizio. *La Mistica vol. I*. Roma: Città Nuova, 1984. p. 17-40.

BERGSTÉN, Eurico. *Teologia Sistemática*. Rio de Janeiro: CPAD, 1999. (14ª reimp. 2014).

CAMPOS, Bernardo. Ecumenismo del Espíritu. In: LIMA, Adriano; COSTA, Moab; GANDRA, Valdinei (org.). *O Espírito e as Igrejas*. São Paulo: Recriar/RELEP, 2018a.

CAMPOS, Bernardo. *O princípio da pentecostalidade*. São Paulo: Recriar, 2018b.

CODINA, Victor. *Não extingais o Espírito*: iniciação à pneumatologia. São Paulo: Paulinas, 2010.

COMISSÃO DOUTRINAL ICCRS. *Batismo no Espírito Santo*. Canas, SP: Edição RCC Brasil, 2013.

CONGAR, Yves. *Credo nello Spirito Santo*. 2. ed. Brescia: Queriniana, 1999.

CONSELHO EPISCOPAL LATINO-AMERICANO (CELAM). *Documento de Aparecida*. Brasília: Edições CNBB, 2007.

CONSELHO EPISCOPAL LATINO-AMERICANO (CELAM). *Conclusões da Conferência de Puebla*. São Paulo: Paulinas, 2009.

DUFFIELD, Guy; VAN CLEAVE, Nathaniel. *Fundamentos da teologia Pentecostal*. São Paulo: Publicadora Quadrangular, 1987. v. II.

FARIOLI, Marcella. *Le religioni misteriche*. Milano: Xenia Edizioni, 1998.

FRANCISCO. *Exortação apostólica "Evangelii gaudium"*, 2013. Disponível em: http://www.vatican.va/content/francesco/es/apost_exhortations/documents/papa-francesco_esortazione-ap_20131124_evangelii-gaudium.html. Acesso em: 10/11/2021.

GRASSO, Domenico. *I carismi nella chiesa*. Brescia: Queriniana, 1982.

JOÃO DA CRUZ. Subida do monte Carmelo. In: *Obras completas*. Petrópolis: Vozes, 1991. p. 133-435.

JOÃO PAULO II. *Encíclica "Redemptoris missio"*, 1990. Disponível em: https://www.vatican.va/content/john-paul-ii/pt/encyclicals/documents/hf_jp-ii_enc_07121990_rede. Acesso em: 09/11/2021.

JOÃO PAULO II. Discurso de abertura da IV Conferência Geral do Episcopado Latino-Americano, apud *Documento de Santo Domingo*, 1992. Disponível em: http://w2.vatican.va/content/john-paul-ii/pt/speeches/1992/october/documents/hf_jp-ii_spe_19921012_iv-conferencia-latinoamerica.html. Acesso em: 10/11/2021.

KASPER, Walter. *A Igreja Católica*. São Leopoldo: Unisinos, 2012.

KAUFMANN, Christine. Mística. In: FLORISTÁN, Casiano; TAMAYO, Juan-José. *Conceptos fundamentales del cristianismo*. Madrid: Trotta, 1993. p. 818-827.

MESQUIATI DE OLIVEIRA, David. Lutero, o Espírito Santo e os pentecostais. In: ZWETSCH, Roberto (org.). *Lutero e a teologia pentecostal*. São Leopoldo: Sinodal, 2017. p. 32-56.

MÜHLEN, Heribert. *Fé cristã renovada*. São Paulo: Loyola, 1980.

PAULO VI. *Exortação apostólica "Evangelii nuntiandi"*, 1975. Disponível em: https://www.vatican.va/content/paul-vi/pt/apost_exhortations/documents/hf_p-vi_exh_19751208_evangelii-nuntiandi.html. Acesso em: 08/11/2021.

PSEUDO-DIONÍSIO. Carta a Doroteu. In: *Obra completa*. São Paulo: Paulus, 2004.

SCHOLEM, Gershom. *As grandes correntes da mística judaica*. 3. ed. São Paulo: Perspectiva, 1995.

SCHWEIZER, Eduard. Le Nouveau Testament. In: KITTEL, G. (éd.). *Ésprit – Dictionnaire biblique*. Genève: Éditions Labor et Fides, 1971. p. 127-233.

TERESA DE ÁVILA. Castelo interior: Moradas. In: *Obras completas*. São Paulo: Loyola, 1995. p. 433-588.

TORQUATO, Clóvis. *Teologia do batismo no Espírito Santo*. São Paulo: Recriar, 2019.

WILLIAMS, Rodman. *Teologia Sistemática*: uma perspectiva pentecostal. São Paulo: Vida, 2011.

ZWETSCH, Roberto (org.). *Lutero e a teologia pentecostal*. São Leopoldo: Sinodal, 2017.

III.
Igreja, pandemia e periferias existenciais

As periferias existenciais e os LGBT+

Luís Corrêa Lima (PUC-Rio)

1. Um novo contexto na sociedade e na Igreja

A Igreja Católica vive um tempo de renovação pastoral impulsionado pelo Papa Francisco. Ele a convoca a ser uma "Igreja em saída" (EG, n. 20), a ir às "periferias existenciais", ao encontro dos que sofrem com as diversas formas de injustiças, conflitos e carências. É preciso abrir o coração aos que vivem nestas mais variadas periferias. Os pastores são convidados a escutar com carinho e serenidade, com o desejo sincero de entrar no âmago do drama das pessoas e compreender o seu ponto de vista, para ajudá-las a viver melhor e reconhecer o seu lugar na Igreja (AL, n. 312).

Quando o Papa retornou do Brasil a Roma, disse algo que teve muita repercussão: "Se uma pessoa é *gay*, procura o Senhor e tem boa vontade, quem sou eu para a julgar? [...] Não se devem marginalizar estas pessoas por isso" (FRANCISCO, 2013a). Esta declaração é inédita na boca de um Papa. Em vez do termo "homossexual", comum no discurso eclesiástico, ele emprega o termo *gay*. Francisco retoma o ensinamento do Concílio Vaticano II sobre a liberdade e a autonomia da consciência. Trata-se do direito de a pessoa agir segundo a norma reta da sua consciência e do dever de não agir contra ela. Nela está o "sacrário da pessoa", onde Deus está presente e se manifesta. Pela fidelidade à voz da consciência, os cristãos estão unidos às outras pessoas no dever de buscar a verdade, e de nela resolver os problemas morais que surgem na vida individual e social (DH, n. 3; GS, n. 16).

O Papa traz este ensinamento do Concílio para a realidade dos *gays*. Mover-se às periferias existenciais leva ao encontro com a diversidade sexual e a identidade de gênero, expressa na sigla LGBT+ (lésbicas, *gays*, bissexuais, travestis, transexuais e outros). Convém esclarecer alguns termos. Travestis são pessoas que vivenciam papéis femininos, mas não se reconhecem como homens ou como mulheres. Transexuais são pessoas que não se identificam com o sexo que lhes é atribuído ao nascerem, e sim com o outro sexo. Pode haver homem transexual, que reivindica o reconhecimento social e legal como homem, e mulher transexual, que reivindica o reconhecimento social e legal como mulher. Tanto travestis como transexuais são transgênero (ou simplesmente trans), isto é, pessoas que não se identificam com o sexo que lhes é atribuído ao nascerem. O contrário são cisgênero, pessoas identificadas com o sexo atribuído ao nascerem (JESUS, 2012).

Um dos sinais mais notáveis do mundo atual é a ampla visibilidade da população LGBT+. No passado, muitos deles viviam à margem da sociedade ou mesmo no anonimato. Vários *gays* e lésbicas se escondiam no casamento tradicional, constituído pela união heterossexual. Alguns formavam guetos em espaços de convivência bastante reservados, como forma de se protegerem. Mas hoje eles fazem grandes paradas, estão presentes em filmes e telenovelas, buscam reconhecimento, exigem ser respeitados e reivindicam os mesmos direitos e deveres dos demais cidadãos. A população LGBT+ está em toda parte. Quem não faz parte dela tem parentes próximos ou distantes que fazem, velada ou manifestamente, bem como vizinhos ou colegas de trabalho.

Essa ampla visibilidade também manifesta os problemas que a aflige. Há uma forte aversão a homossexuais: a homofobia; e a travestis e transexuais: a transfobia. Tal aversão produz diversas formas de violência física, verbal e simbólica contra essas pessoas. Há pais de família que já disseram: "Prefiro um filho morto a um filho *gay*". Entre os palavrões mais ofensivos que existem, constam a referência à condição homossexual e ao sexo anal, comum no homoerotismo masculino. Ou seja, é xingamento.

Muitas vezes, quando se diz que alguém "não é homem" ou "não é mulher", entende-se que é homossexual. Como se ser homem ou ser mulher fosse reservado a pessoas heterossexuais, e os homossexuais pertencessem a uma sub-humanidade. No Brasil e em muitos países são frequentes os homicídios, sobretudo de travestis. Há também suicídio de muitos adolescentes que se descobrem *gays* ou lésbicas, e mesmo de adultos. Eles e elas chegam a essa atitude extrema por pressentirem a rejeição hostil da própria família e da sociedade. Tal hostilidade gera inúmeras formas de discriminação e, mesmo que não leve à morte, traz frequentemente tristeza profunda ou depressão.

O padre Júlio Lancellotti trabalha na cidade de São Paulo com a população de rua. Ele relata a situação dramática que encontra:

> Na missão pastoral tenho conversado com vários LGBTs que estão pelas ruas da cidade, alguns doentes, feridos, abandonados. Muitos relatam histórias de violência, abuso, assédio, torturas e crueldades. Alguns contam como foram expulsos das igrejas e comunidades cristãs, rejeitados pelas famílias em nome da moral. Testemunhei lágrimas, feridas, sangue e fome. Impossível não reconhecer neles a presença do Senhor Crucificado! (LANCELLOTTI, 2015).

Há também muitos LGBT+ na Igreja Católica. São pessoas que nasceram e foram criadas nesse ambiente, têm fé e em certo momento descobriram essa orientação sexual ou identidade. Várias delas participam ativamente de suas comunidades, mas não poucas se afastaram e se afastam por se deparar com incompreensão e hostilidade. É preciso que eles e elas encontrem fiéis e ministros religiosos sensíveis às suas feridas e dificuldades, e também aos seus talentos e potencialidades. Os LGBT+ se situam nas periferias existências e a solicitude pastoral da Igreja também deve contemplá-los. Com a devida compreensão da sua realidade, eles podem ser ajudados na busca de Deus e de sentido para a vida, no cultivo da vida espiritual e da autoestima, na cura de feridas exteriores e interiores, no fomento do apoio mútuo, da vida eclesial, do apostolado e da ação no mundo (LIMA, 2017).

2. A Bíblia e a história

Não se pode negligenciar o que o livro sagrado dos cristãos diz sobre a atração entre pessoas do mesmo sexo, nem os desdobramentos históricos que daí se seguiram. Mas é preciso tratar desse assunto com a devida profundidade, indo além da leitura ao pé da letra. A Revelação divina testemunhada na Bíblia é expressa de diversos modos. Segundo o Concílio, o leitor deve buscar o sentido que os autores sagrados em determinadas circunstâncias, segundo as condições do seu tempo e da sua cultura, pretenderam exprimir servindo-se dos gêneros literários então usados. Deve-se levar em conta as maneiras próprias de sentir, dizer ou narrar em uso no tempo deles, como também os modos que se empregavam frequentemente nas relações entre os homens daquela época (DV, n. 12).

No judaísmo antigo, acreditava-se que o homem e a mulher foram criados um para o outro, para se unirem e procriarem, conforme o imperativo "crescei e multiplicai-vos" (Gn 1,28). Supõe-se que todos são cisgênero e heterossexuais. Esse texto foi escrito no tempo do exílio judaico na Babilônia. Para o povo expulso de sua terra e submetido a uma potência estrangeira, crescer era fundamental para a sobrevivência da nação e da religião. Não se nega o desígnio divino de que a humanidade se espalhe pela terra, mas a necessidade de sobrevivência do povo judeu naquele tempo era urgente.

O sêmen do homem supostamente continha o ser humano inteiro e devia ser colocado no ventre da mulher, assim como a semente é depositada na terra. Não se conhecia o óvulo. O próprio nome "sêmen" está ligado a semente. Ele jamais deveria ser desperdiçado, como mostra a história de Onã. Ele se casou com Tamar, viúva de seu irmão Her, que morreu sem ter descendente. Conforme a lei do Levirato (Dt 25,5-10), Onã deveria suscitar uma posteridade a seu irmão, e o primeiro filho homem deveria ter o nome desse irmão falecido, Her. Mas Onã praticou coito interrompido, ejaculando fora da vagina de sua esposa e impedindo-a de conceber. Onã foi fulminado por Deus, como punição por essa transgressão (Gn 38,1-10).

É nesse contexto que a relação sexual entre dois homens era inadmissível. Israel devia se distinguir das outras nações de várias maneiras, com seu culto, sua lei e seus costumes, segundo o código de santidade do Livro do Levítico. Aí se inclui a proibição do homoerotismo, considerado abominação (Lv 18,22). Proíbe-se também, e com rigor: trabalhar no sábado, comer carne de porco ou frutos do mar, aparar o cabelo e a barba, tocar em mulher menstruada durante sete dias, usar roupa tecida com duas espécies de fio, plantar espécies diferentes de semente em um mesmo campo e acasalar animais de espécies distintas. Quando o cristianismo, nascido em Israel, expandiu-se entre os povos não judeus, a santidade do Levítico não se tornou norma para esses povos, mas a proibição do homoerotismo, sim, conforme se verá adiante.

A essa proibição soma-se a história de Sodoma e Gomorra, cujo pecado clamou aos céus e resultou no castigo divino destruidor (Gn 19). O pecado foi recusar a hospitalidade aos que visitavam o patriarca Ló, a ponto de tentarem violentar sexualmente esses visitantes. Com frequência, a violência sexual era uma forma de humilhação imposta por exércitos vencedores aos vencidos. Inicialmente, o delito de Sodoma era visto como "orgulho, alimentação excessiva, tranquilidade ociosa e desamparo do pobre e do indigente" (Ez 16,49). Por meio do profeta, o Senhor diz: "Tornaram-se arrogantes e cometeram abominações em minha presença" (Ez 16,50). Vários séculos depois, tal pecado foi identificado com o homoerotismo, mas na origem ele nada tem a ver com o amor entre pessoas do mesmo sexo, ou mesmo com relações sexuais livremente consentidas entre pessoas adultas do mesmo sexo.

No Novo Testamento, a Carta aos Romanos afirma que, quem ama o próximo, cumpriu a lei, pois os mandamentos se resumem em amar ao próximo como a si mesmo (Rm 13,8-10). Este é o espírito dos mandamentos e o critério de sua interpretação. Mas, ao refutar o politeísmo, o apóstolo Paulo o associa ao homoerotismo (Rm 1,18-32). Os pagãos são acusados de não adorar o Deus único, mas as criaturas, e de permitir essa prática sexual vista como abominação pelos judeus. Tal comportamento é considerado castigo divino por causa de uma prática religiosa errada: "Por tudo isso, Deus os entregou a paixões vergonhosas". Outros escritos paulinos têm a mesma posição, em que prováveis referências ao homoerotismo estão ligadas à idolatria e à irreligião (1Cor 6,9-11; 1Tm 1,8-11). No contexto judaico-cristão da Antiguidade, este argumento era compreensível. Não havia o conceito de orientação sexual, estrutura profundamente enraizada na pessoa, com relativa estabilidade, levando-a à atração pelo sexo oposto ou pelo mesmo sexo. A orientação sexual nada tem a ver com a crença em um ou em vários deuses, ou com qualquer prática religiosa. Mas, no contexto da Antiguidade, a Igreja herdou a visão antropológica judaica da heterossexualidade universal com suas interdições. Tudo isso deve ser levado em conta. Usar este argumento de Paulo hoje seria como dizer a uma pessoa heterossexual que, se ela aderir a uma religião pagã, vai se tornar homossexual. Isso não faz sentido. É uma superstição.

A religião cristã se expandiu e se tornou hegemônica em muitos países, chegando a se tornar religião de Estado. O homoerotismo foi classificado como "sodomia" e criminalizado por muitos séculos. Para a Igreja, a sodomia era um crime horrendo: provocava tanto a ira de Deus a ponto de causar tempestades, terremotos, pestes e fomes que destruíam cidades inteiras. Era algo indigno de ser nomeado, um "pecado nefando" do qual nem se deve falar, e muito menos se cometer (VIDE, 2007, p. 331-332). Tribunais civis e mesmo eclesiásticos, como a Inquisição, julgavam os acusados desse delito. Os culpados eram entregues ao poder civil para ser punidos, até mesmo com a morte.

É compreensível que, por milênios, males como tempestades, terremotos, pestes, pragas agrícolas, fomes e derrotas militares fossem vistos como intervenção divina direta, em punição pelos pecados das pessoas; e a ausência desses males, como bênção. Era uma espécie de envolvência do sobrenatural na vida cotidiana, excluindo possíveis causas naturais. E ainda hoje há quem atribua a pandemia da Covid-19 à punição divina pelo comportamento dos LGBT+. Com o advento do Iluminismo e a valorização da razão humana autônoma, independente da Revelação, passou-se a considerar a prática sexual exercida sem violência ou indecência pública como algo que não devia cair sob o domínio da lei. Teve início uma crescente descriminalização da sodomia. A modernidade, impulsionada pelo Iluminismo, trouxe a separação entre Igreja e Estado, a autonomia das ciências e os direitos humanos, que restringem o poder do soberano sobre o súdito e ampliam a liberdade da pessoa em relação à coletividade.

No século XIX, surge o termo "homossexualidade", que não tem a conotação religiosa de sodomia. A questão é trazida do âmbito religioso e moral para o âmbito médico. O que até então era visto como abominação passa a ser considerado doença. Por muitas décadas, pessoas homossexuais eram internadas em sanatórios. Chegou-se até mesmo ao uso de choque elétrico no tratamento médico dessas pessoas.

A partir dos anos 1970, houve uma progressiva despatologização da homossexualidade, impulsionada pelo crescimento do movimento *gay*. Nos anos 1990, a Organização Mundial de Saúde a retirou da lista de doenças. Organizações de médicos e de psicólogos declararam que a homossexualidade não é doença, nem distúrbio, nem perversão, e proibiram seus profissionais de colaborarem em serviços que propõem seu tratamento e cura. Assim se reconhece que algumas pessoas são *gays* ou lésbicas e o serão por toda a vida. Não se trata de opção, mas de condição ou orientação. A transgeneridade também foi despatologizada. Hoje, no Brasil, travestis e transexuais podem fazer tratamento de transexualização, inclusive na rede pública de saúde. A mudança de nome no registro civil é permitida. A homofobia e a transfobia foram criminalizadas e equiparadas ao racismo.

O magistério da Igreja reconhece a mudança em curso na interpretação da Bíblia. Em um documento intitulado "O que é o homem? (Sl 8,5): itinerário de antropologia bíblica" (PCB, 2019), delineia-se uma nova compreensão a respeito das uniões entre pessoas do mesmo sexo, sem condená-las, mesmo afirmando que não há exemplo do seu reconhecimento legal na tradição bíblica:

> Sabemos que diversas afirmações bíblicas, em âmbito cosmológico, biológico e sociológico, foram gradualmente consideradas

ultrapassadas pela progressiva afirmação das ciências naturais e humanas; analogamente – deduzem alguns – uma compreensão nova e mais adequada da pessoa humana impõe uma radical reserva em relação à exclusiva valorização da união heterossexual, em favor de uma análoga acolhida da homossexualidade e das uniões homossexuais como expressão legítima e digna do ser humano (PCB, 2019, n. 185).

Em seguida, o documento trata de textos da Bíblia usados para condenar a prática da homossexualidade, incluindo os mencionados no Catecismo (Gn 19,1-29; Rm 1,24-27; 1Cor 6,10; 1Tm 1,10), mostrando outras interpretações não condenatórias (PCB, 2019, n. 185-195). Tais posições são mencionadas sem adesão e sem rejeição. A novidade deste documento vindo de Roma é situar a questão da homossexualidade na perspectiva da evolução da doutrina. Há um nítido sinal de mudança em curso.

3. O ensinamento moral da Igreja em perspectiva inclusiva

Alguns princípios da modernidade foram assimilados pela Igreja Católica no Concílio Vaticano II. Além do novo enfoque da evangelização e da leitura da Bíblia, o Concílio legitimou a separação entre Igreja e Estado, a autonomia da ciência e reconheceu a liberdade de consciência. Nenhuma palavra externa substitui a reflexão e o juízo da própria pessoa. O Catecismo da Igreja Católica aprofunda este ensinamento e cita o cardeal Newman: "A consciência é o primeiro de todos os vigários de Cristo" (CIC, 1997, n. 1.778). É ela quem primeiro representa Cristo para o fiel. A vida espiritual e a reflexão muito ajudam o fiel a ouvir a voz do Senhor e a discernir os seus sinais.

Certa vez o Papa Bento XVI afirmou que o cristianismo não é um conjunto de proibições, mas uma opção positiva. E acrescentou que é muito importante evidenciar isso novamente, porque essa consciência hoje quase desapareceu completamente (BENTO XVI, 2006). É muito bom que um Papa tenha reconhecido isso, pois há no cristianismo uma história multissecular de insistência na proibição, no pecado, na culpa, na ameaça de condenação e no medo. Pode-se falar de uma "pastoral do medo", que com veemência culpabiliza as pessoas e as ameaça de condenação eterna para obter a sua conversão. Isso não se restringe ao passado. Ainda hoje, em diversas igrejas e ambientes cristãos, muitos interpretam a doutrina de maneira extremamente restritiva e condenatória, com obsessão pelo pecado, sobretudo a respeito de sexo. As proibições ligadas à mensagem cristã frequentemente repercutem mais do que o seu conteúdo positivo. Isto se observa tanto dentro da Igreja, entre os fiéis, quanto fora, entre os que a criticam. Há um foco excessivo na proibição. É fundamental buscar na mensagem cristã o seu componente positivo, para que ela seja Boa-Nova, Evangelho.

O Papa Francisco segue essa linha com determinação. Ele diz que "o anúncio do amor salvífico de Deus precede a obrigação moral e religiosa. Hoje, por vezes, parece que prevalece a ordem inversa" (FRANCISCO, 2013b). Esse anúncio deve concentrar-se no essencial, que é também o que mais apaixona e atrai, procurando curar todo tipo de ferida e fazer arder o coração, como o dos discípulos de Emaús, que se encontraram com Cristo Ressuscitado. A proposta evangélica deve ser mais simples, profunda e irradiante. É dessa proposta que vêm depois as consequências morais. Nessa perspectiva, o confessionário não é uma sala de tortura, mas um lugar de misericórdia, no qual o Senhor nos estimula a fazer o melhor que pudermos (FRANCISCO, 2013b).

O Evangelho convida, antes de tudo, a responder a Deus que nos ama e nos salva, reconhecendo-o nos outros e saindo de nós mesmos para procurar o bem de todos. A Igreja não deve ser uma alfândega dos sacramentos, mas a casa paterna onde há lugar para todos que enfrentam fadigas em suas vidas. Todos podem participar da vida eclesial e fazer parte da comunidade. A Eucaristia, plenitude da vida sacramental, não é um prêmio para os perfeitos, mas um remédio generoso e um alimento para os que necessitam de forças (EG, n. 39 e 47).

O conhecimento da verdade é progressivo, observa o Papa. A compreensão do homem muda com o tempo, e sua consciência se aprofunda. Recorde-se o tempo em que a escravatura era aceita e a pena de morte era admitida sem nenhum problema. Os exegetas e os teólogos, como também as outras ciências e a sua evolução, ajudam a Igreja a amadurecer o próprio juízo. Como consequência, há normas e preceitos eclesiais secundários que em outros tempos foram eficazes, mas que hoje perderam valor ou significado. Uma visão da doutrina da Igreja como um bloco monolítico a ser defendido sem matizes é errada (FRANCISCO, 2013b). Portanto os fiéis cristãos, incluindo os LGBT+, devem procurar ser adultos na fé, atentos às contribuições das ciências que ajudam a Igreja a amadurecer seu juízo. Eles não se devem encapsular em posturas intransigentes avessas à reflexão crítica e ao diálogo.

O Concílio afirma que há uma ordem ou hierarquia de verdades no ensinamento da Igreja, segundo o seu nexo com o fundamento da fé cristã. Alguns conteúdos são mais importantes por estarem estreitamente ligados a este fundamento. Outros, por sua vez, são menos importantes por estarem menos ligados a ele (UR, n. 11). Para Francisco, esta ordem é válida tanto para os dogmas de fé como para os demais ensinamentos da Igreja, incluindo a sua mensagem moral.

Nesta, há uma hierarquia nas virtudes e ações. A misericórdia é a maior das virtudes. As obras de amor ao próximo são a manifestação externa mais perfeita da graça interior do Espírito. Os preceitos dados por Cristo e pelos Apóstolos ao Povo de Deus são pouquíssimos. E os preceitos adicionados posteriormente pela Igreja devem ser exigidos com moderação, para não tornar pesada a vida dos fiéis nem transformar a religião em escravidão (EG, n. 36-37 e 43).

A moral sexual tem como uma de suas principais referências o mandamento do Decálogo: "Não pecar contra a castidade". Originalmente o mandamento é "não cometerás adultério" (Ex 20,14), mas a catequese cristã incorporou nele outros ensinamentos bíblicos e tradicionais relativos à sexualidade. A relação sexual é conjugalizada. Não é permitida fora da união indissolúvel entre um homem e uma mulher. Mas hoje o conceito de castidade incorpora um elemento novo para além da conduta, envolvendo a totalidade da pessoa. O Catecismo define a castidade primeiramente como a integração da sexualidade na pessoa, na sua unidade de corpo e alma (CIC, 1997, n. 2.337). Essa integração é um caminho gradual, um crescimento pessoal em etapas, que passa por fases marcadas pela imperfeição e até pelo pecado (n. 2.343). A gradualidade na aplicação da lei moral é quase desconhecida em muitos ambientes católicos, e por isso deveria ser amplamente ensinada. Muitas vezes há o triunfo do tudo ou nada, do radicalismo estéril, e não a busca do bem possível. E só pode haver uma integração bem-sucedida se a pessoa viver em paz com a própria sexualidade, amando o seu semelhante e a si mesma. Os caminhos e as condutas nesse campo não podem prescindir jamais dessa integração.

Aos que manifestam a orientação homossexual, deve-se assegurar um acompanhamento respeitoso para que possam dispor dos auxílios necessários para compreender e realizar a vontade de Deus em suas vidas (AL, n. 250). Mas Francisco faz um alerta incisivo contra o moralismo que muitas vezes reina em ambientes cristãos e na hierarquia da Igreja Católica, visando fomentar o devido respeito à consciência e à autonomia dos fiéis:

> [...] nos custa dar espaço à consciência dos fiéis, que muitas vezes respondem o melhor que podem ao Evangelho no meio dos seus limites, e são capazes de realizar o seu próprio discernimento perante situações onde se rompem todos os esquemas. Somos chamados a formar as consciências, não a pretender substituí-las (AL, n. 37).

Em toda e qualquer circunstância, perante quem tenha dificuldade de viver plenamente a lei de Deus, deve ressoar o convite para percorrer a *via caritatis*, o caminho do amor. A caridade fraterna é a primeira lei dos cristãos, conforme o mandamento de Jesus: "Amai-vos uns aos outros, como eu vos amo" (Jo 15,12). Ela constitui a plenitude da lei (Gl 5,14). Sem diminuir o ideal evangélico, deve-se acompanhar com misericórdia e paciência as possíveis etapas de crescimento das pessoas, que se constroem dia a dia. A misericórdia do Senhor nos incentiva a praticar o bem possível (AL, n. 306 e 308). Não se pode dizer que todos os que estão em uma situação chamada irregular vivem em estado de pecado mortal, privados da graça santificante. Um pastor não pode estar satisfeito apenas com a aplicação da lei moral aos que vivem nessa situação, como se fossem pedras atiradas contra a vida das pessoas. Por causa de condicionamentos ou de fatores atenuantes, pode-se viver na graça de Deus, amar e também crescer na vida da graça e da caridade, recebendo para isso a ajuda da Igreja, que inclui os sacramentos (AL, n. 301, 305 e 351).

A questão do acesso aos sacramentos para os fiéis que vivem em situação irregular diz respeito a pessoas conviventes não casadas, a divorciados recasados e a uniões homoafetivas. É algo delicado e complexo que há décadas pastores e teólogos buscam solução. O Papa não dá uma solução taxativa e abrangente, mas abre caminho aos pastores para que, no acompanhamento dos fiéis e no respeito ao seu discernimento, possam lhes ministrar os sacramentos.

Outro passo inovador é o documentário *Francesco*, de 2020, produzido pelo cineasta russo Evgeny Afineevsky, com declarações do Papa em favor de uniões civis entre pessoas do mesmo sexo. Em trechos de uma entrevista editada, Francisco diz: "Os homossexuais têm direito de fazer parte da família. São filhos de Deus e têm direito a uma família. Ninguém pode ser expulso da família, e a vida dessas pessoas não se pode tornar impossível por esse motivo". E em seguida: "O que precisamos é criar uma lei de convivência civil, pois elas têm o direito de estar cobertas legalmente. Eu defendi isso".

O documentário mostra também o católico italiano Andrea Rubera, que, com seu companheiro, têm três filhos. Rubera escreveu ao Papa dizendo que queria levar seus filhos à paróquia, mas tinha medo de que eles fossem discriminados e sofressem traumas. Francisco lhe telefonou e o apoiou, dizendo: "Por favor, leve seus filhos à paróquia, seja transparente com a paróquia a respeito de sua família. Certamente nem todos estarão de acordo com uma família assim, mas vai ser bom para as crianças". E Rubera conta que foi um grande conselho, pois já é o terceiro ano que seus filhos frequentam a paróquia e tudo vai bem (PIQUÉ, 2021).

O Papa utiliza aí o termo "família" em sentido lato, abrangendo a união homossexual e seus filhos. É uma linguagem coloquial em contexto pastoral. Não é o sentido estrito que tem na doutrina católica, como comunidade de amor e vida fundada na união exclusiva e indissolúvel entre um homem e uma mulher, mas é uma configuração familiar que merece proteção legal e acolhimento da comunidade eclesial.

4. Gestos proféticos e caminhos a percorrer

Além de palavras oportunas, o Papa fez um gesto surpreendente em 2015, recebendo em sua casa a visita do transexual espanhol Diego Neria e de sua companheira. A história de Diego é emblemática da condição transexual, do preconceito atroz e do seu enfrentamento. Ele nasceu com corpo de mulher, mas desde criança sentia-se homem. No Natal, escrevia aos reis magos pedindo como presente tornar-se menino. Ao crescer, resignou-se à sua condição. "Minha prisão era meu próprio corpo, porque não correspondia absolutamente ao que minha alma sentia", confessa. Diego escondia essa realidade o quanto podia. Sua mãe pediu-lhe que não mudasse seu corpo enquanto ela vivesse. E ele acatou esse desejo até a morte dela. Quando ela morreu, Diego tinha 39 anos. Um ano depois, ele começou o tratamento transexualizador. Na igreja que frequentava, despertou a indignação das pessoas: "Como se atreve a entrar aqui na sua condição? Você não é digno". Certa vez, chegou a ouvir de um padre: "Você é filha do diabo!". Mas felizmente ele teve o apoio do bispo de sua diocese, que lhe deu ânimo e consolo. Isso encorajou Diego a escrever ao Papa Francisco e a pedir um encontro com ele. O Papa o recebeu e o abraçou no Vaticano, na presença da sua companheira. Hoje, Diego Neria é um homem em paz (HERNÁNDEZ, 2015).

Sobre os encontros que teve com pessoas homossexuais, transexuais e seus respectivos companheiros, o Papa comentou: "As pessoas devem ser acompanhadas como as acompanha Jesus. [...] em cada caso, acolhê-lo, acompanhá-lo, estudá-lo, discernir e integrá-lo. Isso é o que Jesus faria hoje" (FRANCISCO, 2016a). Gestos como estes do Papa valem mais que mil palavras. Se todas as famílias que têm filhos ou parentes LGBT+ fizessem o mesmo, recebendo-os em casa com seus companheiros, muitos problemas e dramas humanos seriam resolvidos.

A realidade dos LGBT+ não é simples, mas contém apelos urgentes e desafios à evangelização. A leitura crítica da Sagrada Escritura, a devida atenção aos resultados das ciências, os diversos matizes da moral e a fidelidade à própria consciência são elementos que tornam o ensinamento da Igreja um conteúdo rico e dinâmico na vida dos fiéis. Ajudam muito a missão evangelizadora junto àquela população.

Não se deve buscar na Bíblia ou na doutrina um manual de instrução de um eletrodoméstico, ou um código moral completo, universal e imutável. Muitas vezes se fazem citações descontextualizadas da Bíblia e simplificações indevidas da doutrina, com extrema rigidez e um terrível ímpeto condenatório dirigido aos LGBT+. Alguns falam de "textos do terror" ou de "balas bíblicas" usadas contra estas pessoas. A pregação, em vez de curar feridas e aquecer o coração, traz mais devastação, e a Palavra do Deus da vida se torna palavra de morte. Não se deve jamais tratar esses indivíduos como endemoninhados a serem exorcizados, ou submetê-los à oração de "cura e libertação" para mudarem a sua condição ou identidade.

Na Igreja Católica, hoje, há diferentes tipos de apostolado junto aos LGBT+. Um deles é o grupo *Courage*, apoiado pela Conferência dos Bispos Católicos dos Estados Unidos. Esta desaconselha pessoas homossexuais a se definirem primeiramente pela sua inclinação sexual, bem como de participarem de "subculturas gays", que tendem a promover um estilo de vida imoral (USCCB, 2006, p. 22, nota 44). Há outros grupos cuja ênfase é a inclusão e a cidadania dos LGBT+ na Igreja e na sociedade, a cura das feridas, o crescimento na fé e o respeito pela consciência nas escolhas de vida. Estes grupos formaram a Rede Global de Católicos Arco-íris (GNRC, 2015) e, no Brasil, a Rede Nacional de Grupos Católicos LGBT+ (REDE).

Não faltam divergências e conflitos a respeito da diversidade sexual e de gênero, mas também não é necessário esperar a sua resolução. Há posições e práticas já legitimadas que podem ser adotadas e difundidas. A descriminalização da homossexualidade e da transgeneridade no mundo inteiro deve ser defendida com vigor, bem como o enfrentamento da violência física, verbal e simbólica feita aos LGBT+. Os exemplos e palavras de acolhida do Papa Francisco são valiosos. É nesse acolhimento que o verdadeiro encontro é possível, com conhecimento mútuo e interação positiva, sem deixar que o preconceito e o medo criem fantasmas. Ser Igreja em saída e alcançar as periferias existenciais é fazer resplandecer o rosto de Cristo, que cura feridas, aquece os corações e a todos oferece o seu jugo leve e o seu fardo suave.

Referências

BENTO XVI. *Entrevista do Papa Bento XVI a representantes de canais televisivos alemães e da Rádio Vaticano em preparação para a viagem à Alemanha*. 5 ago. 2006. Disponível em: http://www.vatican.va.

CATECISMO DA IGREJA CATÓLICA. Roma: Editrice Vaticana, 1997 (primeira edição, provisória: 1992). Disponível em: http://www.vatican.va. Acesso em: 20/04/2021.

CONCÍLIO VATICANO II. *Decreto "Unitatis redintegratio"*: sobre o ecumenismo. Roma, 1964. Disponível em: http://www.vatican.va. Acesso em: 20/04/2021.

CONCÍLIO VATICANO II. *Declaração "Dignitatis humanae"*: sobre a liberdade religiosa. Roma, 1965. Disponível em: http://www.vatican.va. Acesso em: 20/04/2021.

CONCÍLIO VATICANO II. *Constituição dogmática "Dei Verbum"*: sobre a revelação divina. Roma, 1965. Disponível em: http://www.vatican.va. Acesso em: 20/04/2021.

CONCÍLIO VATICANO II. *Constituição pastoral "Gaudium et spes"*: sobre a Igreja no mundo atual. Roma, 1965. Disponível em: http://www.vatican.va. Acesso em: 20/04/2021.

FRANCISCO. *Encontro do Santo Padre com os jornalistas durante o voo de regresso*. 28/07/2013a. Disponível em: http://www.vatican.va. Acesso em: 20/04/2021.

FRANCISCO. Entrevista ao Papa Francisco: Pe. Antonio Spadaro. 19 ago. 2013b. Disponível em: http://www.vatican.va. Acesso em: 20/04/2021.

FRANCISCO. *Exortação Apostólica "Evangelii gaudium"*. Roma, 2013c. Disponível em: http://www.vatican.va. Acesso em: 20/04/2021.

FRANCISCO. *Conferência de imprensa do Santo Padre durante o voo Baku-Roma*. 02 out. 2016a. Disponível em: http://www.vatican.va. Acesso em: 20/04/2021.

FRANCISCO. *Exortação Apostólica Pós-sinodal "Amoris Laetitia"*. Roma, 2016b. Disponível em: http://www.vatican.va. Acesso em: 20/04/2021.

GLOBAL NETWORK OF RAINBOW CATHOLICS. 2015. Disponível em: http://www.rainbowcatholics.org. Acesso em: 20/04/2021.

HERNÁNDEZ, A. El bendito encuentro entre Francisco y Diego. 26/01/2015. Disponível em: http://www.hoy.es. Acesso em: 20/04/2021.

JESUS, J. *Orientações sobre identidade de gênero*: conceitos e termos. Brasília, 2012. Disponível em: http://www.sertao.ufg.br. Acesso em: 20/04/2021.

LANCELLOTTI, J. *Postagem*. 09/06/2015. Disponível em: http://www.facebook.com/AmigoseTribos. Acesso em: 20/04/2021.

LIMA, L. C. Pastoral dos LGBT. *Theologica Latinoamericana*. Belo Horizonte, 2017. Disponível em: http://www.theologicalatinoamericana.com/?p=1493. Acesso em: 20/04/2021.

PIQUÉ, E. El Papa pidió una ley de convivencia civil para los gays: "tienen derecho a estar cubiertos legalmente". *La Nacion*, 21 out. 2021. Disponível em: http://www.lanacion.com.ar. Acesso em: 20/04/2021.

PONTIFÍCIA COMISSÃO BÍBLICA. *"Che cosa è l'uomo?" (Sal 8,5)*: un itinerario di antropologia bíblica. Vaticano, 2019. Disponível em: http://www.vatican.va. Acesso em: 20/04/2021.

REDE NACIONAL DE GRUPOS CATÓLICOS LGBT. Disponível em: http://www.redecatolicoslgbt.com.br. Acesso em: 20/04/2021.

UNITED STATES CONFERENCE OF CATHOLIC BISHOPS. *Ministry to persons with a homosexual inclination*: guidelines for pastoral care. Washington, DC, 2006. Disponível em: http//:www.usccb.org. Acesso em: 20/04/2021.

VIDE, S. M. *Constituições primeiras do arcebispado da Bahia* (1707). Brasília: Senado Federal, 2007.

IV.
A Igreja na Amazônia pós-sínodo/Ecologia Integral

A Igreja na Amazônia pós-sínodo/ Ecologia Integral

João Gutemberg Sampaio (REPAM)
Mario Antonio da Silva (Bispo da Diocese de Roraima)[1]

O Sínodo da Amazônia (2019) foi um acontecimento não só eclesial como também social, cultural, ecológico, com repercussões tanto no Brasil e na região amazônica quanto em todo o mundo, convocando a várias "conversões", mas também despertando "sonhos".

1. O Sínodo: sinal da presença de Deus na caminhada da Igreja na Amazônia e na história de liberdade dos povos da Amazônia

O Sínodo da Amazônia não foi um acontecimento isolado, mas o fruto maduro de um tempo maior: 1. O da transformação e conversão eclesial, impulsionado pelo Espírito no Concílio Vaticano II e expresso na Igreja de América Latina a partir da Conferência de

---

[1] Colaboraram na elaboração do texto: a Profa. Márcia Maria de Oliveira, Luis Ventura, Pe. Dário Bossi, Pe. Raimundo Vanthuy Neto, Irmão João Gutemberg, Dom Mário Antonio da Silva.

Medellín, em 1968; 2. O pré-anunciado na *Carta Pastoral*, de Dom Pedro Casaldáliga, em 1971, e no *Encontro dos Bispos de Santarém*, em 1972; 3. O da convocação, em regime de urgência, feita em Aparecida, em 2007, para uma maior articulação da presença eclesial da Igreja na Amazônia; 4. O da *Laudato Si'*, já que o Sínodo é seu "filho".

Se contemplarmos o Sínodo como expressão desse tempo maior, estamos reconhecendo a presença de Deus na história recente de nossos povos e de nossa Igreja, uma presença que nos provoca e interpela em dois sentidos:

- Primeiro, a confirmar e reafirmar uma forma de ser Igreja, com Comunidades Eclesiais de Base, comunidades cheias de vida; uma Igreja laical e ministerial, mais eclesial que episcopal, assembleia do povo em caminho; uma Igreja que assume como próprias as causas dos povos da Amazônia e da casa comum, como elemento central do Anúncio; uma Igreja do Diálogo e do profundo respeito à diversidade, humilde para aprender e para oferecer; uma Igreja multiforme na unidade, enraizada na realidade concreta e, ao mesmo tempo, permanecendo naquele que nos sustenta (Jo 15,1-8);
- Segundo, uma presença eclesial pautada em dois princípios fundamentais: encarnação e libertação, tal como o expressou o documento de Santarém, em 1972: *Encarnação na Realidade e Evangelização Libertadora*.

2. Desafiados pelo aqui e agora, pelo tempo concreto e pela realidade em que vivemos

Os povos da Amazônia são desafiados por duas grandes realidades:
- De um lado, o impacto da pandemia da Covid-19 em nosso território, que escancarou uma série de problemas estruturais:

1. Ausência, omissão ou negligência do Estado, com desmonte de políticas públicas no campo da saúde e com ausência persistente de um plano sistemático de enfrentamento à pandemia; 2. Precariedade do sistema de saúde na região, com poucas unidades hospitalares e dificuldade de abastecimento dos municípios do interior, agravados com a falta de planejamento; 3. Persistência de outras formas de violência, inclusive religiosa, como nos lembra a CFE 2021.

- Por outro lado, a manutenção e até o aumento das invasões dos territórios de nossa Amazônia para a exploração ilegal de bens naturais. O aumento da ação de madeireiros, grileiros, garimpeiros, caçadores e pescadores ilegais, bem como o tráfico de ilícitos encontraram como principal aliado o próprio Estado, que durante a pandemia intensificou seu plano de desregulamentação da proteção ambiental e territorial e de regularização do crime (o garimpo e a grilagem). Hoje as comunidades da Amazônia se sentem mais ameaçadas em seus direitos e na integridade de sua vida e de seus territórios. Os invasores sentem-se mais impunes pelo apoio constante de autoridades, cuja principal missão devia ser a salvaguarda dos direitos fundamentais. A frase "passar a boiada" expressava a intenção de uma parte do Estado brasileiro de aprofundar as feridas e a exploração dos povos da Amazônia, seus territórios e seus projetos de vida.

3. Esperançados na certeza da vida, continuamos sonhando

A *Exortação Pós-sinodal Querida Amazônia* propõe a linguagem dos sonhos. Uma linguagem presente em nossa tradição de fé e também em muitos povos indígenas. Essa linguagem torna-se, assim, um ponto de encontro e de comunhão com os povos da Amazônia, também na perspectiva simbólica, espiritual. O sonho é aquilo que se apresenta como plano de vida, como resposta, como caminho concreto. Como diz tão bem o Papa Francisco, "da escuta, nasceram os sonhos". Ele nos convida a sonhar junto com os povos amazônicos.

Não se pode, porém, separar *Querida Amazônia* do *Documento Final* do Sínodo. Os sonhos traçam horizontes: em diversas culturas indígenas representam uma maneira de partilhar planos de vida e organizar a comunidade para concretizá-los. Mas não dá para realizar os sonhos se a vida continua sufocada em estruturas de morte (o pecado ecológico). Por isso, a necessidade da conversão, como indica o *Documento Final*. A conversão, vista como mudança estrutural de projetos sobre a Amazônia, é essencial para garantir os sonhos. É importante estar atentos, inclusive, como Igreja, para não compactuar com estruturas de morte, que se manifestam em um tipo de presença religiosa colonizadora. No âmbito social e econômico, sem dúvida, essa estrutura se manifesta na aposta permanente no extrativismo predatório e no racismo estrutural, que impede o protagonismo dos povos amazônicos.

4. Compromissos a assumir a partir da realidade atual e do Sínodo da Amazônia

Todo o processo sinodal, cuja síntese final se encontra no *Documento Final* e na *Querida Amazônia*, convida a alguns compromissos importantes:

1. O Cuidado e a Denúncia. Sonhos social e ecológico
    a) O Cuidado com a casa comum e com a vida dos povos indígenas e das comunidades tradicionais, nos territórios

e nos centros urbanos de nossa Amazônia; com os migrantes que enfrentam o preconceito e as dificuldades, enfrentando também fronteiras fechadas (políticas e sociais); com os jovens e as mulheres, vítimas principais da violência e do descarte;

b) A Denúncia permanente ante a agressão aos direitos e a exploração dos bens naturais. Denúncia pública, mas também incidência concreta, nos campos político e jurídico, para que as autoridades competentes tomem decisões no sentido do Bem Comum;

c) Este movimento duplo, Cuidado-Denúncia, pode também ser expresso nos termos Ternura-Rebeldia, e nos símbolos Betânia-Jerusalém. Não se trata de polos opostos ou separados entre si, mas são a expressão concreta do discipulado, tendo como referência Jesus, aquele que passou fazendo o bem e que foi morto pelas estruturas de poder político e religioso de seu tempo.

d) Ecologia Integral tem uma dimensão ambiental, social, cultural, espiritual, econômica, política, de estilos de vida cotidiana. É um modo de relacionar-se com a vida, uma opção de fundo pela cultura do cuidado, um distanciamento definitivo da cultura da dominação que sofremos e replicamos, em uma história colonial que conformou as relações entre os seres humanos e deles com o resto da criação. Por ser um entrelaçamento de todas essas dimensões, a Ecologia Integral requer também uma Igreja capaz de promover diversos serviços e competências: uma Igreja dos ministérios, integrados em participação sinodal.

2. Igreja em Saída e em Diálogo. Sonhos cultural e eclesial
   a) Conhecer, reconhecer, abraçar e defender a diversidade cultural como expressão da riqueza da família humana;
   b) A Missão como reciprocidade, diálogo, respeito profundo, convicção de que o Mistério é maior que nossa compreensão;
   c) Defesa das raízes e da diversidade cultural diante de uma sociedade que homogeneíza e de uma mentalidade colonial, presente ainda em nossa sociedade e em nossa Igreja;
   d) Igreja laical, de base, diversa. Igreja ousada e sem medo, que busque, junto aos povos e de forma respeitosa, formas diversas de ministerialidade e de celebração. Igreja de discípulas e discípulos, na perspectiva encarnada e libertadora, com formação social e política sólida, esperançada na fé. Igreja do Reino de Justiça, Paz e Alegria no Espírito (Rm 14,17).

   Entre os ministérios, cabe destacar, sobretudo, a valorização da mulher na Amazônia e na Igreja. É importante evocar os passos que estão sendo dados para abrir espaço a novos ministérios das mulheres: (a) Fazer referência ao ministério instituído do leitorado e acolitado, finalmente aprovado também para as mulheres; (b) Recuperar o n. 102 do *Documento Final*, em que se propõe outro ministério instituído: homens e mulheres "dirigentes de comunidade", para animar a vida de comunidades cristãs distantes do centro paroquial, ou para orientar e coordenar as atividades pastorais em grandes regiões onde se encontram dezenas ou centenas de pequenas comunidades; trazer o exemplo de Gigliane Leite, nomeada, pelo Bispo Dom Adriano, coordenadora e animadora da

Paróquia de Santa Cruz do Xingu, na Prelazia de São Félix do Araguaia; (c). Esses passos dados sobre os ministérios instituídos não freiam a reflexão sobre o diaconato para as mulheres, que o Sínodo da Amazônia trouxe de novo para a discussão e que Papa Francisco assumiu ao reinstituir a comissão teológica de reflexão sobre o tema.

3. Ministério instituído de leitorado e acolitado para as mulheres

"Há uma diferença entre o 'ministério de fato' do leitor, da leitora, do ministro ou ministra extraordinária da comunhão, até hoje exercido por batizados e batizadas, e o 'ministério instituído' do leitor e acólito, até hoje reservado somente aos batizados de sexo masculino. No primeiro caso, temos uma atividade eclesial, estável e de serviço reconhecido, exercida por um tempo determinado (geralmente um ou mais anos), com base em uma delegação ou mandato do padre ou do bispo; no segundo caso, temos um ministério conferido pelo bispo com um 'Rito de instituição' (rito litúrgico não sacramental não repetível) e exercitado *stabiliter* (CDC, cân. 230, §1) na Igreja local (POLLIANI, 2018; CAVAGNOLI, 1986, p. 305-329; CITRINI, 1984, p. 435-448). A diferença não se dá no plano da função ou atividade, mas no plano da raiz litúrgica e de uma identidade ministerial peculiar. Não se trata tanto de 'o que se faz', que parece comum, por exemplo, para leitores de fato e instituídos, mas de 'o que se é' na e para a comunidade cristã: a diferença é dada por um carisma reconhecido pelo bispo, pela subjetividade eclesial definida para um serviço específico na Igreja, pela estabilidade dessa identidade no e para o corpo eclesial" (NOCETI, 2021).

Conclusão

O *Documento Final* do Sínodo chama a uma conversão *Pastoral, Cultural, Ecológica e Sinodal*. *Querida Amazônia* fala de sonho *Social, Cultural, Ecológico* e *Eclesial*. Do ponto de vista eclesial, a Igreja criou os seguintes organismos que animam a presença eclesial na região: CEA – Comissão Episcopal Especial para a Amazônia (CNBB, 2003); REPAM – Rede Eclesial Pan-Amazônica (2014); CEAMA – Conferência Eclesial da Amazônia (2020). Esta última tem como missão principal ajudar a delinear o rosto amazônico da Igreja na região mediante uma pastoral de conjunto com prioridades diferenciadas.

Todos os temas mais desafiadores que vinham do longo processo de escuta das comunidades e que ficaram em aberto durante e depois do Sínodo da Amazônia precisam voltar à tona na Assembleia Eclesial da América Latina e do Caribe. Estamos na etapa de escuta dessa Assembleia, e é importante fazer ecoar essas questões e aprofundá-las.

Referências

CAVAGNOLI, G. I ministeri nel popolo cristiano: prospettive teologico-pastorali del mp Ministeria quaedam, *Rivista Liturgica* 73 (1986) 305-329.

CITRINI, T. Sul fondamento teologico dei ministeri liturgici non ordinati, *La Scuola Cattolica* 112 (1984) 435-448.

NOCETI, S. Uma Igreja de muitos ministérios: mulheres e ministérios instituídos. In: *IHU*, 23/02/2021.

POLLIANI, F. *I ministeri nella chiesa*: il sacramento dell'ordine. Beau Bassin: S. Antonio, 2018.

A Igreja na Amazônia pós-sínodo:
Ecologia Integral – algumas propostas de reflexão

Márcia Maria de Oliveira (UFRR)[1]

"Os novos caminhos para a Igreja e para uma Ecologia Integral" foi o tema proposto para o Sínodo Especial dos Bispos para a Região Pan-Amazônica. Entretanto, é uma proposta para toda a Igreja que compreende a importância da Ecologia Integral como um projeto de sociedade, um itinerário pastoral e uma orientação social, política e econômica para todas as sociedades sensíveis com a fragilidade dos ecossistemas, as mudanças climáticas, e que se preocupam com o futuro do planeta, obra da criação.

Já na sua convocatória, o Papa Francisco enfatiza o caráter abrangente do sínodo, que se propôs a debater temas relacionados à evangelização dos povos, às possibilidades de uma ecologia e às lições de convivência e de cuidado com a criação que os povos indígenas ensinam para todo o planeta, e enfatiza: "É bom que agora sejais

---

[1] Embora não tenha participado do Painel, a Profa. Márcia de Oliveira enviou, a pedido de Dom Mário Antonio, alguns textos que pudessem servir para os debates, dentre os quais o presente texto. O organizador, após tê-lo lido, julgou que seria importante publicá-lo. [Nota do organizador.]

vós próprios a autodefinir-vos e a mostrar-nos a vossa identidade. Precisamos escutar-vos" (FRANCISCO, 2018).

Uma apreciação sociológica do processo sinodal aponta que, de fato, houve uma mudança no lugar de fala. A Igreja que historicamente falou, aconselhou, planejou e definiu os desígnios pastorais de seus fiéis, passou a ser ouvinte. O *Documento Preparatório*, lançado em junho de 2018, orientou a metodologia com questões pontuais que recolheram das bases de toda Igreja os clamores e as esperanças de quase 100 mil participantes.[2]

No processo sinodal, o lugar de fala passou a ser o lugar dos povos indígenas, dos quilombolas, ribeirinhos, camponeses, dos pobres das periferias das grandes cidades da Amazônia, das mulheres... Isso representa uma mudança importante de paradigmas. A centralidade do processo sinodal foi a escuta atenta dos povos da Amazônia. O resultado foi um diagnóstico preciso e pontual do contexto social, político, econômico, cultural e religioso da região, com indicações metodológicas para o planejamento pastoral.

A abertura ao diálogo com os povos indígenas representa o reconhecimento dos erros cometidos no processo colonizador e, ao mesmo tempo, a recolocação desses povos no centro do debate em torno da temática amazônica. Nesta perspectiva, o processo sinodal foi aos poucos reconhecendo a autoridade dos povos indígenas com relação ao cuidado da "casa comum", em uma alusão à *Encíclica Laudato Si'*, do Papa Francisco (FRANCISCO, 2015).

---

[2] Os relatórios dos diversos grupos, movimentos sociais, organismos pastorais, dioceses e prelazias foram sistematizados pela Rede Eclesial Pan-Amazônica (REPAM), em um documento denominado *Síntese das Escutas do Processo Sinodal*. Este documento sinaliza a participação direta de cerca de 100 mil pessoas na primeira fase do processo sinodal, realizada entre junho e dezembro de 2018.

Devolver aos povos indígenas o lugar de fala que lhe foi negado desde a colonização é reconhecê-los como sujeitos de direitos e como os verdadeiros especialistas do cuidado da casa comum, à luz da Teologia da Criação. Entretanto, essa não é uma mudança fácil, uma vez que ainda predomina em todos os países da Pan-Amazônia "a mentalidade colonialista, rentista, predadora do pior pré-capitalismo" (SOUZA, 2003). Devolver o direito de fala, roubado dos povos indígenas desde a colonização, significa devolver-lhes direitos territoriais igualmente roubados em todo o processo colonizador, caracterizado pelo genocídio, pela escravidão indígena e pela criação de um sujeito social secundário (GRONDIN; VIEZZER, 2018). Colocar os povos indígenas no centro do debate eclesiológico e teológico representa uma ruptura com o tradicionalismo da Igreja e uma revisão do seu papel enquanto instituição milenar.

De forma pedagógica, o processo sinodal contribuiu para dar a conhecer a riqueza do bioma com seus ecossistemas, os saberes e a diversidade dos povos da Amazônia, especialmente dos povos indígenas: suas lutas por uma ecologia integral e seus direitos ameaçados pelas grandes corporações econômicas e pelos projetos políticos em todos os países que compõem a Pan-Amazônia.

O bioma é o elemento comum que caracteriza os nove países da Pan-Amazônia e se define pelo "conjunto dos seres vivos e o conjunto de ecossistema terrestre" (COUTINHO, 2006, p. 13-23), marcado pela maior rede hidrográfica de água doce do mundo, a bacia amazônica. Seu principal rio, o Amazonas, lança ao Oceano Atlântico cerca de 175 milhões de litros d'água a cada segundo, levando materiais orgânicos e sedimentos que geram no oceano biodiversidade marinha, colaborando para a temperatura do planeta (VIEIRA; TOLEDO; HIGUCHI, 2018, p. 58-59). A floresta Amazônica é a responsável pela formação do rio aéreo, que é uma forma de evapotranspiração que leva água em forma de vapor, conduzida pelos ventos, à região Centro-Oeste, Sul e Sudeste do Brasil. A floresta é composta de árvores altas. Nas planícies que acompanham o rio Amazonas e seus afluentes, encontram-se as matas de várzeas (periodicamente inundadas) e as matas de igapó (permanentemente inundadas). Estima-se que esse bioma abrigue mais da metade de todas as espécies vivas do Brasil (COUTINHO, 2006, p. 14).

A metodologia da escuta utilizada na primeira fase do processo sinodal envolveu grupos e comunidades em paróquias e outras estruturas organizativas da Igreja, e recuperou elementos participativos das Comunidades Eclesiais de Base (CEBs), valorizando o papel das lideranças populares e socioambientais, com grande ênfase ao protagonismo e à participação das mulheres.

Os pequenos grupos contaram com subsídios com linguagem simples e popular. Reunidos na modalidade "rodas de conversas" ou "círculos populares", os grupos tiveram espaço para conversar, rezar e celebrar suas lutas e identidades culturais. Essa dinâmica contribuiu para reconhecer as lutas e resistências dos povos da Amazônia, que enfrentam mais de quinhentos anos de colonização e de projetos desenvolvimentistas pautados na exploração desmedida e na destruição da floresta e dos recursos naturais (OLIVEIRA, 2019, p. 8-20).

As diversas formas de reflexão e formação proporcionadas na escuta sinodal contribuíram para se conhecer mais a Amazônia, o modo de ser e de viver de seus povos, com seus recursos de uso coletivo compartilhados em um modo de vida não capitalista, adotado e assimilado milenarmente. A intensa participação fez com que se assumisse a defesa da Amazônia, seu bioma e seus povos ameaçados em seus territórios, injustiçados, expulsos de suas terras, torturados e assassinados nos conflitos agrários e socioambientais, humilhados pelos poderosos do agronegócio e dos grandes projetos econômicos desenvolvimentistas.

A possibilidade de instituir o pecado ecológico, em uma dimensão pastoral e teológica, animou os grupos e as lideranças que atuam em defesa da Amazônia e contribuiu para reafirmar a justiça e os direitos dos povos e, ao mesmo tempo, revelar uma "Igreja com rosto amazônico", com maneira própria de celebrar e viver a Palavra de Deus, com uma espiritualidade própria, com suas devoções e religiosidades (SGSB, *Documento preparatório,* 2018).

O processo sinodal reconheceu a espiritualidade e a sabedoria dos povos dessa imensa região e entrou em um processo de aprendizado mútuo e contínuo de discernimento para uma conversão pastoral e ecológica, apresentada como grande horizonte no *Instrumentum laboris,* o Documento de Trabalho da Assembleia Sinodal que levou à Roma os clamores e a presença viva desses povos em marcha de libertação, tendo em vista os novos caminhos para uma Igreja com "rosto amazônico". Essa primeira fase do processo sinodal foi importante para ajudar o povo a conhecer melhor a riqueza e a multiplicidade do bioma Amazônia, bem como os saberes e a diversidade dos povos dessa imensa região, especialmente dos povos indígenas, ribeirinhos camponeses e moradores das grandes cidades.

O processo sinodal despertou importantes iniciativas em defesa da ecologia integral proposta na *Encíclica Laudato Si'* (2015), que subsidiou o debate teológico e pastoral do processo sinodal, em uma tomada de consciência da necessidade de uma nova convivência com a Amazônia, com o *modo de ser* de seus povos, com seus recursos de uso coletivo compartilhados, em um modo de vida não capitalista adotado e assimilado milenarmente.

O processo sinodal contribuiu também para ajudar o povo a se posicionar em uma atitude de defesa da Amazônia, de seu bioma e dos povos ameaçados em seus territórios, injustiçados, expulsos de suas terras, torturados e assassinados nos conflitos agrários e socioambientais, humilhados pelos poderosos do agronegócio e dos grandes projetos econômicos desenvolvimentistas e economicistas. Projetos esses que empurram o povo para as periferias das grandes cidades, negando-lhe os direitos básicos de acesso a saúde, educação, segurança e condições de sobrevivência com dignidade em toda a Pan-Amazônia (OLIVEIRA, 2019).

Ao relacionar a Amazônia ao debate proposto na *Laudato si'*, o Papa Francisco traz à tona o modelo de sociedade vigente, com uma crítica contundente ao projeto capitalista de sociedade que se deixa caracterizar pela concentração da riqueza, pelas desigualdades e injustiças sociais. Na Amazônia, a raiz das desigualdades encontra-se na questão agrária, na negação ao território e na exploração capitalista do bioma reduzido apenas à liberação da terra para os interesses espúrios do agronegócio, que tem travado um enfrentamento de morte com os povos que ancestralmente conviveram com a floresta em uma relação de interdependência, que representa outro modo de sociedade, baseado nos modelos antigos do direito sobre o uso da terra.

A sinodalidade, palavra latina que significa "caminhar juntos/as", foi o fio condutor da Assembleia Sinodal e o caminho do discernimento sob a orientação do Papa Francisco, para escutar a realidade, discernir os possíveis caminhos a serem trilhados e promover ações que venham ao encontro das necessidades da região, pensada a partir das particularidades de seu bioma, da diversidade sociocultural de seus povos e da posição estratégica que ela ocupa no planeta.

O sínodo especial foi uma resposta do Papa Francisco às demandas das conferências episcopais dos países pan-amazônicos: Brasil, Bolívia, Colômbia, Equador, Guiana, Peru, Suriname, Venezuela e Guiana Francesa. Os bispos desses nove países formaram o Conselho Sinodal, que contou ainda com a presença de outros cardeais especialistas no tema. Quem presidiu o Sínodo foi o Papa Francisco, utilizando-se de uma metodologia eminentemente participativa, baseada na colegialidade. Nessa perspectiva, Ulloa e Lopes salientam que

> a proposta de Francisco amplia a compreensão do Sínodo como participação característica do colégio episcopal, na solicitude pastoral universal e no empenho missionário (CD 5; AG 29). Sem desconfigurar a instituição canônico-pastoral do Sínodo dos Bispos, o Papa, com o uso do termo "sinodalidade", propõe uma atitude a ser assumida por todo o corpo eclesial, ou seja, uma disposição permanente de sinergia, do esforço de caminhar juntos (ULLOA; LOPES, 2019, p. 207).

Orientadas pela metodologia da sinodalidade, todas as dioceses dos nove países da Pan-Amazônia realizaram inúmeras atividades em preparação às Assembleias Territoriais, que recolheram e sistematizaram, de forma transparente e participativa, inúmeros relatórios das mais diversificadas atividades, que promoveram ampla participação de toda a comunidade católica nesse processo denominado pelo documento preparatório de "escuta sinodal", conforme prevê o Art. 6 – Consulta do Povo de Deus, do documento *Episcopalis communio*:[3]

> Por isso, embora na sua composição se configure como um organismo essencialmente episcopal, o Sínodo não vive separado do resto dos fiéis. Pelo contrário, é um instrumento adequado para dar voz a todo o Povo de Deus precisamente por meio dos Bispos, constituídos por Deus "autênticos guardiões, intérpretes e testemunhas da fé de toda a Igreja", mostrando-se de Assembleia em Assembleia uma expressão eloquente da sinodalidade como dimensão constitutiva da Igreja (FRANCISCO, 2018, p. 19).

---

[3] Em clima de sinodalidade, foram realizados diversos seminários, inclusive no âmbito acadêmico, fóruns de debate, mesas-redondas, rodas de conversas, em todas as instâncias de participação coletiva da Igreja Católica na Pan-Amazônia e em outras regiões.

Praticamente todo o quinto capítulo do *Documento Final*, da Assembleia Sinodal, dedica-se ao aprofundamento do tema da sinodalidade em uma perspectiva de itinerário metodológico e pastoral, que pressupõe instaurar nas igrejas particulares um estilo de vida sinodal. Isso significa romper com estruturas rígidas e inaugurar outras metodologias pastorais mais participativas e comprometidas com a revelação de Deus na caminhada do povo. Nessa perspectiva, a sinodalidade experimentada no processo sinodal implica mudanças profundas na estrutura de toda a Igreja, e não apenas na Amazônia.

Nessa perspectiva, o Sínodo Especial para a Amazônia exercitou a sinodalidade em todo o seu processo preparatório e, de modo especial, durante a Assembleia Sinodal. Ao mesmo tempo, o processo sinodal apresentou elementos concretos de uma Igreja em saída, propostos em Medellín e Puebla. A este respeito, Sbardelotti afirma:

> A Teologia Latino-Americana e Caribenha é construída com e por várias mãos, com e por vários rostos; bebendo do poço da Bíblia a partir de uma leitura popular, por um lado, e de uma pesquisa acadêmica abundante, e, perseguida, por outro; bebendo do poço do Concílio Ecumênico Vaticano II, do Pacto das Catacumbas da Igreja Servidora e Pobre, dos Mártires da Caminhada, da atualização do Vaticano II, pela Conferência de Medellín e pela Opção pelos Pobres na Conferência de Puebla. Em sintonia com a Igreja em Saída sugerida e querida pelo Papa Francisco, sementes estão sendo lançadas neste chão adubado com o sangue de mulheres e homens, que, no seguimento a Jesus de Nazaré, assumem, sem medo, todos os riscos e consequências, são testemunhas fiéis do que pede o Evangelho, são herdeiros de uma pedagogia e de uma prática libertadora (SBARDELOTTI, 2019, p. 8).

A "Igreja Servidora e Pobre", caracterizada no quinto capítulo do *Documento Final* da Assembleia Sinodal, caminha com os pobres e vai assumindo na Amazônia o compromisso com as causas indígenas e camponesas, com os pobres das periferias das grandes cidades que concentram cerca de 83% da população, com os migrantes expulsos de seus países e territórios, com as mulheres. A metodologia participativa foi caracterizada pelo debate em torno da busca coletiva dos "novos caminhos para a Igreja e para uma ecologia integral", tema central do Sínodo (REPAM, 2019).

Os itinerários da sinodalidade retomam as orientações de uma teologia encarnada na vida e na história do povo da Amazônia e materializa a experiência da sinodalidade com bases e fundamentos nas Sagradas Escrituras, nas quais "a sinodalidade é expressa por meio de uma construção literário-teológica, que reflete e estimula uma práxis, um modo de ser e agir. A experiência bíblica, portanto, chama o leitor, individual e coletivamente, a uma inserção progressiva e permanente no caminho, ao longo do qual Deus se revela" (ULLOA; LOPES, 2019, p. 207).

A Igreja em saída assumida pelo Sínodo da Amazônia exige rupturas, de modo especial com as práticas neocolonialistas e com o conservadorismo que distancia a Igreja das causas sociais e do próprio Evangelho. Nesta perspectiva, o sínodo dá continuidade ao processo de descolonização da atuação pastoral da Igreja, que passa pelo discurso e pelas práticas religiosas e pastorais. Entretanto, trata-se de uma tarefa difícil, porque a descolonização implica também mudanças profundas no pensamento da Igreja.

Enquanto metodologia, a sinodalidade coloca em debate modelos de participação popular capazes de gerar processos profundos de transformação, observados nas experiências das Comunidades Eclesiais de Base nas décadas de 1980 a 1990, em toda a Pan-Amazônia (OLIVEIRA, 2018, p. 242).

O processo sinodal funcionou como uma convocação à descolonização das metodologias pastorais. Descolonizar a mente e o coração da Igreja aparece repetidas vezes no *Documento Preparatório* e no *Instrumentum laboris*. A descolonização, à luz da *Exortação Apostólica Pós-Sinodal "Querida Amazônia"*, perpassa tanto o campo teórico-acadêmico quanto o campo das práticas sociais e pastorais. Descolonizar implica renunciar a valores etnocêntricos que não respeitam as demais culturas e seus valores; implica reconhecer os saberes, as ciências e as espiritualidades de outros povos com suas línguas, costumes e culturas; em poucas palavras, implica respeitar o outro na sua diferença e não o nivelar em uma cultura hegemônica como a proposta pelo capitalismo, que não se encontra apenas no aspecto econômico como também incide, com grande força, na produção do pensamento, da religião, da moral, da ética e da política. Descolonizar as práticas pastorais e o pensamento religioso é um dos grandes desafios a que se propõe o Sínodo da Amazônia. O parágrafo 56 do *Instrumentum laboris* afirma que

> o desafio que se apresenta é grande: como recuperar o território amazônico, resgatá-lo da degradação neocolonialista e devolver-lhe seu bem-estar saudável e autêntico? Desde há milhares de anos devemos às comunidades aborígenes o cuidado e o cultivo da Amazônia. Em sua sabedoria ancestral cultivaram a convicção de que a criação inteira está interligada, o que merece nosso respeito e responsabilidade. A cultura da Amazônia, que integra os seres humanos com a natureza, se constitui como referente para construir um novo paradigma da ecologia integral. A Igreja deveria assumir em sua missão o cuidado da casa comum (SGSB, *Instrumentum laboris*, 2019, p. 23).

No pensamento neocolonial, não há nenhum entendimento de uma casa comum. As casas são privadas. Tudo é propriedade privada, cada um cuida do que é seu e ninguém se preocupa com a casa de ninguém. Pensar a casa comum implica mudar drasticamente o pensamento neocolonialista e passar a pensar e encarar coletivamente os problemas que afetam toda a sociedade, como a questão ambiental, a fome, a miséria e o empobrecimento de sociedades inteiras. Pensar juntos e buscar saídas coletivas é o grande desafio. Mas, para isso, é preciso descolonizar o pensamento etnocêntrico. O número 76 do *Instrumentum laboris* aprofunda o tema da família e seus desafios na Amazônia, afirmando que

> na Amazônia a família foi vítima do colonialismo no passado e de um neocolonialismo no presente. A imposição de um modelo cultural ocidental inculcava um certo desprezo pelo povo e pelos costumes do território amazônico, e chegava-se a qualificá-los como "selvagens" ou "primitivos". Atualmente, a imposição de um modelo econômico ocidental extrativista volta a atingir as famílias, invadindo e destruindo suas terras, suas culturas e suas vidas, forçando-as a migrar para as cidades e suas periferias (SGSB, *Instrumentum laboris*, 2019, p. 29).

Nessa perspectiva, a ruptura com o pensamento neocolonial é fundamental para se repensar a Amazônia e os novos caminhos da Igreja. Em muitas críticas que se tecem contra o Sínodo, seus arguidores continuam nos chamando de "selvagens" ou "primitivos", como o fizeram nossos colonizadores há mais de quinhentos anos.[4] A permanência desses vocábulos comprova que o pensamento neocolonial impede o avanço das ideias e mantém seus seguidores atrasados no tempo e na história, impedindo novos caminhos para a Igreja e para uma Ecologia Integral. O parágrafo 103 do *Instrumentum laboris* apresenta o colonialismo como domínio relacionado com a mentalidade economicista-mercantilista, consumismo, utilitarismo,

---

[4] Em artigo intitulado "Resposta ao artigo do Cardeal", o monge beneditino Marcelo Barros questiona a permanência do pensamento colonialista do Cardeal alemão Walter Brandmuller. Disponível em: https://repam.org.br/?p=2729. Acesso em: 16/01/2020.

individualismo, tecnocracia, cultura do descarte (SGSB, *Instrumentum laboris*, 2019, p. 38). Uma mentalidade que se expressou historicamente em um sistema de domínio territorial, político, econômico e cultural, que persiste de várias formas até os dias de hoje, perpetuando o *colonialismo*.

Em muitas outras ocasiões, o *Instrumentum laboris* apresenta o desafio da descolonização da Igreja e do pensamento hegemônico para avançar na proposta do cuidado com a casa comum, na perspectiva da Ecologia Integral, como condição para se repensar os caminhos da "Igreja com rosto amazônico". A grande maioria dos Bispos da Pan-Amazônia tem levado isso muito a sério e vem aprofundamento a temática da descolonização em suas bases pastorais, bem como elaborando propostas para se materializar a descolonização nas suas práticas e no pensamento teológico e eclesial.

Descolonizar o pensamento e as práticas é deixar-se *amazonizar*[5] com outros valores e conhecer e experimentar outras possibilidades de convivência com a Amazônia, sem necessariamente destruir suas riquezas naturais, fonte de vida e esperança para seus povos e para toda a humanidade. Durante a Assembleia Sinodal, o tema da descolonização veio à tona tanto nas propostas sinodais como nas práticas de muitos participantes. Um gesto concreto que representou a disposição profunda ao processo de descolonização foi a memória histórica do compromisso da Igreja da América Latina com os pobres, assumida no Concílio Vaticano II. Na metade dos trabalhos da Assembleia Sinodal, os participantes decidiram apresentar alguns compromissos que nasceram das reflexões do processo sinodal e que a Igreja já vem assumindo. Seguindo a mesma metodologia sinodal, os compromissos foram escritos de forma participativa, envolvendo bispos, sacerdotes,

---

[5] *"Amazonizar"* foi uma expressão ou neologismo que nasceu nas escutas sinodais e passou a ser utilizada para explicar a mudança de paradigmas com relação à Amazônia.

religiosos(as) e leigos(as) que participam da assembleia. Foram reunidos em um documento assinado em uma celebração na Catacumba de Santa Domitila, nas proximidades de Roma, na manhã do dia 20 de outubro de 2019, e entregue ao Papa Francisco no dia seguinte, com o título *Pacto das Catacumbas pela casa comum: por uma Igreja com rosto amazônico, pobre e servidora, profética e samaritana*. Os compromissos assumidos orientam possíveis caminhos para Igreja disposta a:

> assumir, diante da extrema ameaça do aquecimento global e da exaustão dos recursos naturais, o compromisso de defender em nossos territórios e com nossas atitudes a floresta amazônica em pé; reconhecer que não somos donos da mãe terra, mas seus filhos e filhas, formados do pó da terra; acolher e renovar a cada dia a aliança de Deus com toda a criação; renovar em nossas igrejas a opção preferencial pelos pobres, em especial pelos povos originários; abandonar, como decorrência, em nossas paróquias, dioceses e grupos toda espécie de mentalidade e postura colonialista; denunciar todas as formas de violência e agressão; anunciar a novidade libertadora do Evangelho de Jesus Cristo, na acolhida ao outro e ao diferente; caminhar ecumenicamente com outras comunidades cristãs no anúncio inculturado e libertador do Evangelho; instaurar em nossas igrejas particulares um estilo de vida sinodal; empenhar-nos no urgente reconhecimento dos ministérios eclesiais; tornar efetiva nas comunidades a nós confiadas a passagem de uma pastoral de visita a uma pastoral de presença; reconhecer os serviços e a real diaconia do grande número de mulheres; buscar novos caminhos de ação pastoral nas cidades; assumir diante da avalanche do consumismo um estilo de vida alegremente sóbrio, simples e solidário com os que pouco ou nada têm; reduzir a produção de lixo e o uso de plásticos, favorecer a produção e a comercialização de produtos agroecológicos, utilizar sempre que possível o transporte público; colocar-nos ao lado dos que são perseguidos pelo profético serviço de denúncia e reparação de injustiças (MODINO, 2019).

O Pacto das Catacumbas de Santa Domitila renovou e atualizou o antigo Pacto das Catacumbas originalmente redigido e assinado por quarenta Padres Sinodais participantes do Concílio Vaticano II, entre eles muitos bispos latino-americanos e brasileiros, no dia 16 de novembro de 1965.

A descolonização das práticas pastorais apresentadas no *Documento Final* da Assembleia Sinodal e retomada com insistência na *Exortação Pós-Sinodal "Querida Amazônia"* depende, necessariamente, da mudança de pensamento. Caso contrário, "não passará de pragmatismo". Os documentos do processo sinodal e seus desdobramentos inserem a Amazônia em um processo contínuo de rupturas profundas, necessárias e urgentes. Significa romper com a hegemonia do pensamento dominador, com as relações de poder e dominação pautadas no legado eurocêntrico.

Para romper com esse pensamento e construir os novos caminhos para a Igreja e para uma Ecologia Integral, faz-se necessário nos deixarmos "Amazonizar", com a participação ativa de todo o povo na construção do bem-viver, na defesa da Amazônia, de seu bioma e dos povos ameaçados em seus territórios. São vozes que se somam diante de uma realidade de muitas vidas injustiçadas, expulsas de suas terras, torturadas e assassinadas nos conflitos agrários e socioambientais, vítimas de uma política orientada pelo agronegócio e por grandes projetos econômicos desenvolvimentistas que não respeitam os limites da natureza nem a sua preservação.

Referências

COUTINHO, Leopoldo Magno. O conceito de bioma. *Acta botânica brasílica*, São Paulo, v. 20, n. 1, p. 13-23, jan./mar. 2006.

FRANCISCO. *Carta Encíclica "Laudato Si'"*: sobre o cuidado da casa comum. Brasília: Edições CNBB, 2015.

FRANCISCO. *Constituição apostólica "Episcopalis Communio"*. Roma: Editrice Vaticana, 2018. Disponível em: https://www.vatican.va/content/francesco/pt/apost_constitutions/documents/papa-francesco_costituzione-ap_20180915_episcopalis-communio.html. Acesso em: 23/04/2021.

FRANCISCO. *Encontro com os povos da Amazônia*. Discurso do Santo Padre – Coliseu Madre de Dios – Porto Maldonado, em 19 de janeiro de 2018. Disponível em: https://www.vatican.va/content/francesco/pt/speeches/2018/january/documents/papa-francesco_20180119_peru-puertomaldonado-popoliamazzonia.html. Acesso em: 20/04/2021.

FRANCISCO. *Exortação pós-sinodal "Querida Amazônia"*. Brasília: Edições CNBB, 2020.

GRONDIN, Marcelo; VIEZZER, Moema. *O maior genocídio da história da Humanidade*: mais de 70 milhões de vítimas entre os povos originários das Américas – Resistência e Sobrevivência. Toledo: Princeps, 2018.

MODINO, Luis Miguel. *Pacto das Catacumbas pela casa comum*: por uma Igreja com rosto amazônico, pobre e servidora, profética e samaritana. São Leopoldo: IHU, 2019. Disponível em: http://www.ihu.unisinos.br/190-sinodo/593633-pacto-das-catacumbas-pela-casa-comum-por-uma-igreja-com-rosto-amazonico-pobre-e-servidora-profetica-e-samaritana. Acesso em: 14/01/2020.

OLIVEIRA, Márcia Maria de. Cláudio Perani e o papel da educação popular nos paradigmas de libertação e transformação social na Amazônia. *Cadernos do CEAS*, v. 1, p. 242-261, 2018.

OLIVEIRA, Márcia Maria. Desafios e perspectivas do processo de preparação do Sínodo Especial para Amazônia. *Revista de Cultura Teológica*, ano XXVII, n. 94, p. 8-20, jul./dez. 2019.

REPAM. *Síntesis general de la red eclesial Panamazónica*: Asambleas Territoriales, Foros Temáticos, Contribuciones especiales y escuchas sobre el sínodo. Quito: Secretaría Ejecutiva de la REPAM, 2019.

SBARDELOTTI, Emerson. De Medellín a Puebla: uma Igreja em Saída. *Reveleteo: Revista Eletrônica Espaço Teológico*, v. 13, n. 24, p. 7-21, jul./dez. 2019.

SECRETARIA GERAL DO SÍNODO DOS BISPOS (SGSB). *Documento Preparatório do Sínodo Especial para a Amazônia*. Roma: Editrice Vaticana, 2018. Disponível em: http://secretariat.synod.va/content/sinodoamazonico/pt/documentos/documento-preparatorio.html Acesso em: 22/04/2021.

SECRETARIA GERAL DO SÍNODO DOS BISPOS (SGSB). *Instrumentum laboris*. Assembleia Especial do Sínodo dos Bispos para a Região Pan-Amazônica. Amazônia: novos caminhos para a Igreja e para uma ecologia integral. Roma: Editrice Vaticana, 2019. Disponível em: http://secretariat.synod.va/content/sinodoamazonico/pt/documentos/instrumentum-laboris-do-sinodo-amazonico.html. Acesso em: 22/04/2021.

SECRETARIA GERAL DO SÍNODO DOS BISPOS (SGSB). *Documento final*. Assembleia Especial do Sínodo dos Bispos para a Região Pan-Amazônica. Amazônia: novos caminhos para a Igreja e para uma ecologia integral. Roma: Editrice Vaticana, 2019. http://secretariat.synod.va/content/sinodoamazonico/pt/documentos/documento-final-do-sinodo-para-a-amazonia.html. Acesso em: 22/04/2021.

SOUZA, Jessé. *A construção social da subcidadania*: para uma sociologia política da modernidade periférica. Belo Horizonte: Editora UFMG, 2003.

ULLOA, Boris Agustín Nef; LOPES, Jean Richard. Sinodalidade, caminho de comunhão e unidade, segundo Atos dos Apóstolos. *Revista de Cultura Teológica*, ano XXVII, n. 94, p. 206-220, jul./dez. 2019.

VIEIRA, Ima Célia Guimarães; TOLEDO, Peter Mann de; HIGUCHI, Horácio. A Amazônia no antropoceno. *Ciência e Cultura*, São Paulo, v. 70, n. 1, p. 56-59, jan./mar. 2018.

V.
A Igreja e os desafios da comunicação

A Igreja e os desafios da comunicação

Luis Miguel Modino (CELAM; CNBB N 1)

A comunicação, provocar que as informações fluam, sempre foi um desafio na história da humanidade. Comunicar também é fundamental para um Deus que é Palavra, uma Palavra que se faz carne como modo de se dar a conhecer e se fazer presente na vida da humanidade.

Testemunhar Deus, anunciar o Evangelho, uma atitude fundamental naqueles que se dizem homens e mulheres de fé, é um modo de comunicar aquilo que a gente acredita, aquilo que sustenta a nossa fé pessoal e comunitária.

Atualmente entendo a comunicação como parte do meu trabalho pastoral, como resposta à missão que a Igreja tem me pedido neste momento da minha vida e da história da humanidade. Tenho até mesmo a sensação de estar fazendo mais pastoral agora, que passo horas, dias, semanas, na frente da tela do computador, do que no tempo em que fui pároco. No final das contas, trata-se de fazer Deus presente na vida do povo e de fazê-lo como resposta ao pedido da Igreja, com a que, mesmo nas limitações da gente e dela, pretendo caminhar.

Faço minhas as palavras de Dom Leonardo Ulrich Steiner, que ontem, dentro da programação deste 1º Congresso Brasileiro de Teologia Pastoral, na sua conferência "Desafios e perspectivas para a pastoral no Brasil hoje", ao falar sobre evangelização e pastoral, dizia vê-las "como duas palavras que guardam buscas e propõem dinâmicas do ser Igreja", mas sabendo que têm suas diferenças, insistindo em que se trata de "assumir a missão que Jesus nos confiou". Nesse sentido, ser comunicador na Igreja tem que ser entendido como a missão que Jesus nos confia.

Poderiam ser muitos mais, inclusive menos, no entender de algumas pessoas, mas pretendo refletir brevemente sobre 10 desafios para a comunicação da Igreja, tentando meditar sobre situações que vamos descobrindo e sobre as quais somos chamados a discernir para encontrar o caminho de Deus no mundo da comunicação.

1. Uma comunicação desde a escuta

Para poder comunicar, temos de ter disposição para a escuta. O Papa Francisco, na *Evangelii gaudium*, nos diz:

> Precisamos nos exercitar na arte de escutar, que é mais do que ouvir. Escutar, na comunicação com o outro, é a capacidade do coração que torna possível a proximidade, sem a qual não existe um verdadeiro encontro espiritual. Escutar ajuda-nos a individuar o gesto e a palavra oportunos que nos desinstalam da cômoda condição de espectadores. Só a partir dessa escuta respeitosa e compassiva é que se pode encontrar os caminhos para um crescimento genuíno, despertar o desejo do ideal cristão, o anseio de corresponder plenamente ao amor de Deus e ao anelo de desenvolver o melhor de quanto Deus semeou na nossa própria vida (EG, n. 171).

Escutar, no pensamento de alguém que, entre outras coisas, deve ser lembrado na história da Igreja como o mestre da escuta, nos ajuda a sermos fiéis, a não cair na tentação de comunicar respondendo a interesses pessoais, mas sim a partir da realidade com a qual nos deparamos no encontro com o outro. Escuto para assim poder comunicar os sentimentos, as ideias, a vida daquele com quem eu me encontrei. Diante disso, seguindo as palavras do Papa Francisco, se torna um desafio, na comunicação com o outro, nos situarmos não como espectadores, e sim como interlocutores, que comunicam Deus, mas que também descobrem a presença de Deus no outro.

2. Uma comunicação com uma linguagem compreensível

Será que o povo entende o linguajar eclesial? Deus se comunica na simplicidade. Jesus se empenhava, sobretudo nas suas parábolas, em usar uma linguagem facilmente compreensível, com exemplos e situações que faziam parte da vida cotidiana do povo.

Usar uma linguagem complicada faz com que sejamos infiéis ao pedido que Jesus faz aos seus discípulos, de anunciar o Evangelho. Temos de entender que, para que a mensagem chegue ao outro, ele tem que entender aquilo estamos comunicando. Adaptar-nos aos interlocutores sempre é um desafio; não adianta querer jogar a culpa nos outros, se usamos uma linguagem de difícil compreensão. As palavras ribombantes geralmente pouco ajudam nos processos comunicativos, mesmo sabendo que existem comunicadores, também na Igreja, que erradamente pensam que essas expressões complicadas são sinal de sabedoria, quando em realidade mostram o lado oposto, a falta de conhecimento.

A linguagem do Papa Francisco nos mostra que, para comunicar Deus, é possível fazê-lo com simplicidade, usando gestos, deixando os papéis de lado e falando sobre a vida, a própria e a do povo. Ser profundos com palavras simples é o caminho e o desafio a ser enfrentado.

3. Uma comunicação que mostra a vida escondida

Aquilo que não é conhecido não existe; esta afirmação deve nos levar a garimpar a vida escondida em todos os cantos. Na *Mensagem para o LV Dia Mundial das Comunicações Sociais*, o Papa Francisco nos adverte contra o "risco de um nivelamento em 'jornais fotocópia' ou em noticiários de televisão, rádio e *websites* que são substancialmente iguais"; um risco também presente na comunicação eclesial. Ele fala "de uma informação pré-fabricada, 'de palácio', autorreferencial, que cada vez menos consegue interceptar a verdade das coisas e a vida concreta das pessoas", e faz um chamado a "gastar a sola dos sapatos", a "encontrar pessoas para procurar histórias ou verificar com os próprios olhos determinadas situações" (FRANCISCO, 2021).

São muitas as histórias que temos contado em que se fez presente a vida do povo simples, daqueles que nunca estiveram no foco dos holofotes. São histórias cheias de Evangelho, testemunhas de uma vida doada pelas causas do Reino. Nós, desde a missão de comunicador, que quer mostrar a presença de Deus na história, temos que aprender a enxergar esses testemunhos, não ter medo de contar, de dar a conhecer. São pautas que dificilmente chegam prontas, mas que não podemos hesitar em correr atrás, pois nelas Deus está presente.

4. Uma comunicação desde as periferias

Trata-se de escutar a voz dos pobres, daqueles que foram colocados do lado da história, aqueles que Eduardo Galeano chama "*los nadies*", os "Zés-Ninguém", que o brasileiro fala, os descartados, que nos diz o Papa Francisco.

Na eclesiologia do Papa Francisco, a periferia é o centro, é o lugar que ilumina, confronta e purifica os espaços de poder. É o local a partir de onde nascem as mudanças em nível global, e também na Igreja. Nesse sentido, o Sínodo para a Amazônia, um processo do qual tive a graça de participar ativamente, se tornou um claro exemplo de que o discernimento nascido na periferia está gerando mudanças na Igreja universal, promovidas pelo sucessor de Pedro, que habita o centro da Igreja, mas tem o olhar e o coração nas periferias, e, por meio de diferentes *motu proprio*, está tornando uma realidade cada vez mais visível e universalmente aceita em uma Igreja sinodal e ministerial, sustentada nas periferias.

Comunicar essas experiências sinodais e ministeriais, muito mais presentes nas periferias, onde a capacidade para ir além, para fazer "propostas ousadas e corajosas", que o Papa Francisco tem pedido aos diferentes episcopados, é um grande desafio no mundo da comunicação eclesial. Isso vai gerando um conhecimento de realidades pouco presentes, inclusive inexistentes, no centro, mas que tem dado frutos abundantes nas Igrejas da periferia, como acontece com os ministérios femininos, os/as catequistas e animadores/as de comunidade, e outras realidades que já se tornaram presentes e que aos poucos o Papa Francisco está assumindo para a Igreja universal.

5. Uma comunicação profética

A comunicação é anúncio, mas também é denúncia. Apoiar as vítimas de realidades muito presentes na sociedade atual, muitas vezes culpabilizadas pela mídia, se torna mais um desafio para a comunicação eclesial. Migrantes, povos indígenas, vítimas do tráfico de pessoas, presidiários, moradores de rua... são pessoas que devem ser escutadas, denunciando, assim, o sofrimento que faz parte da vida delas.

A Igreja tem que ter lado, e esse lado é o lado dos pobres, dos descartados. Uma comunicação profética é uma boa expressão de uma Igreja em saída, samaritana, que se posiciona do lado das vítimas e da defesa da casa comum. Ficar calados, não mostrar os ataques contra a vida dos mais pobres e contra a mãe terra, algo cada vez mais presente na sociedade atual, também no Brasil, que tem sido escancarado pela pandemia, faz com que nossa comunicação perca seu sentido de missão pastoral a serviço da Evangelização, do Reino de Deus.

6. Uma comunicação para a transformação social

O mundo da comunicação tem sido visto tradicionalmente como o quarto poder, tendo um papel fundamental na transformação social. O grande risco da comunicação, também na Igreja, é ficar acima do muro ou servir os interesses dos grupos de poder, com uma comunicação que não questiona, não provoca reações, nos afasta de Jesus, que não deixou ninguém indiferente.

Construir novos caminhos gera conflitos, mas não podemos ter medo do conflito, pois é no conflito que avançamos. Contentar-se com a ausência de crítica, com um discurso politicamente correto, não nos ajuda a ir além e, com o tempo, provoca a falta de interesse, ao menos naqueles que devem ser destinatários importantes da comunicação eclesial, aqueles que estão fora dela, sempre importantes na visão pastoral de uma Igreja em saída, modelo de referência na eclesiologia do Papa Francisco e do próprio Jesus, preocupado com as ovelhas que não são do seu redil.

7. Uma comunicação em rede

Quem comunica desde a fé e visando anunciar o Evangelho não pode ver no outro um inimigo, mas sim um colaborador. A comunicação em rede, uma prática cada vez mais presente no mundo dos grandes veículos da comunicação, deve se tornar uma realidade inadiável para a comunicação eclesial.

Somos desafiados a somar forças, a entender que a comunicação eclesial tem como um dos seus desafios fazer chegar a Boa-Nova até os confins do mundo. A tecnologia favorece esse trabalho em rede, essa multiplicação de conteúdos e de experiências comunicativas. Temos de entender que não estamos sós a serviço de uma instituição eclesial, seja uma paróquia, uma diocese, uma pastoral, uma universidade..., mas sim a serviço da Igreja, que é católica, universal.

8. Uma comunicação sinodal

Uma Igreja sinodal é aquela que faz um convite a caminhar juntos, onde todos têm voz, uma Igreja de irmãs e irmãos onde o Povo de Deus se torna o sujeito principal da caminhada, uma Igreja horizontal. Entendo o conceito de comunicação sinodal como aquela que escuta a todos os que fazem parte da Igreja, inclusive os homens e as mulheres de boa vontade, que pretendem com suas atitudes tornar realidade um mundo melhor para todos e todas.

A comunicação eclesial muitas vezes está focada, quase sempre até demais, naquilo que é proferido pela hierarquia e que acontece dentro da "sacristia"; uma realidade que deve ser superada, como tem afirmado repetidas vezes o Papa Francisco. Essa Igreja sinodal se faz comunicação quando são dadas a conhecer as múltiplas experiências desse modo de viver o Evangelho espalhadas pelo Brasil e pelo mundo afora.

Não podemos esquecer que em muitas regiões do Brasil, especialmente na Amazônia, a Igreja continua viva porque, de fato, vive essa sinodalidade, que se faz presente no protagonismo de todo o Povo de Deus na caminhada eclesial cotidiana. E isso não pode deixar de ser comunicado, dado a conhecer.

9. Uma comunicação que evangeliza

Tudo aquilo que é feito na Igreja deve ser no intuito de evangelizar. Não podemos duvidar que uma boa comunicação evangeliza, anuncia a Boa-Nova, que é o pedido final que Jesus faz aos seus discípulos. Assumir a comunicação na Igreja como trabalho evangelizador é fundamental para quem se dedica a essa missão. Mas também a Igreja, como instituição, tem de entender que os diferentes meios de comunicação são mais do que necessários para que essa Boa Notícia chegue até os confins do mundo, inclusive do mundo virtual.

Investir em comunicação, formar os comunicadores, empenhar-se em cuidar do jeito de comunicar é se preocupar com o Evangelho. O discurso de Paulo no areópago ateniense é um bom exemplo da afirmação de que um bom modo de comunicar se torna instrumento de evangelização.

Ao mesmo tempo, quando o comunicador eclesial realiza seu trabalho, não deve procurar se tornar *influencer*, mas sim que o Evangelho, através da comunicação, influencie a vida das pessoas. Por isso, de novo tendo como referência as palavras de São Paulo, "ai de mim se não anunciar o Evangelho!", ai de mim se não entender que a comunicação está a serviço da evangelização!

10. Uma comunicação que gera esperança

A gente vive um momento histórico em que o desânimo parece ter tomado conta da vida de muita gente. A pandemia da Covid-19 acrescentou um sentimento que já fazia parte da vida da sociedade. Olhar o futuro com esperança e ajudar os outros a olhar o futuro com esperança se torna, portanto, mais um desafio da comunicação eclesial.

Não podemos permitir que a negatividade, o enfrentamento, a briga virtual tomem conta da vida das pessoas. Não podemos deixar que as notícias falsas, aquilo que coloca as pessoas para baixo, se instalem como referência, muitas vezes de forma única, na vida do povo.

Conclusão

O debate em torno da comunicação na Igreja é sem dúvida amplo e longo, ainda mais neste tempo de pandemia, em que a comunicação tem sido descoberta como elemento fundamental na vida da Igreja. Por isso, reconhecer e enfrentar os desafios, aqueles que elencamos e outros que respondem a cada realidade eclesial, deve se tornar um exercício contínuo.

À medida que a Igreja assumir esse caminho, o trabalho pastoral, o anúncio do Evangelho, se tornará mais questionador, conseguindo colocar as pessoas face a face com Deus, que sempre deve estar no centro da missão eclesial e também no âmbito da comunicação.

Referências

FRANCISCO. *Exortação apostólica "Evangelii gaudium"*: sobre o anúncio do Evangelho no mundo de hoje. São Paulo: Paulinas, 2013.

FRANCISCO. *Mensagem do Papa Francisco para o LV Dia Mundial das Comunicações Sociais*. "Vem e verás" (Jo 1,46): comunicar encontrando as pessoas onde estão e como são. Roma: Editrice Vaticana, 2021. Disponível em: https://www.vatican.va/content/francesco/pt/messages/communications/documents/papa-francesco_20210123_messaggio-comunicazioni-sociali.html. Acesso em: 30/04/2021.

A Igreja desafiada pela comunicação

Joaquim Giovani Mol Guimarães
(Arquidiocese de Belo Horizonte, PUC-Minas)

Desde sempre a Igreja se preocupa com a comunicação e dela se ocupa. Os modelos comunicacionais da Igreja, contudo, foram se transformando no decorrer da história, naturalmente. Houve momentos de comunicação mínima e momentos de grande comunicação. Há quem diga que estamos entrando no momento de comunicação máxima. A razão primeira e mais profunda para definir a relação da Igreja com a comunicação não é de ordem prática, funcional, instrumental, mas teológica e pastoral. Teológica, porque Deus é comunicação na medida em que, por sua livre e indulgente decisão, autocomunica-se (RAHNER, 1989, p. 145-170), em um processo de revelação que, inevitavelmente, provoca respostas de fé, formando um todo. A máxima e plena revelação de Deus se dá na pessoa de Jesus Cristo, que se confunde com seu Evangelho do Reino de Deus, elevando a comunicação ao seu patamar mais alto. Pastoral, porque o agir da Igreja no mundo é um agir como o agir do pastor, que remete ao único Bom Pastor, que deu sua vida por todos, Jesus Cristo. A Igreja evangeliza e "evangelizar é tornar o Reino de Deus presente no mundo" (EG, n. 176), ensina o Papa Francisco.

Aqui se compreende que a comunicação subjacente ao processo de evangelização não é simplesmente um tema a ser discutido, uma teoria a ser assimilada, uma técnica a ser aprendida, uma ferramenta a ser utilizada, mas algo que se torna realidade e se materializa em sinais do Reino de Deus presente no mundo, capazes de transformar a vida das pessoas e o mundo.

A Igreja não pode renunciar à comunicação. A sua comunicação é o seu anúncio, o seu anúncio é a oferta de Jesus Cristo. Por isso, o Concílio Vaticano II, o maior acontecimento eclesial do século XX, realizado na década de 1960, agora retomado em grande força espiritual, teológica e pastoral, pelo Papa reformador, fez publicar um documento específico para a comunicação, um dos primeiros dentre vários, que se inicia assim:

> Entre as maravilhosas (*inter mirifica*) invenções da técnica que, sobretudo no nosso tempo, a inteligência humana, com o auxílio de Deus, depreendeu das coisas criadas, a santa mãe Igreja com especial solicitude acolhe e promove aquelas que de preferência dizem respeito ao espírito do homem e abriram novos caminhos, ideias e ensinamentos. Entre essas invenções sobressaem os meios que, por sua natureza, são capazes de atingir e movimentar não somente indivíduos, mas toda a sociedade humana, como a imprensa, o cinema, o rádio, a televisão [não havia internet] e outras invenções deste gênero, que por isso mesmo podem ser chamadas meios de comunicação social (IM, n. 1).

E aqui está uma pérola: "... a Igreja sabe que esses meios, se retamente empregados, oferecem valioso auxílio ao gênero humano, por contribuírem eficazmente para recriar e enriquecer o espírito, propagar e consolidar o Reino de Deus" (IM, n. 2). Emanou-se daí a celebração anual, acompanhada de excelentes reflexões, do Dia

Mundial das Comunicações, como a definir o cenário que não deixa a comunicação em segundo plano.

Isso quer dizer que a Igreja, imperativamente, deve cuidar dos seus processos comunicacionais e confrontar-se com os desafios da comunicação, que não são poucos, muito menos triviais.

A comunicação da Igreja é ainda insuficiente e cheia de falhas. A Igreja tem dificuldade em sair do amadorismo no mundo da comunicação e, também, em investir fortemente em recursos humanos especializados e em infraestrutura, com boa logística e tecnologia. Os investimentos na comunicação demonstram o lugar que a comunicação ocupa na Igreja. Tais investimentos devem ser feitos naquilo que é essencial para a Igreja como comunidade dos discípulos-missionários de Jesus Cristo: na evangelização. A comunicação é processo e os processos são realizados pelas pessoas e as pessoas são realizadoras da comunicação que vai do silêncio oracional ao anúncio mais contundente para a humanidade: Jesus Cristo e o Evangelho do Reino.

Em vez de intitular este estudo como "a Igreja e os desafios da comunicação", considero a hipótese, mais realista e mais instigante, de chamá-lo "a Igreja desafiada pela comunicação". Não é uma questão semântica, mas uma questão de enfrentamento dos desafios, com vistas a possibilidades de superação e de qualificação da comunicação estratégica da Igreja, no mundo contemporâneo, caracterizado pela hipercomunicação.

1. Desafio da comunicação que não se confunde com informação

O primeiro, em cinco pontos a considerarmos, para deixar claro como a Igreja é desafiada no campo da comunicação, é o fato de a comunicação não se confundir com a informação, mas, antes, ser por ela integrada. Transformar a comunicação, em seu rico processo, em transmissão de informações, certamente, é reduzi-la. A informação, claramente, é o relato dos fatos, tais quais acontecem, de forma objetiva e não manipulada, por meio de uma notícia. O fato caracteriza a informação. Já a comunicação se define pelo processo que envolve a transmissão e o recebimento de informações, entre pessoas. As pessoas caracterizam a comunicação. Muitos na Igreja pensam que melhorar a comunicação é apenas cuidar da boa informação.

Comunicar é a aventura de desenvolver um processo pelo qual as pessoas se colocam em relação com a sua realidade e, a partir daí, passam a dialogar com o mundo, por meio da diversidade de linguagens existentes e constantemente recriadas pelos grupos humanos. A comunicação, portanto, permite e ao mesmo tempo capacita o ser humano a afirmar-se como pessoa viva, ativa na sociedade, empenhada em atuar por si, pelos seus e pela coletividade, todos imersos neste planeta Terra, a casa comum que, mais do que em qualquer outra época, necessita de cuidados.

A informação de qualidade tem que ser fidedigna para ter credibilidade. Já a comunicação, implicando a fidelidade, exige algo maior, a "cultura do encontro", a busca das pessoas nas periferias existenciais e sociais. A cultura do encontro impõe-se como regra magna dos processos comunicacionais da Igreja, porque a faz sair, ir, deslocar-se, reposicionar-se teológica e pastoralmente, incluindo os encontrados nas margens do caminho, nas periferias da existência, nas sarjetas e nas ruas, nos lugares mais longínquos onde as pessoas se encontram.

Esses e outros ensinamentos podemos aprender com o Diretório de Comunicação da Igreja no Brasil (CNBB, 2014), aprovado pela CNBB em 13 de março de 2014, exatamente um ano depois do início do ministério do Papa Francisco como Bispo de Roma, líder da Igreja católica e exímio comunicador.

2. Desafio de um Plano Estratégico de Comunicação

Se hoje é totalmente aceitável afirmar que nenhuma instituição pode dispensar o cuidado da comunicação, deverá ser igualmente claro que toda comunicação institucional necessita de planejamento. O planejamento da comunicação desafia a Igreja fortemente. Via de regra, os que não conseguem planejar a comunicação a entendem apenas como transmissão de informações e não como algo estratégico na evangelização.

A elaboração de um plano de comunicação exige o envolvimento de vários atores e precisa deixar clara a visão que esses atores têm da realidade onde se situam, aonde querem chegar com a comunicação, o que será feito e com quais ferramentas de comunicação, para avançarem de onde estão, até aonde desejam chegar, como uma missão.

A CNBB tem cuidado da comunicação durante os setenta anos de sua existência, e não se pode negar seus esforços. Mas só agora, por meio da Assessoria de Comunicação,[1] em conjunto com a Comissão Episcopal Pastoral para a Comunicação,[2] a Conferência possui o seu 1º Plano Estratégico de Comunicação, para o quadriênio 2019 a 2023. Este Plano propõe uma nova política de comunicação da Conferência.

---

[1] Os diretamente envolvidos na elaboração do 1º Plano Estratégico de Comunicação da CNBB, coordenados por Manuela de Oliveira Castro, assessora de comunicação da instituição, são: Bruno Feitosa, Larissa Carvalho, Luiz Lopes e William Bonfim, todos bons profissionais da comunicação.

[2] A Comissão Episcopal Pastoral para a Comunicação da CNBB é composta por Dom Edilson Soares Nobre, (bispo de Oeiras), Dom Neri José Tondello (bispo de Juína), tendo como assessores Pe. Tiago José Síbula da Silva (diocese de Santo André) e Manuela de Oliveira Castro (leiga de Brasília), presidida por Dom Joaquim Giovani Mol Guimarães (bispo auxiliar de Belo Horizonte).

Ele parte da percepção do contexto em que nos encontramos como Igreja, em meio a problemas, oportunidades de desafios, tais como os piores índices de desigualdade social; o esgarçamento e exaurimento da política; as polarizações ideologizadas por disputas políticas; o aprofundamento da economia neoliberal associada a perdas de direitos conquistados; as profundas mudanças culturais e no campo dos direitos humanos; o contínuo trânsito religioso dos brasileiros; as rápidas transformações no contexto informacional e comunicacional; questões relacionadas a linguagem, comunicação proativa, marketing digital, definição de uma linha editorial (ou dificuldades pela falta dela).

Aplicada a matriz SWOT,[3] que identifica e articula os pontos fortes e as oportunidades como enfrentamento dos pontos fracos e das ameaças, chegamos a formulações importantes para o desenvolvimento da comunicação, iluminada pelo magistério do Papa Francisco e por sua vasta vivência da comunicação na direção e animação da Igreja no mundo. O Papa Francisco, a título de exemplo, encara a comunicação como serviço a uma autêntica cultura do encontro; como caminho para criar pontes, favorecer a inclusão, a interação e o diálogo, e também para viver a comunhão humana; como facilitadora da Igreja em saída, pobre, como hospital de campanha a socorrer e curar pessoas. Tudo isso ajuda a entender por que está em curso um *rebranding* da comunicação da Igreja.

O Plano de Comunicação implica a escolha de bons princípios da gestão da comunicação. Posso citar a importância de caracterizar a gestão como integrada, dialógica, interativa, colaborativa, colegiada, de modo que essas e outras marcas incidam sobre a narrativa da nova comunicação da Conferência, para que a CNBB seja expressão da

---

[3] O termo SWOT é a abreviação das palavras em inglês: *Strengths* (Forças), *Weaknesses* (Fraquezas), *Opportunities* (Oportunidades) e *Threats* (Ameaças).

colegialidade episcopal, porta-voz da Igreja no Brasil, testemunha do Evangelho de Jesus Cristo na sociedade brasileira, expressão de comunhão inequívoca com o magistério e a pessoa do Papa Francisco, exemplo de casa da Palavra, do Pão, da Caridade e da ação Missionária, servidora dos pobres e excluídos, de todos quantos são feridos em sua dignidade humana.

Tudo isso exige estratégias bem pensadas a serem aplicadas à comunicação. Uma dessas estratégias é a parceria com a potente SIGNIS Brasil,[4] que reúne muitos meios de comunicação, capilarizados no país.

Por fim, descemos ao nível das ações que, sendo desenvolvidas, fazem cumprir aquilo que o Plano pretende. Dessa forma, foram traçadas ações para a Assessoria de Imprensa, Rádios, TVs, para as Campanhas da CNBB, para a comunicação digital e seu quase infinito de possibilidades, para fazermos um reposicionamento da marca CNBB, para a aplicação das Diretrizes Gerais da Ação Evangelizadora da Igreja no Brasil, para a intranet, para o complexo mundo das Redes Sociais da Conferência, além da criação de um Guia de Comunicação Integrada, em curso.

A Conferência Nacional dos Religiosos e Religiosas do Brasil (CRB), com o intuito de efetivar uma colaboração específica à comunicação da Igreja no Brasil, especialmente aquela praticada pela CNBB, em sintonia de propósitos e de missão com a Comissão

---

[4] A SIGNIS Brasil tem sido grande parceira da comunicação da CNBB e da Igreja no Brasil. Muitos colaboraram na construção da SIGNIS, como serviço de qualidade nos vários campos da comunicação. Opto por agradecer a todos por meio dos que hoje lideram a SIGNIS Brasil: Alessandro Gomes (presidente), Osnilda Lima (vice-presidenta), Luís Henrique Marques (secretário), Fr. João Romanini (tesoureiro), Pe. Sérgio Gueller (administrador financeiro), Ângela Moraes (SIGNIS Rádio), Ricardo Alvarenga (SIGNIS jovem), Geizom Sokashesk (SIGNIS TV), Ir. Helena Corazza (SIGNIS Educomunicação e Pesquisa), Luís Henrique Marques (SIGNIS Impresso), todos expertos em comunicação.

Episcopal Pastoral para a Comunicação, criou o Observatório da Comunicação Religiosa (OCR),[5] no Brasil, com a participação também da Comissão Brasileira de Justiça e Paz (CBJP). Esse Observatório tem a precípua tarefa de analisar e elaborar as críticas à comunicação religiosa. Funciona como uma espécie de *ombudsman*.

Na busca de uma melhor comunicação, em parceria com a CEPAC, a Pontifícia Universidade Católica de Minas Gerais (PUC-Minas) criou o Núcleo de Estudos em Comunicação e Teologia (NECT),[6] com a finalidade de pesquisar e produzir análises e elaborar propostas a serem ofertadas à CNBB e à Igreja no Brasil, com vistas a discernimentos, decisões e encaminhamentos balizados cientificamente. As pesquisas terão seus resultados publicados.

A CEPAC, atenta à necessidade e à urgência de aprofundar as questões referentes à comunicação, por causa do seu veloz desenvolvimento, da sua complexidade tecnológica e da sua capacidade

---

[5] O OCR é composto pelos seguintes especialistas em comunicação, personalidades de grande vulto: Ir. Maria Neusa dos Santos, CIIC (diretora de Comunicação televisiva do Santuário de Santa Paulina e coordenadora de comunicação da Rede Santa Paulina), Ir. Helena Corazza, FSP (diretora do SEPAC Paulinas, Serviço à Pastoral da Comunicação), Ir. Patrícia Silva, FSP (assessora de comunicação da CRB), Ir. Alan Patrick Zuccherato, CSsR, (diretor de programação da TV Aparecida), Pe. Antônio Iraildo Alves de Brito, SSP (diretor da FAPCOM, Faculdade Paulus de Tecnologia e Comunicação), Pe. Dário Bossi, MCCJ (provincial dos Missionários Combonianos), Prof. Robson Sávio (especialista em teoria e prática da comunicação, coordenador do NESP/PUC-Minas e membro do grupo de análise de conjuntura política da CNBB), Prof. Milton Rondó Filho (diplomata aposentado), Prof. Venício de Lima (professor emérito da Universidade de Brasília).

[6] O NECT reúne cinco doutores e doutoras, de alto nível, professores e pesquisadores em comunicação e alguns correlatos: Aline Amaro da Silva, Alzirinha Rocha de Souza, Moisés Sbardelotto, Vinícius Borges Gomes e Fernanda de Faria Medeiros, coordenadora do núcleo. A primeira pesquisa, já em curso e com acúmulo de informações de grande importância, é sobre os *digitais influencers*. Depois dessa empreitada, temos planos para fazer uma séria pesquisa sobre as TVs católicas e de inspiração católica no Brasil, confrontando suas programações e Cartas Editoriais ao próprio caminhar da Igreja e suas Diretrizes Gerais para a Ação Evangelizadora, principal norte de sinodalidade entre as (arqui)dioceses brasileiras.

de alcançar pessoas, recriou o Grupo de Reflexão em Comunicação (GRECOM), constituído de especialistas em comunicação,[7] para alimentar as reflexões sobre comunicação, subsidiar o aperfeiçoamento dos processos comunicacionais, trazer ao cotidiano da CEPAC e da própria Conferência as principais, mais desafiadoras e inovadoras evoluções no campo da comunicação em sua relação com a teologia, a pastoral e a evangelização.

É a Igreja desafiada pela inarredável necessidade de qualidade, que se expressa não só em um Plano Estratégico de Comunicação, vivo e não estático, com objetivos claros, como também em assessorias especializadas e olhares perspicazes. Não se pode perder o foco: a comunicação a pleno serviço das comunidades eclesiais, da Igreja-comunidade de discípulos-missionários de Jesus Cristo, no mundo contemporâneo.

3. Desafio da prática de novas e múltiplas linguagens

A Igreja está desafiada, em todas as suas formas de presença, pela linguagem. O desafio é a necessidade de admitir a diversidade de linguagens e utilizar as linguagens próprias dos grupos humanos, no tempo que se chama hoje. Linguagem refere-se à capacidade especificamente humana de comunicar. Não é possível uma boa comunicação hoje com linguagens de ontem. Não se trata, aqui, de fazer uma espécie de introdução à linguística (que estuda as linguagens) ou à semiótica (que estuda os signos e seus significados), mas de reafirmar a necessidade de a Igreja passar por um processo de conversão no

---

[7] Foram escolhidos a compor o GRECOM os seguintes peritos: Aline amaro da Silva, Andréia Durval Gripp Souza, Ir. Joana Puntel, Marcus Túlius Oliveira, Mozahir Salomão Bruck, Ricardo Alvarenga e Moisés Sbardelotto, atual coordenador do Grupo. Participam das reuniões, e das excelentes discussões sobre comunicação, todos os membros da CEPAC.

campo da linguagem. Muitas vezes a Igreja pensa que, para não perder o passado, é preciso renunciar ao presente; cultiva a linguagem do passado e abandona a exigência de novas linguagens do nosso tempo.

A linguagem é conteúdo, composto de vários itens, e não simplesmente um conjunto de palavras. Se não uso a linguagem digital, estou comunicando um conteúdo; se uso paramentos romano-tridentinos, estou comunicando um conteúdo; se nunca uso a expressão-chave, emblemática, programática, de alta densidade espiritual "Reino de Deus", estou comunicando um conteúdo; o comércio na Igreja, as falas sobre o dinheiro também comunicam conteúdos.

Mas a questão da linguagem tem uma abrangência ainda maior. O aprendizado da linguagem dos povos das periferias, das juventudes, das crianças de hoje, dos povos originários, das pessoas simples é indispensável à comunicação da Igreja, ao anúncio do Reino de Deus, à formação da consciência, à criticidade, à mobilização por causas humanas, socioecológicas. É indispensável, igualmente, às celebrações litúrgicas, às orações, às reflexões, à catequese, ao anúncio de Jesus Cristo e ao aprofundamento no mistério de Deus. Não é inadequado afirmar que, analogicamente, a Igreja fala uma língua desconhecida da língua falada pelas pessoas comuns e por grupos específicos. O afastamento por parte de muitas pessoas da comunidade eclesial se deve, muitas vezes, a essa incompatibilidade de linguagens, essencial à comunicação e ao entendimento, à aproximação e ao diálogo, à cultura do encontro, em nome de "falta de acolhida".

Um fator agravante é que a formação inicial dos novos padres, em seminários e, também, em institutos de formação filosófica e teológica, enquadra nos formandos a linguagem eclesiástica, excessivamente clericalista. É uma linguagem própria de "iniciados", que se torna indiferente à linguagem dos interlocutores. A conversão de linguagem, sinal de inculturação da fé, é crucial para a Igreja.

4. Desafio da disparidade e do despautério na comunicação da Igreja

A Igreja é desafiada forte e inusitadamente pela contracomunicação. O termo "contracomunicação" utilizado aqui não remete à discussão entre os meios de comunicação tradicionais ou inovadores e seus fins, mas a um tipo de comunicação em direção diversa e até contrária e contraditória à comunicação realizada pela Igreja.

A Igreja no Brasil define suas diretrizes evangelizadoras a cada quatro anos. Essas diretrizes deveriam afinar o "tom" comunicacional de todos aqueles que trabalham com a comunicação cristã, católica ou inspirada nesta fonte. Ocorre que há bispos, leigos e padres e até seminaristas que optam por travar uma contracomunicação na Igreja, na medida em que desconhecem e discordam das diretrizes traçadas. A contracomunicação é operada por meio de estações de TV, rádios, redes sociais e "púlpitos". Facilmente homilias, opiniões, reflexões são gravadas e postadas nas redes sociais. Com a mesma facilidade, os mesmos atores da contracomunicação, de maneira dissimulada ou declarada e contundente, manifestam suas discordâncias, ataques, agressões, incluindo *fake news*, difamações contra a CNBB, contra membros da Igreja, contra os posicionamentos da Igreja sobre diversos assuntos públicos, contra o anúncio por ela proclamado, o serviço por ela prestado, a comunhão por ela testemunhada e a celebração por ela realizada. Basta observar o que recentemente fizeram contra a Campanha da Fraternidade.

Esse tipo de desalinhamento é diferente da saudável diversidade na prática da comunicação, pois ele desvela a subjacente falta de colegialidade e de sinodalidade, que caracteriza operadores da contracomunicação pertencentes a movimentos religiosos de perfil mais fundamentalista e conservador, quase sempre de matriz pentecostal e neopentecostal, ideologicamente próximos de poderes políticos, econômicos e culturais reacionários e autoritários. Mas nem todos. Hoje há uma grande quantidade e variedade de *influencers digitais* e pessoas atuantes em comunicação que fazem o caminho "solo", sob seus critérios próprios, com suas equipes e equipamentos próprios, com suas atuações principalmente nas redes sociais, mas também em TVs e rádios.

É comum encontrarmos esses operadores da contracomunicação eclesial se apropriando da narrativa da unidade, como se eles fossem fiéis à Igreja e os demais, não; como se todos estivessem fora da comunhão e só eles vivessem a comunhão na Igreja. Como os discursos desse tipo de comunicação são baseados em apelos subjetivistas e sentimentalismos religiosos e realizados com alto grau de insistência e repetição, eles favorecem a captação – ou cooptação – de pessoas para os seus movimentos, bem como favorecem a arrecadação de recursos financeiros em dinheiro, imóveis, objetos de valor. A contrapartida é a prosperidade, são os milagres, sobretudo as curas e libertações de toda sorte de males.

Comunga na comunicação eclesial quem comunga na lide evangelizadora. Não comungam na comunicação da Igreja os agentes da comunicação que não se misturam aos demais evangelizadores: para a vivência comunitária da fé e sua celebração; para testemunhar o compromisso com os pobres feridos em sua dignidade de tantas formas brutais; para o constante aprendizado da catequese e o seu processo de iniciação à vida cristã; para expressar a comunhão ecumênica; para ser "Igreja em saída"; para acolher e aprender a respeitar os diferentes e diversos; para fazer da Igreja uma Igreja verdadeiramente sinodal; para recuperar o Projeto de Jesus e recolocá-lo na centralidade eclesial.

A contracomunicação na Igreja fere o corpo eclesial de Jesus Cristo. Ela só será superada por um processo de conversão, e não tanto pela comunicação em si mesma.

5. Desafio da comunicação sempre libertadora, sob pena de ser alienadora

As ciências sociais cuidam de definir o que é a alienação e aplicam o conceito desse termo às pessoas que se tornam alheias de si próprias ou em relação às outras pessoas, tendo como consequência a perda da liberdade, a submissão a outrem ou a instituições humanas e a subjugação a esforços corpóreos ou mentais, tais como trabalhos escravos ou aprisionamento de si mesmo, por razões econômicas, ideológicas, religiosas, sociais.

A alienação, terrivelmente, transfere para o outro o que é a pessoa, seus valores, seus sentimentos e inteligência, e até mesmo seus bens. O processo aprofundado da alienação leva a pessoa a desocupar-se do outro, a transferir para terceiros a sua responsabilidade, a afastar-se, desviar-se e separar-se, perder a estima e a empatia, indispor, malquistar, inimizar, alucinar-se. A alienação conduz ao enlouquecimento.

Aprecio muito o que diz o filósofo Byung-chul Han, porque ele associa o estado de perda da liberdade – alienação – ao sistema econômico que mais manipula o interior das pessoas.

> O neoliberalismo é um sistema muito eficiente – diria até inteligente – na exploração da liberdade. Tudo aquilo que pertence às práticas e formas de expressão da liberdade, como a emoção e a comunicação, é explorado. Explorar alguém contra a sua vontade não é eficiente e torna o rendimento muito baixo. É a exploração da liberdade que produz o maior lucro. É somente na comunidade que a liberdade pessoal é possível (HAN, 2020, p. 11).

Com isso é possível identificar a força com a qual é necessário reafirmar que toda verdadeira comunicação liberta, senão, aliena.

Não é comunicação, no sentido que trabalhamos, o processo de captura da liberdade, que aliena as pessoas e as subtrai da comunidade. A comunicação da Igreja precisa facilitar que cada pessoa tome posse de si mesma, de maneira livre e consciente, e, ao mesmo tempo, favorecer a comunidade a se constituir na força de sua fé em Jesus Cristo, para, por fim, contribuir na construção de um novo mundo possível, a partir de uma sociedade do bem viver para todos, especialmente para os pobres.

A comunicação que liberta é aquela que favorece o que o Papa Francisco oportuna e inoportunamente diz: a cultura do encontro.

Referências

CNBB. *Diretório de comunicação da Igreja no Brasil*. Brasília: Edições CNBB, 2014.

CONCÍLIO VATICANO II. *Decreto "Inter mirifica"*: sobre os meios de comunicação social. São Paulo: Paulus, 1997.

FRANCISCO. *Exortação apostólica "Evangelii gaudium"*: : sobre o anúncio do Evangelho no mundo contemporâneo. São Paulo: Paulinas, 2013.

HAN, Byung-Chul. *Psicopolítica*. 7. ed. Belo Horizonte: Âyiné, 2020.

RAHNER, Karl. *Curso fundamental da fé*: introdução ao conceito de cristianismo. São Paulo: Paulus, 1989.

VI.
O significado da sinodalidade para a pastoral

Experiência de sinodalidade

Antonio Manzatto (PUC-SP)

Introdução

Sinodalidade parece ser a palavra da moda por conta das iniciativas do Papa Francisco, expressas na proposta da Assembleia Eclesial da América Latina e do Caribe e na do Sínodo dos Bispos; iniciativas, aliás, que já estão em trâmite e têm a sinodalidade como tema e método. Por conta disso, muito se tem discutido sobre o significado e alcance da noção de sinodalidade dentro da Igreja, com algumas correntes olhando mais a questão jurídica e outras olhando para seu impacto pastoral.

De certa forma, sinodalidade é a maneira de se compreender a proposta de convivência e de fraternidade do cristianismo, naquilo que alcança o nível das decisões conjuntas e das definições que a todos atinge. Compreendido assim, o caminho conjunto que se quer andar, entendendo-se que o significado da palavra "sinodalidade" seja esse, aponta para formas de se alcançar o viver em conjunto, que chamamos "convivência".

A maneira mais concreta de apontar tal realidade é a comunidade. Uma das características mais essenciais do cristianismo é a formação de comunidades, e isso ficou claro quando, há algum tempo, trabalhou-se bastante a noção de comunhão, desde, por exemplo, o Sínodo dos Bispos de 1985, que afirmava os princípios da eclesiologia de comunhão, até o Documento de Aparecida, que faz do tema um de seus eixos mais estruturantes.

Na realidade, depois de Jesus, os apóstolos entenderam como historicizar o Reino de Deus, instaurado pelo Messias em sua Páscoa, por meio da formação de comunidades. Suas andanças e pregações resultaram no aparecimento de comunidades, que, guardando suas especificidades e características locais, afirmavam a fé na messianidade de Jesus. Os problemas, questões e dificuldades, de ordem teológica e organizacional, foram enfrentados em conjunto, seja na pequena comunidade, seja mediante encontros de maior impacto, como o Concílio de Jerusalém (At 15).

Mais tarde, quando o cristianismo alcançava já sua oficialização no Império, a realidade da Pentarquia exigiu a formalização da dimensão sinodal. As Igrejas regionais passaram a encontrar-se para decisões que pudessem fundamentar o exercício da comunhão, até que se chegou, com essa proposta, a toda a *Oikoumene*, por meio da realização de Concílios.

A partir daí, sinodalidade passou a apresentar um caráter jurídico cada vez mais preciso e exigente. Tal realidade, com tudo de positivo que possa incluir, acabou por ocultar a grandeza da realidade sinodal como acontecimento eclesial. Fazer um caminho conjunto requer consciência de participação, ou seja, mais do que o simples cumprimento de normas ou rubricas.

A realização recente do Sínodo para a Amazônia ensinou, de forma muito concreta, a vivência do ambiente sinodal, que parecia ter sido esquecido nas areias do tempo, exatamente pelo fortalecimento das posições mais jurídicas, e que pode renascer com força das águas dos rios amazônicos como proposta de vivência da fé, como Igreja do século XXI.

1. Vaticano II

É sabido que o Concílio Vaticano II provocou reformas na vida da Igreja, como as da liturgia, por exemplo. De um ponto de vista eclesiológico, provocou autêntica revolução quando retomou duas grandes compreensões antigas que proporcionaram a consciência da sinodalidade: a Igreja como Povo de Deus e a colegialidade episcopal.

É certo que a colegialidade não é a única forma de se viver a sinodalidade, mas é importante, se não determinante, para sua compreensão. Afinal, da experiência da colegialidade episcopal é que nasce a percepção da normatividade jurídica da vivência sinodal. A convicção de que o bispo não é isolado em seu ministério, mas faz parte do Colégio Episcopal, sucessor do grupo dos Doze Apóstolos, norteia a compreensão de que o múnus episcopal não é simplesmente pessoal, mas fundamentalmente coletivo. Quando passa a integrar o colégio episcopal, *cum Petro et sub Petro*, o bispo tem seu ministério compreendido como serviço a uma Igreja local e na solicitude por todas as Igrejas. Da experiência de sinodalidade autenticamente vivida durante o Concílio, nasceu a proposta da organização do Sínodo dos Bispos como maneira de dinamizar a colegialidade episcopal, tornando-a visivelmente permanente.

A compreensão da Igreja como Povo de Deus reconhece a dignidade de todos os seus membros, fazendo com que a consciência eclesial ultrapasse a simples percepção de sua constituição hierárquica para poder ser experienciada como a formação do grande Povo que caminha na história, na direção do Reino definitivo. Deus quis dar-se um povo, essa é a convicção maior (LG, n. 9), que ultrapassa os limites do intimismo individualista para a afirmação de que todos os batizados são sujeitos eclesiais, iguais em dignidade e na responsabilização pela vivência da fé eclesial.

Dessa noção eclesiológica deriva a compreensão do sacerdócio comum dos batizados e, ligada a ele, a corresponsabilidade e ministerialidade da Igreja. Supera-se o clericalismo, tão criticado recentemente pelo Papa Francisco, por meio da compreensão de que o sacerdócio ministerial não se confunde com o sacerdócio comum, mas estão orientados um ao outro de maneira que a Igreja não se explica por alguns que dizem a outros o que fazer, mas sim pela vivência da experiência sinodal, ainda que sem esse nome.

2. Experiências de sinodalidade

Como foi dito, a vivência sinodal experimentada durante o Concílio foi vista como benéfica para a Igreja, tanto que se pediu sua continuidade e permanência. Na impossibilidade de um Concílio permanente, surgiu a proposta do Sínodo dos Bispos, posta em ação por São Paulo VI. A colegialidade episcopal assumiu, assim, sua grandeza, que se esparramou por toda a Igreja. Concretamente, das assembleias do Sínodo dos Bispos passaram a participar também outras pessoas, como no Sínodo para a Amazônia ou naqueles sobre a família. Dessa forma, mais que eventos episcopais, constituíram-se em verdadeiros acontecimentos eclesiais.

Assim também aconteceu com as Conferências Gerais do CELAM, que, por conta de sua importância e da repercussão que alcançaram, tornaram-se verdadeiras experiências de sinodalidade. Ainda que acontecendo como reunião episcopal, afinal o CELAM é o Conselho Episcopal Latino-Americano, suas conferências gerais admitiram a presença de outras pessoas, ainda que sem voto, e contemplaram temas que foram além da simples perspectiva episcopal. Afinal, essas assembleias foram preparadas nas Igrejas locais e acompanhadas por sua atenção e orações. Por isso, foram verdadeiros eventos eclesiais latino-americanos, como se anuncia também a próxima Assembleia Eclesial do continente.

Também as assembleias da Conferência Nacional dos Bispos do Brasil constituíram modelos de vivência da colegialidade episcopal. Em tempos não tão distantes, a CNBB foi visível forma de sinodalidade, porque uniu a Igreja toda do Brasil, na preparação, no acompanhamento e na prática das conclusões das suas assembleias. Bispos da grandeza de Dom Aloísio Lorscheider, Dom Ivo Lorscheider ou Dom Luciano Mendes de Almeida, por exemplo, fizeram com que aquele evento eclesial ultrapassasse, inclusive, as fronteiras da Igreja, interessando a toda a sociedade brasileira. Foram anos de experiência de sinodalidade eclesial que, com o tempo, se transformou, por conta do inverno eclesial que a todos contaminou.

3. Sinodalidade das Assembleias Pastorais

Experiências de sinodalidade ainda foram aquelas vividas um pouco pelo Brasil todo, quando da realização das Assembleias pastorais, que construíram não poucos Planos de Pastoral nas Igrejas particulares do país. Experiências semelhantes foram vividas por toda a América Latina e em outros lugares do mundo, e aqui relembro as experiências vividas na Arquidiocese de São Paulo nos tempos em que Dom Paulo Evaristo Arns ali foi arcebispo metropolitano. Neste ano em que se celebra o centenário de seu nascimento, o momento é oportuno para relembrar alguns dados de seu trabalho pastoral.

Em 1970, Dom Paulo Evaristo foi nomeado Arcebispo de São Paulo pelo Papa São Paulo VI. Já em 1972, ele lançou a Operação

Periferia e, em 1976, implantou o I Plano Pastoral da Arquidiocese de São Paulo, que vigorou até 1978. Concomitantemente, iniciou a descentralização da administração arquidiocesana com a definição territorial das Regiões Episcopais e a nomeação de vigários-gerais, depois bispos auxiliares, para encabeçá-las. A proposta era que essa descentralização favorecesse a proximidade do contato pastoral, muito mais que a agilidade administrativa dela decorrente. Dom Paulo trabalhava de forma colegiada e, com a chegada dos bispos auxiliares, vivia autêntica colegialidade episcopal.

Passou-se a organizar, regularmente, Assembleias Pastorais em diversos níveis para pensar, agilizar e rever a prática pastoral arquidiocesana. Eram verdadeiras assembleias de caráter sinodal, relacionadas, então, aos planos pastorais que passaram a ser trienais e que foram de forma participativa preparados, acompanhados e avaliados. Foram assembleias acontecidas nos setores, às vezes também nas paróquias, nas regiões e, finalmente, no nível arquidiocesano. A palavra de ordem, na época, não era sinodalidade, mas participação; por isso, a presença laical era forte e constitutiva do ambiente pastoral arquidiocesano. Aliás, a presença de responsabilidade laical era tão marcante, que padres mais conservadores reclamavam que não podiam exercer seu poder, pois os leigos sempre venciam as votações!

O esquema de participação era verdadeiramente eficiente. Iniciavam-se as assembleias nas comunidades, sempre muito abertas e participadas na discussão dos assuntos e na definição de propostas; depois se passava às paróquias, daí aos setores e depois para as regiões, culminando no grande evento arquidiocesano. Na volta, passando pelos mesmos níveis, a concretização da efetivação do Plano de Pastoral.

Dos anos 1970 aos anos 1980, São Paulo trabalhou eficazmente com quatro prioridades, repetidas nos Planos Pastorais elaborados em continuidade: Pastoral da Periferia, Comunidades Eclesiais de Base, Pastoral do Mundo do Trabalho e Direitos Humanos. Por um lado, tais prioridades seguiam os caminhos da Igreja no Brasil, em autêntica caminhada de comunhão; por outro, respondiam à realidade e às necessidades da sociedade brasileira, especificamente a paulistana. O fato de serem prioridades definidas de maneira democrática, por votação ampla, não é o aspecto mais importante, mas sim a efetiva participação de todos os setores eclesiais, a qual levava, no final, à escolha das prioridades e à consequente responsabilização na concretização de ações que as efetivavam. Constituíram-se como prioridades de uma Igreja, dando-lhe unidade, direção e identidade.

Fazer um caminho em conjunto não é apenas definir aonde se quer chegar, mas também por quais sendas se deve andar, de que maneira se vai caminhar. A participação efetiva supõe, necessariamente, uma realidade em falta na atualidade: o diálogo. E, quando se fala em diálogo, há que se perceber que é fundamental a capacidade de ouvir. Aquelas Assembleias Pastorais eram espaços onde todos podiam falar: leigos, presbíteros, assessores, especialistas, gente mais simples, todos podiam falar e ser ouvidos. Mesmo os bispos falavam, participando das discussões e entrando na "fila do povo" para usar o microfone. Todos eram tratados com o mesmo respeito e o reconhecimento de sua dignidade eclesial.

No recente Sínodo para a Amazônia, contam que o Papa Francisco ouvia atentamente tudo aquilo que se falava e se discutia. Sínodo é ambiente onde o diálogo é ferramenta operacional, lugar onde autoridades e especialistas ouvem a fala do povo. É importante dar a palavra a quem normalmente não é ouvido.

Naquelas Assembleias Pastorais organizadas por Dom Paulo, ouvindo as vozes todas da cidade, a Igreja aprendeu que, para ser ouvida pela sociedade, é preciso ouvi-la primeiro. O que havia sido preconizado na *Gaudium et spes* e ensaiado nas Conferências de Medellín e Puebla tornava-se realidade em uma Igreja que escuta a realidade e age para transformá-la mediante efetiva prática evangelizadora. A Igreja de comunhão e participação anunciada e buscada por Puebla era uma Igreja sinodal que se fazia presente na história, que motivava e responsabilizava a todos, e que acabou se tornando referência para a ação eclesial em todo o país.

É claro que não faltaram, como não faltam ainda hoje, críticas dos descontentes, que se queixavam do "esquecimento da espiritualidade" e do fato de que "os leigos mandam e não podemos fazer nada". O fato é que essa Igreja ajudou a transformar o país, efetivamente modificando a realidade. O que acabou com essa prática sinodal não foi seu fracasso, que não aconteceu, mas sim o clericalismo e o devocionismo dos movimentos eclesiais.

4. Para terminar

Um dos grandes embates assumidos pelo Papa Francisco foi a denúncia do clericalismo. Segundo o Papa, ele precisa acabar, porque não constrói a Igreja e impede sua inserção no mundo, como bem o demonstra o combate atual contra os ensinamentos do Concílio Vaticano II. Mesmo depois de tanto tempo, mesmo depois de experiências bem-sucedidas, continua-se ainda a viver em tempos clericais, muitas vezes capitaneados pelos próprios bispos, no que são seguidos pelos movimentos eclesiais, porque tal comportamento lhes interessa.

Sabe-se pela experiência que os movimentos criam e desenvolvem os próprios movimentos, e não a Igreja. Por essa razão, na maioria das vezes, não se envolvem na Igreja local e formam guetos, não comunidades. O clericalismo lhes convém como afirmação de hierarquização, subserviência e elitização, em efetiva separação do "nós estamos certos, os outros não". Os movimentos não são sinodais em sua essência, muitos se caracterizando como se fossem verdadeiras seitas, como já foi denunciado.

A experiência aqui lembrada tem como ponto importante a dinâmica da sinodalidade enquanto espaço de participação e lugar onde se ouve a sociedade, o mundo, a realidade concreta. Afinal, em sua oração Jesus diz: "Não peço que os tireis do mundo, mas que os preserveis do mal". A ação evangelizadora não pode partir simplesmente de ideais sonhados ou de conceitos abstratos, mas da realidade concreta e, por isso, ouvi-la é condição indispensável para que a evangelização seja efetiva.

Evangelizar é anunciar a Boa Notícia da chegada de Deus e de seu Reino. Não se percebe tal chegada se não há consciência da realidade. Por isso, durante muito tempo se falou que era preciso ver a realidade, olhar para ela. Ainda se insiste nisso, atualmente, dizendo que é preciso ouvi-la, sobretudo tendo os ouvidos direcionados aos clamores dos mais pobres e sofredores.

Referências

ARQUIDIOCESE DE SÃO PAULO. *I Plano de Pastoral*, 1976-1978, mimeo.

ARQUIDIOCESE DE SÃO PAULO. *II Plano de Pastoral*, 1979-1980, mimeo.

ARQUIDIOCESE DE SÃO PAULO. *III Plano de Pastoral*, 1981-1983, mimeo.

CELAM. *Documento de Puebla*: a evangelização no presente e no futuro da América Latina. Petrópolis: Vozes, 1982.

CELAM. *Conclusões da Conferência de Medellín*, 1968. Edição revisada, atualizada e traduzida da edição oficial em espanhol, por Fr. Manuel Jesús R. Blanco. São Paulo: Paulinas, 1998.

SOUZA, N. (org.). *Catolicismo em São Paulo*: 450 anos de presença da Igreja Católica em São Paulo (1554-2004). São Paulo: Paulinas, 2004.

VATICANO II. *Gaudium et spes* e *Lumem gentium*. In: COMPÊNDIO DO VATICANO II: Constituições, Decretos, Declarações. 29. ed. Petrópolis: Vozes, 2000.

O significado da sinodalidade para a pastoral pós-pandemia

Rosana Manzini (PUC-SP)

Introdução

Muito tem sido falado sobre sinodalidade, tema necessário e urgente; porém, o que me tem trazido uma longa reflexão é a questão da pastoral no pós-pandemia. Na verdade, e creio até que pela necessidade psicológica de mantermos nossa saúde mental, nos obrigamos a pensar que essa pandemia irá terminar quando todos formos vacinados e, assim, voltaremos a uma realidade anterior a março de 2020. Não iremos voltar! Espero que não voltemos! Porque, na verdade, não vivíamos uma realidade de vida, socioeconômica e política, que merecesse uma volta. E isso está profundamente relacionado com nossa vida pastoral.

A pandemia nos jogou, contra nossa vontade, em outro patamar de compreensão da vida e, por consequência, também da vida eclesial, e pensar a sinodalidade em tempos pós-pandêmicos se torna um grande desafio para todos nós, porque, na verdade, vivemos no incerto, não sabemos realmente como será e o que ainda irá acontecer.

Nesse momento, parece que estamos entorpecidos, vivendo um dia após o outro, querendo apenas sobreviver.

Mas, como nos orienta Francisco, não é "se preparar para o futuro", mas "preparar o futuro" (SENÈZE, 2021). E o caminho parece difícil e muito exigente.

1. O antes e o depois

A pandemia desvelou, tirou o véu de uma realidade que, para muitos, era oculta, mas estava ali havia muito tempo. Como disse, muitos problemas socioeconômicos e políticos eram camuflados, atingindo também setores eclesiais, determinando assim uma prática pastoral alienante. Uma pastoral que não se debruça em um *ver* real dificilmente conseguirá responder aos desafios impostos por ela. Na verdade, isso não era novidade; muitos pesquisadores, cientistas sociais, teólogos vinham alertando sobre essa realidade. A pandemia chega e

> o sistema imperante fica ileso da autocrítica de suas decisões e opções históricas inconsequentes com a vida do planeta. Ora, a busca de um culpado possibilita ao sistema se refazer por *dentro* para continuar o *velho normal de sempre*: aumentar seus lucros e livrar-se das responsabilidades da fome, das destruições planetárias e das hecatombes mundiais. O sistema, dessa forma, segue a lógica de sempre: se antes se culpabilizavam os pobres pelos fracassos do sistema, agora o alvo é a pandemia. Ela se torna a vilã e em nome dela se defende um pacote de medidas que contrariam os direitos trabalhistas e se justificam mais sacrifícios para o planeta e para os pobres (MAZZAROLO; ZANNINI, 2020, p. 735).

O vírus desestabilizou o sistema responsável por essa situação e, com isso, desestabilizou também a própria pastoral, já que, como disse Francisco, não nos detivemos perante os teus apelos, não despertamos face as guerras e injustiças planetárias, não ouvimos o grito dos pobres e do nosso planeta gravemente enfermo. Avançamos, destemidos, pensando que continuaríamos sempre saudáveis em um mundo doente (FRANCISCO, 2020).

Fomos nos *com formando*, tomando a forma de tudo aquilo que negava nossas utopias, que era contrário às nossas expectativas de uma Igreja seguidora do Mestre. Não entendemos ou, o que é pior, não quisemos entender que, de modo sorrateiro, fomos adoecendo, e fomos adoecendo pastoralmente. É interessante também perceber que, mesmo diante desse adoecer civil e eclesial, muitas vozes buscaram e buscam nos trazer saúde, restaurar-nos a lucidez.

Essa doença era perceptível quando, na pastoral, os espaços que se relacionavam com as questões sociais foram diminuindo, perdendo importância e, principalmente, as pastorais sociais já não encontravam espaço nem quem as levasse adiante. Fomos, em tantos casos, nos isolando dentro de uma pseudossegurança, de uma vida eclesial "segura". Fomos deixando a escuta de um mundo que gritava fora dos muros que construímos, contrariando assim tudo o que o Concílio nos indicou. Fomos nos acomodando dentro de nossa "bolha".

A sinodalidade, sempre necessária, se torna hoje uma grande possibilidade de cura desse adoecimento que nos acomete.

Não é necessário mais explicar o que é sinodalidade, mas é urgente que esse redescobrir a sinodalidade nos leve à consciência de que a escuta e o diálogo são inerentes à missão da Igreja, e escutar não é um simples ouvir. Escutar hoje se tornou um grande desafio para a Igreja em todas as suas instâncias. Muitas dessas instâncias, cristalizadas, insistem em uma postura de manutenção de um *status quo* que se mostra contrário à Boa-Nova (APOLINÁRIO, 2020, p. 83-96). Constatamos que, nesse pontificado, por ação da Graça, existe um forte empenho no resgate de uma Igreja sinodal, que verdadeiramente incorpore todos os seus membros.

Entendemos que a construção de uma "Igreja em saída", em tempos pandêmicos, pede justamente uma "Igreja hospital de campanha", ou seja, uma Igreja que em tempos de guerra escute e aja na cura dos chagados. Parece óbvio, mas não é. Nestes tempos encontramos muita resistência das mais diversas ordens: dificuldades em aceitar as mudanças, medo de perder o poder, novos grupos que surgem com experiências desastrosas, grupos a serviço de ideologias extremamente conservadoras e com apoio de alguns episcopados, grupos negacionistas religiosos, laicato com péssima formação humano-teológica, autorreferencialidade.

Diante dessa realidade, o real exercício da sinodalidade requer uma transformação interna que, aí sim, seja refletida na sua organização. Muito difícil a escuta em uma estrutura piramidal. O vértice não consegue escutar o que se fala e se vive na base, mais difícil ainda é caminhar em comunhão se a compreensão de Povo de Deus, como igualdade batismal, permanece como um dado quimérico.

2. Tempos pós-pandêmicos

Vivendo este tempo de incertezas, sentimo-nos ameaçados, com medo. Fomos brutalmente arrancados do nosso *tram-tram* da vida. E são inúmeras as perguntas sobre o depois. Paradoxalmente, da crise imposta pela pandemia surge a oportunidade de construir um mundo novo e uma nova pastoral. Estamos diante de uma oportunidade para "reconstruir uma Igreja que se tornou, ela mesma, obstáculo para a evangelização" (BAUER, 2021).

Constatamos que nossa vida eclesial, nas diversas formas de pastoral, era vivida dentro da lógica da manutenção (em time que está ganhando não se mexe). Estávamos ganhando o quê? Porém, quando chegou o vírus, tivemos que nos confrontar com esse modelo de manutenção. Foi interessante que, diante do isolamento, a única coisa que fizemos foi a transferência desse tipo de pastoral para as redes. As *timeline* foram invadidas por missas, terços....O tempo de pandemia e os pós-pandêmicos requerem uma renovação eclesial que responda a esse novo e enorme desafio. E essa renovação deverá atingir a linguagem e a própria estrutura eclesial, para que ocorra uma evangelização que responda eficazmente a esse novo tempo que já vislumbramos (APOLINÁRIO, 2020, p. 83-96). Muito desse novo que nos assusta veio para ficar.

Maria Cecília Domezi, teóloga, e Evaldo Apolinário apresentam em seus artigos os pontos principais para serem analisados, e os apresento aqui, pois comungo do pensamento deles. Um novo tempo virá também para a própria Igreja e, ou nos preparamos para enfrentá-lo, ou ficaremos para trás. Um novo dinamismo é necessário, porque não podemos mais permanecer acomodados em templos grandes e lotados, porém vazios de ação missionária (DOMEZZI, 2020). O mundo do lado de fora grita e não nos podemos fazer de surdos. Quais desafios nos esperam? Uns já estão há um bom tempo sendo questionados e não ouvidos.

2.1. Superação do clericalismo

O Papa Francisco tem insistido fortemente sobre o clericalismo, demonstrando em tantas ocasiões que esse mal vai contra toda possibilidade de experienciar a sinodalidade.

"E o clericalismo, que não é só dos clérigos, é um comportamento que diz respeito a todos nós: o clericalismo é uma perversão da Igreja" (FRANCISCO, 2018). Lutar contra o clericalismo é lutar contra um poder instalado nas estruturas eclesiásticas, que nega a eclesiologia conciliar e principalmente os valores evangélicos, os quais constroem uma verdadeira comunidade onde todos têm lugar e voz respeitados.

2.2. Dignidade do laicato

Só superar o clericalismo não basta; é necessário que a figura do leigo ocupe de fato seu lugar. Isso só atingirá a todos na Igreja quando houver uma profunda mudança de mentalidade em seus membros, principalmente no que diz respeito à hierarquia (APOLINÁRIO, 2020, p. 83-96). A sinodalidade pressupõe a escuta real de todos os membros da comunidade, mas uma escuta efetiva, que demonstre claramente a participação, seja nas decisões tomadas, seja na forma de condução dos projetos e da caminhada da comunidade. O papel do leigo não pode ser reduzido a simples executor das decisões do clero, mas, dentro de sua vocação própria, é preciso reconhecê-lo em sua dignidade de pertença à Igreja, consciente de sua missão.

Dentro desse reconhecimento, destacamos a participação das mulheres, maioria na Igreja. "Se somos honestos, sabemos que ainda não chegou a participação plena das mulheres na vida da Igreja" (SOSA, 2017).

2.3. Reanimar a vida eclesial nas pequenas comunidades

> Será imprescindível a atuação de muitas pequenas comunidades eclesiais missionárias nas ruas, condomínios, aglomerados, edifícios, unidades habitacionais, bairros populares, povoados, aldeias e grupos de afinidade. No encontro de comunidades que celebram a Eucaristia, sacramenta-se a privilegiada comunhão com a Igreja local, os vínculos fraternos se fortalecem, partilha-se a vida, há compromisso em projetos comuns e impulsiona-se a missão em meio à sociedade (CNBB, 2019-2020).

A importância de reanimar a vida nas pequenas comunidades se faz mais urgente do que nunca. O que enfrentaremos no tempo pós-pandêmico faz com que a união e a solidariedade se tornem possibilidades de resistência. Sem dúvida nenhuma, perdemos muito quando deixamos de incentivar essas comunidades, perdemos em organização, perdemos em vida de Igreja, perdemos em luta por vida digna. Agora é hora de essas comunidades serem realmente inseridas nos planos pastorais das dioceses e paróquias, com presença efetiva e acompanhamento dos seus pastores.

2.4. Formação

Este é um grande desafio. Em todos os documentos, em todas as assembleias das mais diversas instâncias da Igreja se fala de formação para os agentes eclesiais. Porém, os resultados não nos parecem claros. A primeira questão é: de qual formação falamos? Que formação queremos? De qual formação necessitamos? Observamos que o que vem mais sendo oferecido é uma formação *Ad intra*. Não que não seja necessária; sem dúvida temos que conhecer nossa própria doutrina para compreender nossa identidade eclesial. Porém, não temos uma formação *Ad extra*, ou seja, uma formação que prepare o Povo de Deus para conhecer a realidade e ter elementos, dados pela própria doutrina, para enfrentá-la. Citamos, como exemplo, o desconhecimento absurdo sobre a Doutrina Social da Igreja. Não formamos para isso, e agora nos deparamos com a imensa dificuldade de ver e agir diante deste cenário sociopolítico, econômico e também religioso, que massacra a vida. O resgate da teologia conciliar é urgente!

> Mais do que nunca necessitamos de uma conversão integral (pastoral, cultural, ecológica e sinodal) que promova a criação de estruturas em harmonia com o cuidado da criação; uma conversão baseada na sinodalidade, que reconheça a interação de tudo que

foi criado. Sinodalidade como "um caminho comum e compartilhado", não somente para o interior da Igreja, mas também "em solidariedade com todos os demais povos de nosso tempo". "Uma Igreja sinodal que avança junto com todos os homens e mulheres, que sonha com construir uma sociedade em justiça e fraternidade", e assim deixar "um mundo novo, mais belo e humano para as gerações que virão" (FRANCISCO, 2018).

2.5. Uma Igreja sinodal: que escuta e cura

"É preferível que esteja acidentada, ferida e enlameada por ter saído pelas estradas" (EG, n. 46-49).

Cuidar significa *comprometer-se*. E comprometer-se com os chagados, com os vulneráveis, com os que estão jogados à margem da estrada. Uma Igreja que escuta deve ir ao encontro daqueles que não têm mais forças para ser ouvidos. Temos que ir ao encontro dos sussurros, quase inaudíveis. A Igreja como hospital de campanha é a que faz diagnósticos, identificando os sinais dos tempos; faz prevenção, criando um sistema imunológico ao vírus do medo, do ódio, do populismo e do neocolonialismo; e faz convalescência, com o perdão que ultrapassa os traumas (DOMEZI, 2020).

Cuidar desses "corpos", resgatar sua dignidade, significa, em um primeiro momento, vencer essa cultura da indiferença instalada em um modo de viver que privilegia o privado, fruto de um egoísmo atroz e tantas vezes disfarçado. Cuidar dos que "sussurram" pedindo *com-paixão* significa reconhecer esses corpos como vítimas de um sistema que desune, que nos faz perder a identidade de humanos. Cuidar dos corpos significa tocar suas chagas e buscar o unguento que alivia e cura.

Tudo isso nos remete a um compromisso inadiável. A ninguém é permitido ficar ao largo da história a ser construída.

O processo sinodal deve verdadeiramente escutar as pessoas reais que compõem a comunidade e levar essa escuta de modo sério até o fim, e não ser um escutar fictício que no final do processo continue dando voz a uma minoria detentora de um pseudopoder. Se isso for conquistado, realizado, surgirá uma nova configuração de Igreja: aquela que é sonhada por tantos que estão na lida pela construção de uma sociedade e a qual revele os desígnios de Deus. Assim, a comunidade, como sujeito da pastoral, nos restaura a esperança de que *uma outra pastoral também é possível*!

Referências

APOLINÁRIO E. Sinodalidade, caminho de comunhão nas práticas pastorais. *Revista Caminhando*, v. 25, n. 3, p. 83-96, set./dez. 2020.

BAUER C. Crise do coronavírus: uma oportunidade para "reconstruir uma Igreja que se tornou obstáculo para a evangelização". 2021. Disponível em: http://www.ihu.unisinos.br/78-noticias/599313-crise-do-coronavirus-uma-oportunidade-para-reconstruir-uma-igreja-que-se-tornou-obstaculo-para-a-evangelizacao. Acesso em: 26/03/2021.

CNBB. *Diretrizes Gerais da Ação Evangelizadora da Igreja no Brasil 2019–2023*. Brasília: Editora CNBB, 2019.

DOMEZI, M. C. A Igreja no pós-Covid-19: desafios pastorais. *Vida Pastoral*, 2020. Disponível em: https://www.vidapastoral.com.br/edicao/a-igreja-no-pos-covid-19-desafios-pastorais/. Acesso em: 21/04/2021.

FRANCISCO. *Exortação apostólica "Evangelii gaudium"*: sobre o anúncio do Evangelho no mundo contemporâneo. São Paulo: Paulinas, 2013.

FRANCISCO. Discurso do Papa Francisco na Comemoração do Cinquentenário da Instituição do Sínodo dos Bispos. 2015. Disponível em: https://www.vatican.va/content/francesco/pt/speeches/2015/october/documents/papa-francesco_20151017_50-anniversario-sinodo.html Acesso em: 13/04/2021.

FRANCISCO. Clericalismo é uma perversão da Igreja. *Vatican News*, 2018. Disponível em: https://www.vaticannews.va/pt/papa/news/2018-08/papa-francisco-igreja-clericalismo-jovens-sinodo.html. Acesso em: 13/04/2021.

FRANCISCO. Homilia de 27 de março de 2020 – Bênção *Urbi et Orbe*. Praça São Pedro, Roma, 2020. Disponível em: https://www.vaticannews.va/pt/papa/news/2020-03/papa-francisco-homilia-oracao-bencao-urbe-et-orbi-27-marco.html. Acesso em: 13/04/2021.

MAZZAROLO, I.; ZANNINI, R. Apocalipse e a pandemia: Jesus inserido na realidade das vítimas. *Perspectiva Teológica*, v. 52 n. 3, p. 733-754, 2020. Disponível em: https://www.scielo.br/scielo.php?pid=S2176-87572020000300733&script=sci_arttext. Acesso em: 13/04/2021.

SENÈZE, N. Vaticano se prepara para o "mundo pós-coronavírus". Disponível em: http://www.ihu.unisinos.br/78-noticias/599082-vaticano-se-prepara-para-o-mundo-pos-coronavirus. Acesso em: 13/04/2021.

SOSA, A. Speaks about his vision for women in the Church. *Voices of Faith*, 2017. Disponível em: https://www.youtube.com/watch?v=nBmd1SDICp8. Acesso em: 13/04/2021.

TERCEIRA PARTE
SEMINÁRIOS

A paróquia em uma Igreja em saída

Manoel José de Godoy (FAJE)
Matheus da Silva Bernardes (FAJE; PUC-Campinas)

Introdução

Quando nos propomos a refletir sobre a ação pastoral hoje, inevitavelmente temos que nos perguntar pelas paróquias. A grande maioria das cristãs e dos cristãos, discípulas missionárias e discípulos missionários de Jesus Cristo, vive seu compromisso pastoral nas comunidades paroquiais. Seja nas pastorais cujo foco principal é a própria vida da comunidade, como a pastoral da catequese e da liturgia, seja nas pastorais que se abrem à reflexão social e se engajam no serviço solidário, como as pastorais sociais, verificamos que o maior comprometimento dos/das agentes de pastoral acontece nas paróquias.

Contudo, é essencial nos fazermos uma pergunta: de que paróquia estamos falando? Trata-se da mesma instituição que sobrevive no Ocidente cristão desde a queda do Império Romano? A paróquia ainda é a mesma da cristandade e do período pós-tridentino? Como essa instituição eclesial e eclesiástica tem-se comportado depois do Concílio Vaticano II?

No documento que pode ser considerado como seu programa de governo, o Papa Francisco afirma:

> A paróquia não é uma estrutura caduca; precisamente porque possui uma grande plasticidade, pode assumir formas muito diferentes que requerem a docilidade e a criatividade missionária do Pastor e da comunidade. Embora não seja certamente a única instituição evangelizadora, se for capaz de se reformar e adaptar constantemente, continuará a ser "a própria Igreja que vive no meio das casas dos seus filhos e das suas filhas" (EG, n. 8).

A citação acima é um texto recorrente, quando refletimos sobre as paróquias e sua atualidade. Deve-se acrescentar à afirmação de Francisco tudo o que a Conferência de Aparecida afirmou sobre as paróquias: células vivas da Igreja, lugar privilegiado para a experiência de Cristo e da comunhão eclesial (DAp, n. 170).

Nossa intenção com este seminário é recolher algo do que já foi dito sobre a paróquia, porém em um horizonte muito próprio: a *Igreja em saída*. Partiremos com uma breve contextualização da paróquia em meio à pandemia – trabalho que já apresentamos em outra ocasião (BATISTA; GODOY, 2020); em seguida, apresentaremos a reflexão eclesiológica de três autores que nos ajudam a sustentar a ideia de uma *Igreja em saída*, para chegarmos à conversão paroquial sonhada por Francisco (EG, n. 28).

1. A paróquia em tempos de pandemia

Como mencionamos, não pretendemos repetir o que já apresentamos em outra oportunidade. Vamos simplesmente resgatar algumas ideias centrais que podem iluminar este seminário. Entretanto, devemos responder a uma pergunta prévia: por que contextualizar a paróquia na pandemia? Não seria melhor ampliar a contextualização?

Em entrevista à CNN-Brasil, o Prof. Dr. L. Karnal afirmou que as pandemias, assim como as guerras e as revoluções, aceleram processos (KARNAL, 2020). Reformulando a ideia, podemos dizer que as pandemias, como a que vivemos, não inauguram novas etapas, mas simplesmente mostram os avanços e os retrocessos, os sucessos e as crises da etapa em que estamos. Nesse sentido, vale nos questionarmos sobre aquilo que a pandemia de Covid-19 revelou da situação das paróquias.

A *paróquia missionária*, como foi proclamada pela Conferência de Aparecida e pelo Papa Francisco, ainda parece ser um sonho. O número de paróquias que possuem equipe de animação missionária é muito pequeno. Não se pode esquecer o fato de que ainda há uma compreensão muito unilateral de missão: muitas vezes, pensamos que nossas paróquias são missionárias porque organizam visitas a famílias ou atividades com grande público. A missão de como *ser cristã e cristão* ainda não é patrimônio comum dos fiéis e das comunidades paroquiais.

A grande maioria dos/das agentes de pastoral das paróquias se encontra comprometida com pastorais e atividades *ad intra*. Ainda que não nos deixem de surpreender a criatividade daqueles/daquelas que trabalham nas pastorais sociais, continuam sendo a minoria. As equipes de acolhida nos templos, de canto e animação litúrgica, contam com o maior número de agentes de pastoral de uma paróquia.

Merece destaque nesta breve contextualização o lugar da catequese dentro das comunidades paroquiais. Infelizmente, constatamos que ainda há muitas comunidades que cultivam a catequese sacramental, isto é, somente "cursos" de preparação para a recepção dos sacramentos. O grande impulso trazido pelo documento 107 da CNBB, *Iniciação à Vida Cristã: itinerário para formar discípulos missionários*, que resgata a catequese de inspiração catecumenal, é uma realidade muito distante em diversas paróquias.

Por outro lado, o documento 100 da CNBB, *Comunidade de Comunidades: uma nova paróquia*, teria apontado um novo caminho de renovação. Todavia, o que se verificou foi uma fragmentação ainda mais acentuada na vida paroquial: as pequenas comunidades não se entendem dentro de uma única comunidade, mas anseiam por ocupar o posto de *matriz*. Essa realidade se vê claramente em toda a energia despendida para construir e conservar o patrimônio. Mais que a pergunta pela evangelização, o grande desafio enfrentado pelas comunidades paroquiais nos meses de pandemia e de restrição de público nos templos foi a manutenção do caixa.

Unida a essa situação, temos a sensação de que as paróquias, de fato, são uma mera solução para a manutenção dos padres. Com a nomeação de párocos, administradores paroquiais e vigários paroquiais, a Igreja local soluciona, em boa parte, o lastro econômico de seus ministros ordenados. Mas o que verdadeiramente se mostra com isso é uma situação mais grave; em nossas comunidades há um "vírus" muito daninho para a vida eclesial: o clericalismo. O Papa Francisco insiste em condenar esse que é o maior de todos os males que assola a Igreja:

> O clericalismo é uma verdadeira perversão na Igreja. O pastor tem a capacidade de ir na frente do rebanho para mostrar o caminho, ficar no meio do rebanho para ver o que acontece dentro dele e, também, ficar atrás do rebanho para garantir que ninguém seja deixado para trás. O clericalismo, ao contrário, pretende que o pastor esteja sempre na frente, estabeleça uma rota, e se pune com a excomunhão aqueles que se afastam do rebanho. Em suma: é precisamente o contrário do que fez Jesus. O clericalismo condena, separa, chicoteia, despreza o Povo de Deus (FRANCISCO, 2019).

Trata-se de um mal que não afeta somente os ministros ordenados em nossas paróquias; há muitas leigas e leigos em posição de liderança em nossas comunidades que também foram contaminados pelo "vírus" e que se comportam como imprescindíveis. Com isso, as comunidades paroquiais têm de enfrentar a falta de renovação de agentes de pastoral. O que se dizia das igrejas europeias na década de 1990 já é uma realidade nas igrejas da América Latina: nossas paróquias envelheceram.

A pandemia mostrou o quanto ainda temos que trabalhar em nossas comunidades; há muito para ser reanimado e renovado. Para tal, é urgente redescobrir a missão como força motriz que impulsiona a Igreja para fora, que a afasta do autocentramento e a coloca onde deve estar, isto é, a serviço do mundo, sobretudo dos pobres do mundo.

2. A Igreja e a missão

Quando refletimos sobre a Igreja e a missão, é preciso inverter uma frase dita com frequência: a Igreja tem uma missão. Não! Não é a Igreja que tem uma missão; é a missão que tem uma Igreja (MOLTMANN, 1977, p. 415). A Igreja somente pode ser entendida, como ressalta a *Constituição Dogmática Lumen gentium*, do Concílio Vaticano II, a partir da Encarnação do Verbo e do envio do Espírito Santo.

> Veio, pois, o Filho, enviado pelo Pai, que nele nos elegeu antes de criar o mundo, e nos predestinou para sermos seus filhos de adoção, porque lhe aprouve reunir nele todas as coisas (Ef 1,4-5.10). Por isso, Cristo, a fim de cumprir a vontade do Pai, deu começo na terra ao Reino dos Céus e revelou-nos o seu mistério, realizando, com a própria obediência, a redenção. A Igreja, ou seja, o Reino de Cristo já presente em mistério, cresce visivelmente no mundo pelo poder de Deus (LG, n. 3).

Consumada a obra que o Pai confiou ao Filho para ele cumprir na terra (Jo 17,4), foi enviado o Espírito Santo no dia de Pentecostes, para que santificasse continuamente a Igreja e, desse modo, os fiéis tivessem acesso ao Pai, por Cristo, em um só Espírito (Ef 2,18) (LG, n. 4).

A missão levada a cabo pela Igreja nasce de sua íntima relação com Cristo (LG, n. 4) e com o Reino por ele anunciado (LG, n. 48). Trata-se, portanto, de uma missão cristológica e escatológica, cujo anúncio não é outro senão o do próprio Jesus. Esse anúncio também recebe o nome de "evangelização", porque é a proclamação da Boa-Nova do Evangelho do Reino. Evangelizar é tão decisivo para a Igreja que o Papa Paulo VI não hesitou em afirmar, na *Exortação Apostólica Evangelii nuntiandi*, que a Igreja é para evangelizar (EN, n. 6.14.15).

O I Concílio de Constantinopla (381) professou a fé na Igreja *una, santa, católica e apostólica* (DH, n. 150). Como marco teórico, destacaremos a reflexão de três autores: H. Küng, J. Moltmann e J. Sobrino, que estabeleceram a relação entre a missão e cada uma das notas da Igreja.

H. Küng, ao refletir sobre a *unidade* da Igreja, acentua que seu princípio unificador é o próprio Cristo e seu Evangelho. A intenção do autor é claramente ecumênica: trata-se da *unidade* que não nega o pluralismo das diversas formas de ser Igreja (KÜNG, 1968, p. 315-354). Porém, para captar a profundidade da *unidade* da Igreja, é preciso inseri-la em sua missão histórica.

J. Moltmann enfatiza a *unidade* da Igreja a partir de sua missão no mundo, principalmente entre os pobres do mundo. Trata-se de uma exigência para a Igreja no momento de sua estruturação; sua inserção na realidade histórica é decisiva como elemento unificador *ad intra* e *ad extra* (MOLTMANN, 1977, p. 399-404).

J. Sobrino remarca que a práxis histórica da Igreja em favor do Reino não permite concepções plurais de Deus, de Cristo, do ser humano, da graça e do pecado. É uma práxis de fé que revela a *unidade* da Igreja, que não relega aos pobres o papel de meros ouvintes passivos, mas os converte em sujeitos ativos da fé, da esperança e do amor (SOBRINO, 1981, p. 116-122).

Os dois autores alemães destacam que a Igreja é pecadora – uma *communio peccatoribus*; logo, sua *santidade* só pode vir de Deus. A Igreja não é santa por si mesma, é santificada por Deus (KÜNG, 1968, p. 381-410). Por mais precisa que seja esta reflexão, a compreensão da *santidade* da Igreja ainda permanece abstrata.

A Igreja é *santa* porque, pela graça do Cristo Crucificado, Deus se manifesta nela como santo. Os sinais da *santidade* da Igreja e de seus membros são visíveis nos sinais de sofrimento, de perseguição e de pobreza. Ela irradia a *santidade* em pobreza; seu ser santa se mostra em sua ação, em sua missão para com os pobres do mundo (MOLTMANN, 1977, p. 409-414).

O nome próprio da *santidade* da Igreja é misericórdia, isto é, fazer seus os sofrimentos dos pobres e excluídos, internalizar suas dores (SOBRINO, 1981, p. 122-126). A verdadeira misericórdia só é possível mediante a práxis histórica libertadora, mediante a missão em um mundo empobrecido. Trata-se de um *re-agir* contra toda forma de desumanização; um *re-agir* que manifesta a aproximação do Deus de Jesus Cristo ao mundo.

Por sua missão, a Igreja manifesta sua *catolicidade*. H. Küng segue novamente a pista do ecumenismo e afirma que a pluralidade das comunidades eclesiais não nega a universalidade da Igreja; pelo contrário, essa universalidade se realiza na pluralidade sociocultural das igrejas e comunidades eclesiais (KÜNG, 1968, p. 355-380).

J. Moltmann põe a *catolicidade* da Igreja em relação com o mundo; a Igreja é católica porque toma partido, porque está a favor dos pobres e humildes, já que os ricos e poderosos estão sob o juízo de Deus. Não se trata de uma parcialidade que destrói o universalismo cristão, ao contrário, o concretiza; é o amor histórico de Deus pela humanidade empobrecida (MOLTMANN, 1977, p. 404-409).

A universalidade da Igreja se manifesta porque ela vai ao encontro do que está disperso, busca o que está perdido e é desvalorizado. Sua *catolicidade* se define como missão no meio do mundo, como serviço aos pobres. Não é uma nota da Igreja que se entende desde cima, mas desde baixo (SOBRINO, 1981, p. 127-132).

Finalmente, ao refletirmos sobre a *apostolicidade* da Igreja destacamos, como H. Küng, sua origem apostólica. O grande desafio está em manter, ao longo da história, essa mesma estrutura apostólica, isto é, missionária. Os apóstolos são, logicamente, anteriores à Igreja; seu ser e sua missão não se remetem à instituição da Igreja, mas ao próprio Jesus. Em seu testemunho, há algo primigênio, fundamental e normativo sobre Jesus, para todos os tempos. A Igreja apostólica não é um fim em si mesma, mas deve se realizar na missão apostólica, isto é, no envio missionário (KÜNG, 1968, p. 411-428).

J. Moltmann compartilha essa visão sobre a *apostolicidade* da Igreja, ainda que a formule drasticamente de modo diferente: a missão não se deve entender a partir da Igreja, mas a Igreja a partir da missão (MOLTMANN, 1977, p. 414-419). A missão apostólica de Cristo, o apóstolo, o enviado do Pai, cria uma Igreja. É uma missão que conduzirá inevitavelmente ao conflito, à oposição e ao sofrimento.

A missão – a práxis –, portanto, tem primazia na Igreja. Os sujeitos históricos dessa práxis são os pobres, que até então eram os esquecidos da história; não se trata, portanto, do anúncio da própria Igreja. O primeiro elemento da missão da Igreja é o anúncio do Reino de Deus, que não se pode realizar sem a denúncia do mal, do pecado, da injustiça e da opressão. O testemunho apostólico da Igreja é o mesmo dos apóstolos; por isso, não é de esperar outro destino para a Igreja que o dos apóstolos: o martírio (SOBRINO, 1981, p. 132-138).

A Igreja, como já mencionamos anteriormente, se define a partir de sua missão. Não podemos esperar algo distinto para as paróquias: somente as entendemos em sua relação com o mundo, com a comunidade na qual estão inseridas. O excesso de zelo pelas estruturas internas das comunidades paroquiais não as conduz à ansiada renovação; ao contrário, as mantém ensimesmadas e irrelevantes. Elas só anunciarão a novidade do Evangelho quando se converterem em verdadeiras paróquias *em saída*.

3. A paróquia *em saída*

Não procuramos inventar algo novo; queremos, sim, a renovação de nossas paróquias. Para tal, vale a pena percorrer, ainda que brevemente, o histórico da *paróquia*. Na Escritura, encontramo-nos com o substantivo *paroikía*, cujo significado é "estrangeiro", "migrante", mas que também pode ser traduzido como "morada", "habitação em pátria estrangeira". No livro de Rute (2,1s), está o verbo *paroikein*, que significa "viver em casa alheia", "viver em peregrinação". Finalmente, também temos a palavra *paroikós*, tanto um substantivo como um adjetivo, que equivale a "vizinho próximo".

Não podemos supor que a organização das igrejas particulares em paróquias tenha ocorrido imediatamente após o período apostólico. De fato, até o século IV nos encontramos com o *episkopo* em cada comunidade, os *presbyteroi*, que eram seus colaboradores, e os *diakonoi*, que estavam a serviço da caridade. Não nos podemos esquecer de que os ministérios nas comunidades desse período não se restringiam somente aos ministérios ordenados; a Igreja desfrutava da riqueza ministerial.

Com a conversão do Império Romano ao cristianismo (313) e o Edito de Constantinopla (380), surge a necessidade da organização de comunidades, especialmente nas áreas rurais, para atender ao número cada vez maior de cristãs e cristãos. Surgem, nesse período, as paróquias como estruturas eclesiais. Contudo, dioceses e paróquias ainda se confundiam, como podemos ver no Norte da África, que chegou a contar com mais de quinhentos bispos. Nesse processo, os *episkopoi* passam a se dedicar cada vez mais a tarefas administrativas e os *presbyteroi*, a tarefas pastorais; notamos uma clara inversão de papel.

As consequências, porém, não foram nada positivas: os *episkopoi* se perderam nas disputas de poder, os *diakonoi* começaram a desaparecer e os *presbyteroi* passaram a ocupar o papel central nas comunidades. Além do mais, com a decadência do Império Romano no Ocidente, os bispos se tornaram beneficiários de muitos bens materiais, riquezas e honras; com a chegada do Medievo, as paróquias se tornaram tributárias do bispo local, assimilando, assim, o modelo feudal.

A paróquia se converteu em célula vital da cristandade, era o centro religioso e social: ali o cristão nascia, era batizado, crescia e se instruía, se casava, recebia o viático e era sepultado. Toda a vida sacramental dos fiéis era registrada em livros e o pároco controlava os atos externos e de foro interno de seu povo.

Com o Concílio de Trento (1545-1563), a instituição paroquial é reforçada: imposição rigorosa de residência do pároco no território de sua paróquia; exigência da formação seminarística para o exercício do ministério sacerdotal: o candidato ao sacerdócio era preparado para ser pároco; determinação precisa dos limites territoriais da paróquia: os párocos se tornam detentores de poder, agindo em nome dos bispos, sob normas rígidas e concretas.

A consequência imediata desse reforço da instituição paroquial é o refúgio do povo no pietismo da salvação individualista e no devocionismo gerado nos séculos posteriores. Os três *múnus* do ministério ordenado são entendidos como critério da autoridade para condenar erros e hereges (ensinar), garantir a forma, o rito e os sacramentos (santificar) e assegurar a disciplina e a ordem interna da Igreja (governar).

Depois do Concílio Vaticano I (1869-1870), a compreensão da paróquia é ainda mais reforçada a partir da territorialidade. No Código de Direito Canônico de 1917, a comunidade paroquial é vista como uma porção da diocese, com igreja própria para a cura das almas. Também se acentua a perspectiva cartorial das paróquias, com a emissão de certidões, registros e a importância das contribuições financeiras.

O grande giro virá com o Concílio Vaticano II (1962-1965), quando se recupera a centralidade da pastoral comunitária desenvolvida nas paróquias como modelo para integrar o pluralismo e a diversidade humana na universalidade da Igreja. As razões de ser da comunidade paroquial são a manifestação localizada da Igreja universal, a fraternidade na Eucaristia e na comunhão hierárquica, a participação plena, ativa, consciente, fácil, piedosa, frutuosa, interna e externa na celebração dos sacramentos, o espírito ecumênico e missionário, a promoção de ações proféticas, centrada na Palavra, e a geração de novos ministérios eclesiais *ad intra* e *ad extra*.

3.1. O que superar para gestar uma paróquia *em saída*

Como já citamos acima, o Papa Francisco estima muito a paróquias e mostra que não é uma "estrutura caduca" (EG, n. 8). Supõe-se que a comunidade paroquial esteja realmente em contato com as famílias e com a vida do povo, e não se torne uma estrutura complicada, separada das pessoas, nem um grupo de eleitos que olham para si mesmos. A paróquia é presença eclesial no território, âmbito para a escuta da Palavra, o crescimento da vida cristã, o diálogo, o anúncio, a caridade generosa, a adoração e a celebração.

Por todas as suas atividades, a paróquia incentiva e forma seus membros para serem agentes da evangelização, discípulas missionárias e discípulos missionários de Jesus Cristo. É comunidade de comunidades, santuário onde os sedentos vão beber para continuar a caminhar e centro de constante envio. Temos, porém, que reconhecer que o apelo à revisão e renovação das paróquias ainda não deu suficientemente fruto para se tornarem mais próximas das pessoas, âmbitos de viva comunhão e participação e orientando-se completamente para a missão.

Dentro do eixo da pastoral orgânica de uma diocese não estão somente as paróquias, como nos indica o Papa Francisco:

> As outras instituições eclesiais, comunidades de base e pequenas comunidades, movimentos e outras formas de associação são uma riqueza da Igreja que o Espírito suscita para evangelizar todos os ambientes e setores. Frequentemente trazem um novo ardor evangelizador e uma capacidade de diálogo com o mundo que renovam a Igreja (EG, n. 29).

Porém, todas essas instituições não podem perder o vínculo com a rica realidade da paróquia e devem se integrar na pastoral orgânica das dioceses. Trata-se de uma integração que impede particularismos e leituras parciais do Evangelho, assim como a existência de "nômades sem raízes" (EG, n. 29).

Não podemos permitir que em nossas paróquias o administrativo se sobreponha ao pastoral. É necessário reconhecer que uma parte do nosso povo batizado não sente a sua pertença à Igreja, porque há estruturas com clima pouco acolhedor em algumas das nossas paróquias e comunidades, ou pela atitude burocrática com que se dá resposta aos problemas, simples ou complexos, da vida do nosso povo. Em muitas partes, predomina o aspecto administrativo sobre o pastoral, bem como uma sacramentalização sem outras formas de evangelização.

Nossas paróquias devem se sobressair como lugar do compromisso laical. Precisamos urgentemente de um dinamismo missionário que leve sal e luz ao mundo. Por isso, as leigas e os leigos não devem temer o convite para realizar tarefas apostólicas; que não fujam de qualquer compromisso que lhes possa roubar o tempo livre.

Por exemplo, tornou-se muito difícil nas paróquias conseguir catequistas que estejam preparados e perseverem no seu dever por vários anos. Contudo, algo parecido acontece também com os ministros ordenados que se preocupam obsessivamente com o seu tempo pessoal. A renovação ministerial fica a dever porque as pessoas sentem imperiosamente necessidade de preservar os seus espaços de autonomia, como se uma tarefa de evangelização fosse um veneno perigoso e não uma resposta alegre ao amor de Deus que nos convoca para a missão e nos torna completos e fecundos. Somos chamados à superação da resistência que muitas e muitos apresentam quando são convidados a provar a fundo o sabor da missão.

As comunidades paroquiais são espaço de vida fraterna e fervorosa, gestadoras de vocações. A escassez de vocações ao ministério ordenado e à vida consagrada se deve à falta de ardor apostólico contagiante nas comunidades; elas não entusiasmam nem fascinam. Onde há vida, fervor, paixão de levar Cristo aos outros, surgem vocações genuínas. Mesmo em paróquias onde os sacerdotes não são muito disponíveis nem alegres, é a vida fraterna e fervorosa da comunidade que desperta o desejo de se consagrar inteiramente a

Deus e à evangelização, ainda mais se a comunidade reza insistentemente pelas vocações e tem a coragem de propor aos seus jovens esse caminho.

Para que nossas paróquias se renovem, precisamos superar algumas limitações:

a) A disfunção administrativa: são poucas as paróquias que conhecem a especialização do mundo de hoje; por isso, muitas vezes, são jurídica e administrativamente ultrapassadas, com funcionamento precário e emperrado;

b) A disfunção como lugar de formação: não há condições para a formação de líderes e não conseguimos suficientes recursos para encaminhá-los aos melhores centros de formação; por isso, há muita ineficácia e inadequação de métodos pastorais;

c) A disfunção celebrativa: os ritos, as cerimônias, a linguagem, os gestos da liturgia, muito distanciados da maioria das assembleias, não geram sintonia com a liturgia; por isso, reina pouco entusiasmo e falta participação ativa e consciente;

d) A disfunção psicológica: o sentido de pertença e corresponsabilidade está muito enfraquecido, por falta, muitas vezes, de relação entre o discurso e a prática pastoral; por isso, tanta escassez de clero e de outros ministros.

Propomos, por outro lado, algumas pistas para a revitalização de nossas paróquias:

a) Insistir na prática de uma Igreja de comunhão e participação, mediante conselhos, assembleias e outras estruturas participativas;

b) Favorecer o surgimento de novas comunidades;

c) Atender às demandas que emergem da subjetividade, capacitando os agentes de pastoral para a escuta;

d) Procurar o equilíbrio na liturgia: nem rubricismo nem missa *show*;
e) Avançar na construção de uma Igreja inculturada;
f) Prosseguir na missão de profetismo social da Igreja e, para isso, incrementar as pastorais sociais;
g) Recuperar as raízes espirituais e místicas do cristianismo, promovendo o conhecimento dos Santos Padres e grandes santos;
h) Investir na formação sistemática e de qualidade do laicato, superando a linguagem de cursinhos;
i) Investir mais em uma pastoral voltada às juventudes;
j) Promover uma nova pastoral com os olhos voltados para a cidade, em diálogo com outros atores urbanos;
k) Ampliar os trabalhos voltados para o cuidado da casa comum, em todos os âmbitos pastorais.
l) Abrir-se para debates atuais, como as diversas constituições familiares;
m) Estar atentos à comunicação e aos seus meios, investindo na PASCOM, por exemplo;
n) Buscar o diálogo entre cristãos/cristãs e outras religiões, recuperando a Semana de Oração pela Unidade dos Cristãos;
o) Empenhar-se na autêntica renovação missionária das comunidades, entre elas e além delas, para uma missão sem fronteiras.

É urgente desenvolvermos a visão proativa em nossas comunidades:

a) Ante a sociedade excludente, paróquias proféticas;
b) Ante a deficiente formação do clero e das leigas e dos leigos, centros de formação;

c) Ante o clericalismo e o centralismo, espaços de comunhão e participação;
d) Ante o fechamento das paróquias, irradiação missionária;
e) Ante a evasão dos jovens e mulheres, protagonismo dos jovens e das mulheres;
f) Ante o fenômeno das novas mídias e outros meios de comunicação, passar da territorialidade às novas formas de pertença.

Conclusão

Não podemos concluir nossa reflexão sobre a *paróquia em uma Igreja em saída* com respostas prontas; estamos vivendo um período de mudança e, portanto, ainda há muito para discutir e fazer. Seria um erro muito grande pensar que esta apresentação é uma espécie de receita que terá como resultado a renovação missionária das comunidades paroquiais. Nossa intenção principal foi suscitar a discussão e propor alguns caminhos, que devem ser discernidos em comunidade, para que a tão sonhada renovação aconteça.

Por essa razão, nossa conclusão consiste em perguntas para o debate em comunidade:

a) O que significa uma paróquia "comunidade de comunidades"?
b) Paróquias muito grandes, tanto por seu território como por sua população, funcionam verdadeiramente como rede de comunidades?
c) Como levar adiante a setorização das paróquias para que não caiamos no centralismo?
d) Não podemos pensar em paróquias ambientais?
e) As paróquias urbanas não podem ser pensadas como "paróquias-polo", isto é, paróquias que se especializam em uma ou outra dimensão da vida eclesial?

f) O que realmente impede a conversão pastoral e o abandono de estruturas ultrapassadas?

g) Será a questão financeira um dos maiores obstáculos à superação do modelo paroquial atual?

h) Não será a paróquia a maneira privilegiada adotada pela Igreja para manter o clero e as estruturas eclesiásticas?

Bibliografia básica sobre a paróquia

ALMEIDA, J. A. *Paróquia, comunidades e pastoral urbana na Quinta Conferência*. São Paulo: Paulinas, 2012.

ANDRADE, J. D. *Reinventar a Paróquia?* Sonhar em tempo de incertezas. São Paulo: Loyola, 2006.

CREUTZ, I. J. *A paróquia*: lugar privilegiado da pastoral da Igreja. São Paulo: Loyola, 1989.

KASPER, W. *Servidores da Alegria – Existência Sacerdotal – Serviço Sacerdotal*. São Paulo: Loyola, 2008.

MERLOS F. *Pastoral del Futuro*: tensiones y esperanzas. México: Palabras Ediciones, 2002.

NAVARRO, A. *Diocese em missão pastoral integral*. São José dos Campos: Com Deus, [s.d].

PAYA, M. *A paróquia, comunidade evangelizadora*. São Paulo: Ave-Maria, 2005.

PEREA, J. *Otra Iglesia es posible*. Madrid: Ediciones HOAC, 2011.

REINERT, J. F. *Pode hoje a paróquia ser uma comunidade eclesial?* Petrópolis: Vozes, 2010.

TORRES-LONDOÑO, F. *Paróquia e comunidade no Brasil*: perspectiva histórica. São Paulo: Paulus, 1997.

Coleção Gestão Paroquial

ALTOÉ, A. *Organização paroquial*: conselhos, equipes e serviços pastorais. Petrópolis: Vozes, 2008.

NOGUEIRA, L. R. *Administração paroquial*: procedimentos administrativos e financeiros para paróquias e capelas. Petrópolis: Vozes, 2004.

NOGUEIRA, L. R. *Secretaria paroquial*: um manual prático. Petrópolis: Vozes, 2006.

NOGUEIRA, L. R. *Gestão administrativa e financeira eclesiástica*. Petrópolis: Vozes, 2008.

NOGUEIRA, L. R. *Acolher para evangelizar*. Petrópolis: Vozes, 2009.

PEREIRA, J. C. *Assembleia paroquial*: roteiro de preparação e realização. Petrópolis: Vozes, 2007.

PEREIRA, J. C. *Projeto paroquial*: orientações para implantação de uma evangelização permanente. Petrópolis: Vozes, 2009.

PEREIRA, J. C. *Atendimento paroquial*: guia prático para secretárias(os), padres e demais agentes de pastoral. Petrópolis: Vozes, 2010.

PEREIRA, J. C. *Manual da secretaria paroquial*: ferramentas para a administração paroquial. Petrópolis: Vozes, 2010.

PEREIRA, J. C. *Captação de recursos na estrutura paroquial*: sugestões, possibilidades e implicações. Petrópolis: Vozes, 2010.

PEREIRA, J. C. *Conselhos paroquiais*: instrumento de gestão participativa na vida da paróquia. Petrópolis: Vozes, 2011.

Referências

BATISTA, M. B.; GODOY, M. As dioceses e as paróquias não são mais as mesmas. *Cadernos de Teologia Pública IHU*, São

Leopoldo, ano XVII, n. 148, v. 17, p. 28-37, 2020. Disponível em: https://www.ihu.unisinos.br/78-noticias/605803-as-dioceses-e-as-paroquias-nao-sao-mais-as-mesmas-artigo-de-manoel-jose-de-godoy-matheus-bernardes-e-patriky-batista. Acesso em: 23/04/2021.

CELAM. *Documento de Aparecida*: texto conclusivo da V Conferência do Episcopado Latino-Americano e do Caribe. 7. ed. São Paulo: Paulus, 2008.

CNBB. *Comunidade de comunidades*: uma nova paróquia. Brasília: Ed. CNBB, 2014. Documentos da CNBB 100.

CNBB. *Iniciação cristã*: itinerário para formar discípulos missionários. Brasília: Ed. CNBB, 2017. Documentos da CNBB 107.

DENZINGER, H.; HÜNERMANN, P. *Compêndio dos símbolos, definições e declarações de fé e moral*. 1. ed. São Paulo: Paulinas/Loyola, 2005.

FRANCISCO. *Exortação Apostólica "Evangelii gaudium"*, 2013. Disponível em: http://www.vatican.va. Acesso em: 11/04/2021.

FRANCISCO. *Diálogo de 05 de setembro de 2019 com os jesuítas de Moçambique e Madagáscar*. Disponível em: http://www.vatican.va. Acesso em: 11/04/2021.

KARNAL, L. *O mundo pós-pandemia com Leandro Karnal*: relações pessoais. São Paulo: CNN-Brasil, 2020. Entrevista concedida a Daniela Lima, Mari Palma, Gabriela Prioli e Thaís Herédia. Disponível em: https://www.youtube.com/watch?v=pDMAfc1ya1M&t=59s. Acesso em: 11/04/2021.

KÜNG, H. *La Iglesia*. 1. ed. Barcelona: Herder, 1968.

MOLTMANN, J. *La Iglesia, fuerza del Espíritu*: hacia una eclesiología mesiánica. 1. ed. Salamanca: Sígueme, 1977.

PAULO VI. *Exortação apostólica "Evangelii nuntiandi"*, 1975. Disponível em: http://vatican.va. Acesso em: 11/04/2021.

SOBRINO, J. *Resurrección de la verdadera Iglesia*: los pobres, lugar teológico de la Eclesiología. 1. Ed. Santander: Sal Terrae, 1981.

VATICANO II. *Constituição Dogmática "Lumen gentium"*: sobre a Igreja do Concílio Vaticano II, 1965. Disponível em: http://vatican.va. Acesso em: 11/04/2021.

Propor a fé aos jovens a partir da *Christus vivit*

Valéria Andrade Leal (CNBB)

Introdução

Evangelizar as juventudes, comunicar a fé em linguagem contemporânea, compreensível, significativa, é colocar-se diante de grande desafio, sobretudo nos dias atuais, marcados pelo descrédito das instituições, a questionável relação entre sagrado e consumo, a busca por sentido, pertença, transcendência, o desenvolvimento acelerado das mídias digitais, entre tantas outras questões. Refletir sobre a evangelização das juventudes é tratar da preocupação primeira do Concílio Vaticano II: estabelecer diálogo com a sociedade, anunciar Jesus e seu projeto de salvação e servir à pessoa humana concreta. É, ainda, o clássico tema de religião e modernidade.

A diligência da Igreja em evangelizar, dialogando com a contemporaneidade, é expressão da missão recebida: "Ide, pois, fazei discípulos todas as nações..." (Mt 28,19a), de forma que "a Igreja existe para evangelizar" (EN, n. 14). Depois do sínodo sobre "A nova evangelização para transmissão da fé cristã" (2012) e sobre "Os desafios pastorais da família no contexto da evangelização" (2014), o sínodo dos jovens coloca-se em continuidade à reflexão acerca da missão evangelizadora da Igreja ante as mudanças dos tempos atuais. Com o tema "Os jovens, a fé e o discernimento vocacional", o sínodo pediu "aos próprios jovens para ajudar a Igreja a identificar as modalidades hoje mais eficazes para anunciar a Boa-Nova" (SGSB, *Documento preparatório*, 2017, Introdução). Marcado por um processo de escuta e participação, o sínodo culminou com a publicação do *Documento final*, redigido com a participação ativa de jovens, e da *Exortação apostólica pós-sinodal Christus vivit*, que se apresenta como ponto de partida e motivação para a desafiadora tarefa de evangelizar as juventudes.

O tema, propor a fé aos jovens, a partir da *Christus vivit*, não pode prescindir de todo o processo sinodal de escuta de vários atores: jovens, leigos, homens, mulheres, seminaristas e religiosas jovens e em formação, não cristãos, não crentes, especialistas. Essa escuta torna os textos e o processo sinodal claramente integrados ao contexto real dos jovens do mundo todo, os quais trouxeram demandas desafiadoras para Igreja ao abordarem temas como afetividade e corpo; abusos de poder, que culminam em diversas formas de dominação, chegando à violação; a necessária renovação paroquial, para além de aspectos jurídicos burocráticos; o papel das mulheres na Igreja; as injustiças sociais; a busca religiosa no contexto atual; a formação da personalidade dos jovens e as relações humanas que os influenciam, entre as quais se pode inserir a dos agentes de pastoral; enfim, os jovens provocaram o "abrir as janelas" e a olhar para fora.

Na *Christus vivit*, o Papa Francisco dirige-se ao jovem e fala também à Igreja, que tem a responsabilidade educativa, a missão dada pelo Senhor de fazer ressoar entre as nações, em todos os tempos e lugares, a sua mensagem de salvação. A proposição da fé implica a reflexão e a transformação da forma de viver e comunicar a mesma fé, de forma que se torne uma constante interação entre Evangelho e realidade, entre a tradição e a novidade, entre idosos e jovens, tema caro ao Papa Francisco, que quer "jovens com raízes".

A leitura aqui proposta percebe na evangelização querigmática o núcleo da *Exortação Apostólica Christus vivit*. De fato, o texto pontifício expõe, não teoricamente, mas na prática, por assim dizer, a evangelização juvenil a partir do anúncio de Jesus Cristo Ressuscitado, que traz vida nova aos que nele creem. Este anúncio se faz na realidade do jovem, dentre a qual a da imigração, que aparece como paradigma, pois supõe o empenho em cultivar as raízes, ou seja, as referências centrais de cada jovem em seu desenvolvimento. Dessa forma, a evangelização pode favorecer o crescimento integral de cada pessoa, ao mesmo tempo que a torna consciente e comprometida com seu entorno. Nesse contexto se insere a proposta de uma pastoral juvenil vocacional, popular, baseada em dois processos fundamentais, segundo a proposta do Papa: busca e crescimento.

1. *Kerigma*

O tema da evangelização da juventude acende o debate sobre o problema, bastante discutido, mas sempre atual, que é a evangelização no tempo de hoje, com suas peculiaridades. As mudanças culturais, a influência das novas mídias, a globalização, a pluralidade, a desigualdade social, a migração forçada, a emergência climática são alguns dos fatores que interferem diretamente na vida das juventudes, às quais a mensagem do Evangelho se dirige no hoje da história. Trata-se de ponderar sobre a linguagem, os recursos e, o mais importante, o sentido da mensagem cristã no mundo atual. Diante disso, podemos nos perguntar sobre os métodos mais adequados para que a força do Evangelho produza seus efeitos nas diferentes realidades, conseguindo, por seu influxo, "transformá-las a partir de dentro e tornar nova a própria humanidade" (EN, n. 18).

Entre os possíveis percursos da evangelização, destaca-se o anúncio querigmático: trata-se de ter Jesus como centro, conteúdo e modelo de missão realizada por obras e palavras. A experiência de encontro com o Ressuscitado ressignificou toda a caminhada que os discípulos haviam feito com Jesus e abriu-lhes novas perspectivas, levando-os a decisões fundamentais em suas vidas. A partir dessa vivência, eles testemunhavam com palavras e obras, assim como Jesus, nas mais diversas realidades do seu tempo, com seus próprios desafios, a mensagem de salvação que haviam experimentado em suas vidas. "A linguagem do querigma, portanto, há de expressar a novidade de um encontro que transforma e dá sentido à existência dos discípulos missionários" (CNBB, 2009, p. 9).

Querigma compreende o anúncio da Boa-Nova do Reino, revelado em Jesus e "encarnado na vida" (CNBB, 2009, p. 14). Desse anúncio, fazem parte a vida e a missão de Jesus, que faz irromper junto a seus contemporâneos o Reino de Deus, sua morte redentora e o início da nova criação, dada pela sua ressurreição, pela ação do Espírito Santo. O testemunho de quem crê em Jesus é o resultado de uma experiência de encontro pessoal com ele, tendo como consequência a adesão de fé. A *Evangelii gaudium* (EG, n. 160) nos diz que toda evangelização é o aprofundamento do querigma, ou seja, "anúncio que dá resposta ao anseio de infinito que existe em todo coração humano" (EG, n. 165), e acrescenta que tal anúncio tem "repercussões comunitárias e sociais" (EG, n. 177). Parece ser este um tema caro ao Papa Francisco, para quem "o anúncio de tipo missionário concentra-se no essencial, que é também aquilo que apaixona e atrai mais, aquilo que faz arder o coração, como aos discípulos de Emaús" (FRANCISCO, apud BORGHESI, 2018, p. 269-270).

A *Christus vivit* é um texto querigmático. O coração do texto é o capítulo quarto, "O grande anúncio para todos os jovens": "Deus te ama", "Cristo te salva", "Cristo vive", o "Espírito dá vida" são as palavras de ordem do Papa. Ele fala aos jovens, antes de mais nada, anunciando a beleza do amor de Deus e do seguimento de Jesus. Ele insiste todo o tempo que se trata de um projeto em que vale a pena investir. Anuncia que Cristo vive e nos quer vivos (CV, n. 1) e que somos chamados à amizade com ele (CV, n. 150-157).

A Pastoral Juvenil precisa ter em seu cerne o querigma, ou seja, a pessoa de Jesus Cristo, morto e ressuscitado, que é "central e insubstituível" (CNBB, 2009, n. 53). O anúncio querigmático é fruto de um relacionamento profundo com ele. "Quando o discípulo está apaixonado por Cristo, não pode deixar de anunciar ao mundo que só ele salva (At 4,12)" (DAp, n. 146). A ação evangelizadora com jovens busca conduzir ao encontro com o Senhor e a uma relação de intimidade com ele. A relação do jovem com Jesus rendeu uma considerável reflexão na reunião pré-sinodal. Segundo os participantes,

> o relacionamento que muitos jovens têm com Jesus é tão variado quanto o número de jovens no mundo. Muitos deles veem Jesus como seu Salvador e Filho de Deus. Ainda, muitas vezes, os jovens encontram a proximidade de Jesus através da sua Mãe, Maria. Outros, ao contrário, podem não ter tal relação com Jesus, mas o veem mesmo assim como um referencial moral e uma boa pessoa. Muitos jovens percebem Jesus como um personagem histórico, pertencente a uma época e a uma cultura passadas, e, por isso, não relevante para as suas vidas. Outros, ainda, percebem Jesus distante de sua experiência humana, distância que para eles é perpetrada pela Igreja. Além disso, as falsas imagens que alguns jovens têm de Jesus muitas vezes os afastam dele. Ideais errôneos

de modelos cristãos parecem como algo fora de alcance, assim como os preceitos dados pela Igreja. Por causa disso, o cristianismo é percebido por alguns como um padrão inalcançável (SGSB, *Documento final da Reunião Pré-Sinodal* 2018, n. 6).

As palavras dos participantes da reunião pré-sinodal, jovens e especialistas, mostram como a imagem de Jesus pode estar ofuscada, comprometida por percalços históricos, institucionais, ou simplesmente deixou de brilhar entre tantos espetáculos do mundo moderno. Há menos suporte de cristandade e maior autonomia do sujeito e da subjetividade, de forma que o aparato cultural marcado pela fé cristã, pressuposto por séculos, não está mais à disposição, impulsionando a busca por novas formas de evangelizar. As palavras do referido texto expõem a urgência de apresentar Jesus Cristo de forma genuína, autêntica, significativa.

A reflexão acerca do querigma inspira-nos à volta às fontes, à centralidade da pessoa de Jesus Cristo, ao encontro com o Ressuscitado, que transformou a vida de homens e mulheres, muitos deles/as jovens, ao longo dos séculos. Perdendo-se de vista a centralidade da pessoa de Jesus, a evangelização da juventude abandona seu fulcro. Sem seu núcleo, ela fica exposta a vários riscos, entre os quais o de cair em extremos: por um lado, colocar doutrina, instituição e moral no centro da evangelização ou, por outro lado, transformar em ideologia a inserção na sociedade que o seguimento de Jesus pede, com sua missão de profetismo e atuação na construção do Reino. Propor a fé aos jovens a partir da *Christus vivit*, como o nome do texto já evoca, é questionar-nos sobre a centralidade da pessoa de Jesus Cristo em nossos projetos e práticas pastorais com jovens. Diante disso, cabe-nos a questão: por que evangelizamos, afinal? O que propomos: uma experiência de fé comprometida, inserida na realidade, que vivenciamos e à qual aderimos, ou um modelo institucional, um elenco de doutrinas e normas ou bandeiras ideológicas? A *Christus vivit* e toda a reflexão do sínodo trazem em si um resgate cristológico, em que a pessoa e o encontro com Jesus são o ponto de partida e de chegada. O horizonte de sentido que se abre a partir dessa experiência gera decisão, adesão, mudança de vida, compromisso com a comunidade e a justiça.

2. Pastoral juvenil vocacional

O querigma também evoca a beleza da vocação cristã. É falar do encontro e da amizade com o Senhor que estamos chamados a vivenciar (CV, n. 248). O Papa Francisco insiste na amizade com Jesus, sobretudo nos capítulos quinto e oitavo, assim como a *Evangelii gaudium* insiste na alegria do encontro. O Pontífice se coloca na esteira de Aparecida, que solicita "um anúncio querigmático e o testemunho pessoal dos evangelizadores, que leve a uma conversão pessoal e a uma mudança de vida" (CV, n. 226a). Destaca-se que, quando falamos de propor a fé aos jovens, estamos falando de um relacionamento pessoal com um Deus pessoal, mas não moldado à própria imagem e semelhança, ao próprio gosto do amplo mercado religioso. É uma relação de amor e amor, e exige decisão, renúncia, sacrifício, sendo fonte de felicidade e prazer.

> A resposta ao anúncio querigmático é existencial, pois envolve toda a pessoa. Trata-se de uma verdadeira conversão por meio da qual ocorre o arrependimento dos próprios pecados e a adesão a Jesus Cristo, com a entrega da própria vida a ele. Trata-se de um encontro pessoal (CNBB, 2009, n. 12).

Já é conhecida e discutida a ascensão de uma religiosidade difusa, subjetiva, autocompensatória. Ela pode assombrar e está presente em diferentes grupos juvenis, nos mais variados âmbitos e com diferentes faces, de esquerda e de direita. Francisco enuncia o retorno ambíguo ao sagrado, que gera isolamento, "consumismo espiritual", sem compromisso com o outro, nem "fecundidade missionária" e "comunhão solidária" (EG, n. 89). Ante isso, é necessário um retorno à pessoa de Jesus, a essa relação pessoal. É ela que experimentaram os primeiros discípulos. Daí resulta que a doutrina é uma ferramenta de assimilação da experiência, a moral é uma resposta de amor, a militância ou a missão é uma opção por configurar-se Àquele que encheu a vida de sentido.

> Mais do que o ateísmo, o desafio que hoje se nos apresenta é responder adequadamente à sede de Deus de muitas pessoas, para que não tenham de ir apagá-la com propostas alienantes ou com um Jesus Cristo sem carne e sem compromisso com o outro. Se não encontram na Igreja uma espiritualidade que os cure, liberte, encha de vida e de paz, ao mesmo tempo que os chame à comunhão solidária e à fecundidade missionária, acabarão enganados por propostas que não humanizam nem dão glória a Deus (EG, n. 89).

O querigma comporta a centralidade da pessoa de Jesus Cristo e a resposta ao convite à amizade com o Senhor, o que tem consequências práticas, molda um projeto de vida. É uma questão vocacional que nos permite "compreender que nada é fruto de um caos sem sentido, mas, pelo contrário, tudo pode ser inserido num caminho de resposta ao Senhor, que tem um projeto estupendo para nós" (CV, n. 148). A questão vocacional, posta no sínodo, coloca-se em sintonia com o anúncio querigmático, que exige uma resposta concreta, uma opção de vida que será alimentada e sustentada na comunidade de fé, à maneira da comunhão Trinitária. A evangelização querigmática torna-se vocacional. É adesão a Cristo e assunção de uma missão na Igreja e no mundo, ao mesmo tempo que conduz à comunidade, de quem recebemos o anúncio e onde nos alimentamos do Pão da Palavra e do Corpo de Cristo (DAp, n. 156-158).

A *Christus vivit* chama-nos à essência, ao anúncio genuíno do Cristo vivo, que é o conteúdo do querigma. Não é uma personagem do passado, mas "um acontecimento de vida e de salvação que se dá agora, no presente dos ouvintes" (CNBB, 2009, n. 27). Propor a fé aos jovens à luz da *Christus vivit* é um convite ao aprofundamento do querigma na vida dos evangelizadores, em primeiro lugar, e o anúncio, testemunho da beleza do encontro com o Ressuscitado.

3. Enraizados e conscientes da realidade

A *Christus vivit* é uma provocação a buscar juntos formas de entrar em diálogo com os jovens para abrir possibilidades de anunciar/testemunhar a Jesus e propor um estilo de vida pautado no Evangelho. Pode-se supor que o cerne da questão posta no texto está no querigma, ou seja, na experiência de encontro com o Senhor. Sabe-se, porém, que todo encontro acontece na realidade concreta do jovem, de forma que não se pode prescindir de seu contexto, das dificuldades reais que eles encontram, de sua sede de Deus, de suas crises existenciais. Isso chama à responsabilidade da Igreja, no sentido de acompanhá-los, com estruturas adequadas, com pessoas preparadas e dispostas a assumir uma missão que vai além do fazer, mas exige um ser testemunha. Implica encontrar espaços adequados, ou seja, lugares de acolhida, de misericórdia, de parceria, de caminhar juntos. Disso, vêm as propostas de uma pastoral juvenil vocacional, popular, sinodal.

4. Jovens com raízes

"O querigma alcança a pessoa como acontecimento de salvação, ilumina-a e transforma a sua vida e o ambiente no qual ela vive.

O anúncio é uma proposta de libertação atual e real (Rm 6,4)" (CNBB, 2009, n. 28). Por isso, é importante considerar as raízes dos jovens, ou seja, o ambiente cultural, com seus valores, ambiente no qual eles criam vínculos, sentem-se pertencendo a um grupo, tradição (FRANCISCO, 2018, p. 39).

A cultura "abrange a totalidade da vida de um povo" e torna-se "um instrumento precioso para compreender as diversas expressões da vida cristã que existem no Povo de Deus" (EG, n. 115). Para o Papa, custa "ver que alguns propõem aos jovens construir um futuro sem raízes, como se o mundo começasse agora" (CV, n. 179). Ele insiste na necessidade de cultivar raízes profundas. Alguém é enraizado quando "está consciente de pertencer a uma mesma história e aos outros, no significado mais nobre do termo" (FRANCISCO, 2018, p. 38). Desenraizados, sem história e sem pertença à comunidade, os jovens são facilmente manipulados, tornando-se facilmente presas do consumismo e das ideologias.

No cultivo das raízes, o Papa, em diversos momentos em que se dirige aos jovens, aponta caminhos que podem levar a descobrir-se enraizado, entre os quais ele destaca o da relação com os idosos. O sínodo instiga à interação, à amizade, ao aprendizado mútuo. Na entrevista com Thomas Leoncini, o Papa fala que o diálogo entre idosos e jovens, dois grupos descartados da sociedade, é o caminho para a superação de uma sociedade desenraizada. A isso, ele chama "revolução da ternura" (FRANCISCO, 2018, p. 40-41), pois é preciso ternura para que haja a aproximação entre grupos tão diferentes. Isso é humanização. A ação evangelizadora com os jovens precisa ser humanizadora, favorecer e incentivar relações humanas solidárias, plurais, tendo como modelo Jesus de Nazaré.

A humanização se faz na inserção em uma cultura que incute os valores, os usos e até mesmo a fé. Enfim, a interação na família, na comunidade, na cultura nos torna humanos e nos faz ver a realidade com olhos e sensibilidade humanizados. Ao mesmo tempo, são as pessoas que produzem cultura, que interpretam, questionam e transformam realidades. A Pastoral Juvenil precisa ser uma ação humanizadora, potencializando a capacidade humana de sonhar, de ousar e transformar realidades.

Na Jornada Mundial da Juventude no Panamá, o Papa afirmou:

> É impossível uma pessoa crescer se não possui raízes fortes que a ajudem a estar firme, de pé e agarrada à terra. É fácil extraviar-se, quando não temos onde agarrar-nos, onde firmar-nos. Esta é uma questão que nós, adultos, devemos nos colocar, nós adultos que estamos aqui; mais, é uma questão que vós devereis colocar-nos – vós jovens devereis colocar a nós adultos –, e nós temos o dever de vos responder: Que raízes estamos a dar-vos? Quais são as bases que estamos a oferecer-vos para vos construirdes como pessoas? É uma pergunta para nós adultos. Como é fácil criticar os jovens e passar o tempo murmurando, se os deixamos sem oportunidades laborais, educativas e comunitárias a que agarrar-se para sonhar o futuro! Sem instrução, é difícil sonhar um futuro; sem trabalho, é muito difícil sonhar o futuro; sem família nem comunidade, é quase impossível sonhar o futuro (FRANCISCO, 2019, p. 2).

Além de promover o diálogo entre jovens e idosos, para cultivar as raízes é necessário pensar nas condições de desenvolvimento integral do jovem. O questionamento que faz o Papa refere-se às estruturas que, como sociedade e como Igreja, são oferecidas para o amadurecimento da juventude, considerando educação, trabalho, lazer, saúde, família. São realidades da vida do jovem às quais a Pastoral Juvenil não pode fechar os olhos. A experiência de evangelização latino-americana mostra que não se pode prescindir da realidade concreta do povo, das juventudes.

5. Imigrantes como paradigma

Diante disso, é bastante provocadora a proposta de apresentar os imigrantes como paradigma do nosso tempo (SGSB, *Documento final*, 2018, n. 25-27). Ao apresentar esta imagem, o sínodo considera o aspecto escatológico de que somos "estrangeiros e peregrinos" nesta terra (Hb 11,13), que buscamos a "pátria definitiva" e a beleza da esperança cristã. Entretanto, salta aos olhos a realidade atual, a dor de tantos jovens que clamam por oportunidades de vida digna e de crescimento integral; de tantas histórias de homens e mulheres jovens, marcados pela miséria, desemprego, pela falta de oportunidades, pela perseguição religiosa e tantas outras situações de vulnerabilidade que obrigam muitos a migrar em busca de condições de vida digna.

A experiência do imigrante é justamente a de sentir que perde as próprias raízes, retrato da insegurança, fragilidade, da necessidade de uma mão amiga, de acolhida, de oportunidades concretas de crescimento. Do ponto de vista de nossa conversão, é um paradigma interessante para nossa relação com Deus, que requer aproximação humilde e um sadio desapego às coisas que passam, tendo em vista a pátria definitiva. E do ponto de vista de nossas ações para com os outros, visto que o seguimento implica ver a realidade a partir Jesus e com ele (DAp, n. 148), ter os migrantes como paradigma obriga a pastoral com jovens a cuidar e comprometer-se com sua realidade social, com suas lutas e buscas humanas, com seus direitos. Logo, nosso compromisso social com essa realidade de pobreza, de injustiça, de vulnerabilidade, de morte, pede uma resposta cristã urgente, real.

A proposta de "paradigma" nos abre perspectivas de ação em todos os âmbitos: todas as fragilidades, diferenças, transitoriedades do nosso contexto, com ou sem a presença de migrantes, pedem uma resposta cristã e uma evangelização autêntica da juventude. Propor a fé aos jovens é conscientização, é formar para a sensibilidade para com outro em suas necessidades, tendo em vista o modelo Jesus de Nazaré, que, ao passar pela Galileia, Judeia ou Samaria, para todos tinha um olhar de compaixão que o movia a curar, ensinar, saciar a fome e a sede de pão e de amor. Sensibilizar e agir em prol e com os jovens para a transformação dos contextos nos quais vivem, marcados por sinais de morte.

Outro aspecto importante deste paradigma é que a acolhida dos migrantes, propriamente ditos, a interação com outras culturas e pessoas não são uma ameaça às raízes de cada um, mas enriquecimento. Há um chamado do Papa Francisco para que a acolhida dos migrantes possa abrir espaços para um intercâmbio que favoreça "novas sínteses culturais" (EG, n. 210). O fenômeno da migração traz em seu bojo a questão das diferenças, da pluralidade. O ambiente juvenil é um universo de diversos rostos, histórias e sonhos que precisam ser alimentados. A pessoa de Jesus, vivo, tem de fazer parte desse universo como ponto de encontro, como referência essencial, como motivação para uma verdadeira caridade, para o encontro com o outro. É necessária uma ação evangelizadora que respeite cada um, em primeiro lugar o entendendo como pessoa, como outro... sem pretensões globalizantes, e ao mesmo tempo preparando pessoas capazes de viver no mundo globalizado, sem perder seus valores essenciais, sem desprezar a própria família e comunidade de origem.

6. Pastoral juvenil popular

A cultura, as raízes, constituem um povo. "Pertencer a um povo é fazer parte de uma identidade comum, formada por vínculos sociais e culturais" (FT, n. 158), ao mesmo tempo aberta "a novas sínteses, assumindo em si o que é diverso" (FT, n. 160). Nesse sentido, a

Christus vivit propõe uma pastoral juvenil popular, ou seja, aberta ao diferente, enraizada na própria cultura e, ao mesmo tempo, capaz de acolher e dialogar, de portas abertas e disposta a caminhar junto sem deixar ninguém para trás.

A assimilação da cultura é um processo lento, difícil (FT, n. 158), que requer tempo e paciência. Entretanto, não se trata de fechar-se em uma cultura de forma a não dar espaço para as diferenças. A pluralidade das sociedades atuais e das juventudes exige uma postura de abertura, capacidade de diálogo e interação, sem negar a si mesmo, mas "se deixar mover, interpelar, crescer, enriquecer por outros; e, assim, pode evoluir" (FT, n. 160).

> [...] precisamos de uma pastoral juvenil popular que abra as portas e dê espaço a todos e cada um, com suas dúvidas, traumas, problemas, e à sua busca de identidade, com os seus erros, suas histórias, suas experiências do pecado e todas as suas dificuldades (CV, n. 234).

Francisco tenciona uma pastoral juvenil capaz de acolher a todos nas suas condições, inclusive pecadores ou, talvez se pudesse dizer, principalmente a estes. Ser uma pastoral juvenil popular é ser Igreja "hospital de campanha depois de uma batalha", em que é "inútil perguntar a um ferido grave se tem as taxas de colesterol ou de açúcar altos. Devem curar-se as suas feridas. Depois podemos falar de todo o resto" (FRANCISCO, 2013a). O Papa propõe que a evangelização das novas gerações supere o elitismo puritano, seletivo, desencarnado da realidade dos jovens, e abra-se para criar "espaços inclusivos" (CV, n. 234), em que todos os tipos de jovens se vejam diante de uma Igreja de portas abertas.

Segundo Borghesi, a partir da teologia do povo, referência para o Papa Francisco (BORGHESI, 2018, p. 65s), "popular" significa também valorizar a sabedoria do povo, o *sensus fidei,* e colocar-se à escuta desse mesmo povo, permitir que ele seja artífice da própria história. Nesse sentido, a pastoral juvenil popular abarca também a questão da sinodalidade. Pastoral juvenil "só pode ser sinodal", diz-nos o Papa, participativa e corresponsável (CV, n. 206), que valoriza os dons de cada um e incorpora as contribuições de todos.

Uma pastoral juvenil popular é também aquela que se ocupa com o bem de todos (FT, n. 162) e tem especial cuidado com os mais fracos, os mais feridos, os mais pobres. Trata-se de superar toda divisão e acolher as diferentes formas de relação com o sagrado, inclusive, colocando-as em diálogo para o crescimento mútuo.

7. Busca e crescimento

Por fim, a *Christus vivit* propõe "duas grandes linhas de ação" para a prática pastoral:

> Queria apenas assinalar, brevemente, que a pastoral juvenil supõe duas grandes linhas de ação. Uma é a busca, a convocação, a chamada que atrai novos jovens para a experiência do Senhor. A outra é o crescimento, o desenvolvimento de um percurso de maturação para quantos já fizeram essa experiência (CV, n. 209).

Estes são dois pontos essenciais que implicam o chamado e o acompanhamento, o convite e o espaço de escuta e de presença, a novidade e o convívio na comunidade eclesial. Há momentos para chamar, para arrebanhar, para celebrar, eventos e atividades que mobilizam a juventude, e estes são muito importantes, mas é essencial o "caminhar juntos", ser presença, individuar cada jovem e acompanhá-lo. E acompanhar supõe dois movimentos: acompanhamento personalizado e estruturas (grupos, atividades) em que o jovem se sinta acolhido e cultive a experiência de encontro com o Senhor em um constante "aprofundamento do querigma" (EG, n. 160).

Retomando a *Evangelii gaudium*, n. 24, temos: "A Igreja 'em saída' é a comunidade de discípulos missionários que 'primeireiam', que se envolvem, que acompanham, que frutificam e festejam". Dar o primeiro passo, ir em busca, anunciar Jesus Cristo vivo, cuidar, promover a vida, enfim, ir ao encontro do jovem onde ele está, é apelo constante no sínodo da juventude. Buscar, convocar, atrair são os verbos que o Papa destaca. Trata-se de renunciar à certeza de que a fé e o conhecimento de Jesus estão pressupostos pela família ou pela sociedade, supostamente cristianizada, que cumpririam a tarefa da transmissão da fé. A Igreja é a responsável por dar o primeiro passo, ir em busca onde as pessoas estão.

Na Pastoral Juvenil, concretamente, a busca se dá por meio de eventos, de retiros, de atividades abertas e marcantes. Dá-se também nos convites pessoais, nas visitas ao jovem doente, enlutado, ferido, no amparo ao desempregado ou desesperançado, na presença nas redes sociais, nas instituições educativas, de esporte e lazer. É a pastoral que "entra na vida diária dos outros, encurta as distâncias, abaixa-se – se for necessário – até à humilhação e assume a vida humana" (EG, n. 24). Depois de primeirar, a pastoral juvenil deve acompanhar o crescimento de cada um, com paciência.

O acompanhamento foi tema constante na reflexão sinodal. A fé em Jesus é anunciada e alimentada no acompanhamento da comunidade eclesial (DAp, n. 156-158). O sínodo reconhece que há estruturas de acompanhamento como os grupos de catequese, de jovens, de espiritualidade entre tantos, mas também é necessário o acompanhamento individual. "Existe uma complementaridade constitutiva entre o acompanhamento pessoal e o comunitário" que cada grupo é chamado a "articular de maneira original" (SGSB, *Documento final*, 2018, n. 95), disseram os sinodais.

Na realidade brasileira, pode-se entender que as múltiplas expressões juvenis constituem, cada uma delas, uma estrutura de acompanhamento. A paróquia, igualmente, precisa ter espaços em que o jovem possa sentir-se parte da comunidade. As pastorais, de forma geral, devem estar de portas abertas para acolher e valorizar a presença dos jovens. Mas não pode haver negligência quanto ao acompanhamento individual. O sacramento da Reconciliação (SGSB, *Documento final*, 2018, n. 98) é um dos instrumentos para caminhar ao lado dos jovens, mas no sínodo eles pedem mais. Querem ser acompanhados diante das escolhas de vida (SGSB, *Documento final*, 2018, n. 91). A evangelização juvenil coloca a pessoa de Jesus, sua missão, suas opções como critérios de eleição para a vida do jovem cristão. Isso exige discernimento, que é "um dom a pedir", mas que precisa também ser cultivado na "oração, reflexão, leitura e bom conselho" (Gex., n. 166). Os jovens precisam de pessoas preparadas para ajudá-los nesse cultivo, de forma a, cada vez mais, reconhecer a voz do Senhor. Pessoas que possam oferecer tempo, escuta, ajudá-los a perceberem os sinais da graça, os anseios para o futuro, sempre com paciência (CV, n. 291-297).

O acompanhamento exige o testemunho pessoal dos evangelizadores. Francisco afirma que, "para acompanhar os outros neste caminho, primeiro precisas de ter o hábito de o percorreres tu próprio" (CV, n. 298). A evangelização querigmática exige que "o anúncio deve ser feito na força do Espírito Santo e baseado no testemunho pessoal" (CNBB, 2009, n. 10). O que os jovens pediram no sínodo é acompanhado das seguintes características:

> [...] ser um cristão fiel comprometido na Igreja e no mundo; uma tensão contínua para a santidade; não julgar, mas cuidar; escutar ativamente as necessidades dos jovens; responder com gentileza; conhecer-se; saber reconhecer os seus limites; conhecer as alegrias

e as tribulações da vida espiritual. Uma qualidade de primária grandeza é saber reconhecer-se humano e capaz de cometer erros: não perfeitos, mas pecadores perdoados (CV, n. 245).

A Igreja precisa estar presente na caminhada do jovem, acompanhando-o com estruturas adequadas, de forma comunitária e/ou pessoal, não simplesmente de acordo com a disponibilidade dos evangelizadores, mas conforme a situação existencial de cada jovem. O comunitário não é massificador. Cada jovem, na pastoral juvenil, precisa ser conhecido e reconhecido em sua identidade pessoal. A opção preferencial pelos jovens, feita desde Medellín, deve traduzir-se na preparação de agentes evangelizadores capazes de perceber as necessidades reais da juventude, seus anseios e sede de sentido, hábeis para decidir e agir proporcionando o acompanhamento adequado, que tem em vista o crescimento integral de cada pessoa.

As estruturas e o acompanhamento pessoal são os espaços onde o "propor a fé aos jovens" se concretiza. É necessário sair e ir aos lugares nos quais os jovens se encontram, ao mesmo tempo em que se cria na Igreja ambientes de acolhida, de convívio, de partilha, de vida, para que os jovens possam sentir-se sustentados no seguimento, aprofundem o querigma e vivenciem a própria vocação. Isso requer evangelizadores que estejam, inicialmente, comprometidos com a própria vocação de "amizade com o Senhor".

Conclusão

A evangelização das novas gerações é questão vital para o futuro da Igreja. A proposta da *Christus vivit* é que a pastoral juvenil tenha à frente o querigma e desperte para a resposta vocacional. Que seja popular, acolhedora e promova a pessoa na sua totalidade, valorizando suas raízes, respeitando seus limites e acompanhando, pacientemente, o seu desenvolvimento. Que saiba formar para acolher as diferenças e considere todas as iniciativas, "não importa a cor delas: se são 'conservadoras ou progressistas', se são 'de direita ou de esquerda'" (CV, n. 205). Que valorize as qualidades dos jovens, potencialize seus sonhos de transformação social e os façam testemunhas do encontro com o Senhor, tornando-se, eles próprios, "agentes da pastoral juvenil" (CV, n. 203).

Na verdade, a proposta da pastoral juvenil é um paradigma de evangelização para os tempos de hoje, para homens e mulheres inseridos neste ambiente secularizado, global e plural. Isso exige a Igreja em saída, "hospital de campanha", pronta para acolher e sarar as feridas, disposta a "primeirar" e "acompanhar" cada pessoa em sua condição existencial e social.

A evangelização juvenil requer reflexão, construção coletiva de métodos, de estruturas organizacionais, mas precisa, sobretudo, de tempo e paciência para acompanhar processos de crescimento. Não pode, porém, perder de vista a razão primeira da ação pastoral: o anúncio de Jesus Cristo, que vive e quer vivo cada jovem.

Referências

BÍBLIA SAGRADA. Tradução da CNBB. 10. ed. Brasília: CNBB, 2018.

BORGHESI, Massimo. *Jorge Maria Bergoglio*: uma biografia intelectual. Petrópolis: Vozes, 2018.

CELAM. *Documento de Aparecida*: texto conclusivo da V Conferência Geral do Episcopado Latino-Americano e do Caribe. São Paulo: Paulinas, 2007.

CONFERÊNCIA NACIONAL DOS BISPOS DO BRASIL. *Anúncio querigmático e evangelização fundamental*. Brasília: CNBB, 2009. Subsídios doutrinais 4.

FRANCISCO. *Entrevista do Papa Francisco*. 2013a. Pe. Antonio Spadaro. Disponível em: https://www.vatican.va/content/francesco/pt/speeches/2013/september/documents/papa-francesco_20130921_intervista-spadaro.html. Acesso em: 25 abr. 2021.

FRANCISCO. *Exortação Apostólica "Evangelii gaudium"*: sobre o anúncio do Evangelho no mundo atual. São Paulo: Paulinas, 2013b.

FRANCISCO. *Exortação Apostólica "Gaudete et exultate"*. São Paulo: Paulinas, 2013c.

FRANCISCO. *Discurso na vigília com jovens na JMJ Panamá*. Roma: Editrice Vaticana, 2019. Disponível em: https://www.vatican.va/content/francesco/pt/speeches/2019/january/documents/papa-francesco_20190126_panama-veglia-giovani.html. Acesso em: 15 mar. 2021.

FRANCISCO. *Exortação Apostólica Pós-sinodal "Christus vivit"*: aos jovens e a todo o Povo de Deus. São Paulo: Paulinas, 2019.

FRANCISCO. *Carta encíclica "Fratelli tutti"*: sobre a fraternidade e a amizade social. São Paulo: Paulinas, 2020.

PINHO, J. E. B. de. Transmitir e propor a fé: encruzilhadas e desafios. *Humanística e Teologia*, v. 34, n. 1, p. 39-69, 1º jan. 2013. Disponível em: https://revistas.ucp.pt/index.php/humanisticaeteologia/article/view/9059. Acesso em: 10 abr. 2021.

SECRETARIA GERAL DO SÍNODO DOS BISPOS (SGSB). *Documento preparatório*: os jovens, a fé e o discernimento vocacional. Documento preparatório com questionário anexo, com carta do Papa aos jovens. São Paulo: Paulinas, 2017.

SECRETARIA GERAL DO SÍNODO DOS BISPOS (SGSB). *Documento final da reunião pré-sinodal:* os jovens, a fé e o discernimento vocacional. Roma: Editrice Vaticana, 2018.

Disponível em: http://www.synod.va/content/synod2018/pt/apresentacao-della-reuniao/documento-final-da-reuniao-pre-sinodal.html. Acesso em: 26 abr. 2021.

SECRETARIA GERAL DO SÍNODO DOS BISPOS (SGSB). *Carta aos jovens*: os jovens, a fé e o discernimento vocacional. São Paulo: Paulinas, 2019.

Pastoral e os desafios socioambientais

Marina Paula Oliveira (Arq. Belo Horizonte)

Introdução

Analisando a grave crise que atravessamos, percebemos que ela é produto da má gestão e distribuição dos recursos naturais, o que produz terríveis impactos em nossas vidas. Enchentes, tornados, dias virando noites, em razão da fumaça de queimadas, desmatamentos, rompimentos de barragens, rios assassinados, óleo tomando conta de praias e Covid-19. A lista que ilustra a crise da qual somos parte é crescente. Trata-se de uma crise ambiental, social, política, econômica, sanitária, ética e até civilizacional. Isso posto, percebemos a necessidade de pensar outra globalização que supere a lógica da idolatria do dinheiro e contemple caminhos de justiça socioambiental.

A partir desse contexto, é fundamental pensar e refletir sobre nossa missão de cristãos/ãs no mundo de hoje. Para isso, é urgente promover trabalhos pastorais que estejam profundamente conectados com as necessidades de nossa realidade social e ambiental. Segundo o capítulo 4 de Lucas, a missão pastoral da Igreja, seguindo o programa missionário de Jesus, é libertar aqueles que se encontram em situação de opressão: "O Espírito do Senhor está sobre mim, pois ele me ungiu para anunciar o Evangelho aos pobres: enviou-me para proclamar a liberdade aos presos e, aos cegos, a visão; para pôr em liberdade os oprimidos e proclamar um ano do agrado do Senhor" (Lc 4,18-19).

Nesse sentido, a missão principal da Igreja é a construção do Reino de Deus na terra. Reino de Deus que somente é possível através da promoção da justiça social, econômica e ambiental. Se o trabalho pastoral é o que nos aproxima do projeto de Jesus, a nossa missão, enquanto cristão/ã, é lutar para garantir que exista justiça social entre os povos e sustentabilidade ambiental em nossa casa comum. Para isso, é urgente que nossa dinâmica pastoral fortaleça a crescente consciência de que somos todos irmãos e irmãs, habitantes de uma "casa comum".

A dinâmica pastoral de nossa Igreja não permanece fiel ao Evangelho se não estiver em profundo diálogo com as realidades sociais. Nesse sentido, é muito oportuno lembrarmos o que disse o Concílio Vaticano II: "As alegrias e as esperanças, as tristezas e as angústias dos homens de hoje, sobretudo dos pobres e de todos aqueles que sofrem, são também as alegrias e as esperanças, as tristezas e as angústias dos discípulos de Cristo" (GS, n. 1).

O Papa Francisco nos convida, principalmente a partir de suas encíclicas, exortações e documentos, a trilhar um caminho de conversão, em direção ao Reino de Deus. Esse caminho tem sido construído a partir de diferentes perspectivas pastorais, envolvendo temáticas variadas, que sempre apontam para o que chamaremos de "conversão". Ao longo dos últimos anos, podemos identificar pelo menos cinco conversões fundamentais propostas por Francisco, a saber: (1) Conversão eclesial; (2) Conversão ecológica; (3) Conversão econômica; (4) Conversão cultural; (5) Conversão pedagógica.

1. A conversão eclesial

A partir da *Exortação Evangelii gaudium*, lançada em 2013, podemos identificar o esforço de Francisco em elaborar reflexões que abarcam a necessidade de uma virada eclesial. Ele nos convida a "recuperar o frescor original do Evangelho" (EG, n. 11) e nos recorda os perigos provenientes do aprisionamento de práticas estritamente litúrgicas e eclesiais, que desconsiderem os gritos de nossos territórios:

> Prefiro uma Igreja acidentada, ferida e enlameada por ter saído pelas estradas, a uma Igreja enferma pelo fechamento e a comodidade de se agarrar às próprias seguranças. Não quero uma Igreja preocupada com ser o centro, e que acaba presa num emaranhado de obsessões e procedimentos (EG, n. 49).

Francisco deseja que sejamos uma "Igreja em saída", em direção daqueles que mais sofrem: uma Igreja pobre, com os pobres e para os pobres. Dessa forma, é necessário redesenhar nossa missão espiritual a partir de uma conversão pastoral e missionária, profundamente comprometida em aproximar cada vez mais a nossa Igreja do caminho trilhado por Jesus (EG, n. 25). As periferias existenciais e geográficas devem reger toda a dinâmica pastoral da Igreja, caso ela queira ser, de fato, sinal da alegria do Evangelho. Diante dessas interpelações, há muitos ecos de novo dinamismo pastoral, pessoas e comunidades que se lançam na construção de novos tempos eclesiais. Porém, sabemos que o risco de acomodação, de fechamento em estruturas ultrapassadas, é muito grande.

2. A conversão ecológica

Lançada em 2015, por sua vez, a *Encíclica Laudato si'* chama a atenção para um novo tema: a ecologia. No entanto, Francisco é contundente ao reforçar que não é possível tratar a temática ambiental de maneira separada da social:

> Não há duas crises separadas: uma ambiental e outra social; mas uma única e complexa crise socioambiental. As diretrizes para a solução requerem uma abordagem integral para combater a pobreza, devolver a dignidade aos excluídos e, simultaneamente, cuidar da natureza (LS, n. 139).

Em outras palavras, o convite para uma conversão ecológica exige tanto o cuidado com a natureza como o cuidado com os irmãos que mais sofrem. O olhar amoroso e cuidadoso deve se voltar para toda a criação.

Partindo de uma profunda análise do que está acontecendo com nosso planeta, Francisco nos convida a contemplar o Evangelho da criação, abrindo horizontes para a consciência da *ecologia integral*, ou seja, a visão de que tudo está interligado. Essa travessia não se faz sem uma educação para uma nova espiritualidade ecológica, que transforma desde o estilo de vida individual, chegando a propor mudanças radicais globais.

Outra iniciativa que ilustra a necessidade dessa conversão ecológica é o Sínodo da Amazônia, no qual o Papa convocou lideranças de diferentes regiões amazônicas para discutir as particularidades de uma Igreja "amazonizada" e, portanto, mais próxima de seu povo. O Sínodo resultou na elaboração da *Exortação Pós-sinodal Querida Amazônia*, na qual é feita a demarcação das principais ameaças a nossa casa comum:

> Quando algumas empresas sedentas de lucros fáceis se apropriam da terra, mesmo privatizando sua própria água potável, ou quando as autoridades deixam suas mãos livres para madeireiros, projetos de mineração ou petróleo e outras atividades que devastam as

florestas e poluem o meio ambiente, elas transformam indevidamente as relações econômicas e se tornam um instrumento que mata (QA, n. 14).

Além disso, a exortação denuncia aqueles que se vendem a troco de pequenas vantagens econômicas, incluindo a nossa própria Igreja: "Não podemos excluir que membros da Igreja tenham feito parte das redes de corrupção, por vezes chegando ao ponto de aceitar manter silêncio em troca de ajudas econômicas para obras eclesiais" (QA, n. 25). A urgência da conversão ecológica abrange nossa fidelidade ao Criador como cuidadores de toda obra criada e não como apenas exploradores.

Enche-nos de esperança a proposta dos sonhos: social, cultural, ecológico e eclesial. Em todos eles podemos notar o desejo de uma Igreja viva, que nasce da experiência das comunidades dos povos originários, dos quilombolas, ribeirinhos. Igreja formada pela força das ricas expressões das diversas culturas dos povos amazônicos. Sonhos de uma verdadeira Igreja em saída, inserida nas mais variadas realidades de nossas comunidades, e presente, como guardiã do planeta, nos territórios ameaçados pela exploração de grandes negócios que somente visam ao lucro.

3. A conversão econômica

Em 2019, Francisco fez um novo convite aos jovens de todas as partes do planeta. Esses jovens estudantes, empresários, militantes de movimentos sociais e pesquisadores foram convocados para refletir e discutir os pilares da economia de Francisco e Clara: "Uma economia diferente, que faz viver e não mata, inclui e não exclui, humaniza e não desumaniza, cuida da criação e não a depreda" (FRANCISCO, 2019b).

Essa economia estaria comprometida com a vida em primeiro lugar, valorizando as potencialidades das comunidades em suas realidades locais, em detrimento do capital transnacional, que invade, sufoca e destrói os territórios de nossa casa comum. Essa discussão nos levaria ao encontro da conversão econômica, iluminando a economia do bem comum, que está a serviço de todas as criações.

Em um contexto de crise socioambiental global, inserir esse elemento em nossa dinâmica pastoral ajuda-nos a fortalecer nossa presença solidária no mundo. Somos peritos na vivência da caridade, na distribuição de alimentos e de outros bens aos pobres. No entanto, nem sempre ousamos pensar quais as causas da pobreza. Em muitos casos, dentro de nossas próprias comunidades, constatamos o que já dizia Dom Helder Camara: "Se dou alimento aos pobres, vocês me chamam de santo. Mas se pergunto pelas causas da pobreza, me chamam de comunista". Inserir a perspectiva da economia de Francisco e Clara em nossa caminhada pastoral certamente ajudará, e muito, a superarmos o perigo de separar a fé da vida cotidiana.

4. A conversão cultural

No mesmo ano da promoção do encontro da "Economia de Francisco e Clara" (2020), o Papa Francisco lançou uma nova encíclica, a *Fratelli tutti*, que aborda as temáticas da fraternidade e da amizade social. Segundo Francisco, a realidade social na qual vivemos exige que consolidemos um "pacto cultural, que respeite e assuma as diversas visões do mundo, as culturas e os estilos de vida que coexistem na sociedade" (FT, n. 219). A acolhida dos imigrantes, a superação da violência, a busca de terra, teto e trabalho para todos são temas importantes na construção de uma nova cultura.

A partir da parábola do Bom Samaritano, a Igreja do serviço ganha destaque na *Fratelli tutti*, pois é aquela que sente compaixão com a dor de quem sofre e que, em contrapartida, altera seu próprio trajeto para transformar e melhorar a realidade desse próximo. Trata-se do esforço de construir uma sociedade do afeto, do amor, do encontro e do diálogo entre os diferentes. Nesse ponto, todas as religiões devem estar em diálogo e superar rivalidades que, em muitos períodos da história, causaram tantos danos aos seres humanos.

Para isso, precisamos dar um passo em direção à conversão cultural, embasada profundamente no amor e em nada mais. Contudo, esse amor incontestável não significa que devamos concordar com pessoas e grupos que promovem injustiças sociais. Ao contrário, amar significa lutar e exigir a plena liberdade de todos os povos:

> Somos chamados a amar a todos, sem exceção, mas amar a um opressor não significa consentir que continue a ser tal; nem levá-lo a pensar que é aceitável o que faz. Pelo contrário, amá-lo corretamente é procurar, de várias maneiras, que deixe de oprimir, tirar-lhe o poder que não sabe usar e que o desfigura como ser humano (FT, n. 241).

Trabalhar a relação entre fé e política torna-se, assim, uma tarefa imprescindível em nossa vida pastoral.

5. A conversão pedagógica

Convencido de que a educação é também uma pauta prioritária que atravessa as fronteiras de diferentes nações, Francisco convocou gestores que atuam na área para discutir uma proposta educativa que seja mais diversa, plural e inclusiva, reavivando "o compromisso em prol e com as gerações jovens, renovando a paixão por uma educação mais aberta e inclusiva, capaz de escuta paciente, diálogo construtivo e mútua compreensão" (FRANCISCO, 2019a).

Para a implementação dessa proposta educativa, é necessário fazer uma virada pedagógica, enxergando as complexidades presentes em diferentes realidades que formam aquilo que Francisco nomeia como "aldeia educativa", incluindo a importância de trabalhar a educação de maneira conectada e articulada com o ambiente da escola, da família e da sociedade como um todo.

6. Desafios pastorais sob a perspectiva socioambiental

A partir dessas motivações da Palavra de Deus e do Magistério de Francisco, trataremos de 10 desafios que consideramos centrais para o desenvolvimento de um trabalho pastoral que esteja atento às realidades socioambientais de nossos territórios.

6.1. Promover o protagonismo dos leigos, com ênfase na atuação de mulheres

A partir de uma conversão eclesial, é necessário romper com as amarras do clericalismo rígido, que nos impede de viver o Reino de Deus em plenitude, isto é, de viver uma Igreja que respeite e potencialize os dons de seu povo. Sendo assim, é primordial que haja a valorização do protagonismo dos leigos, especialmente das mulheres, que foram e ainda são historicamente invisibilizadas pela nossa Igreja e pela sociedade de maneira geral. Para isso, os conselhos pastorais e administrativos são instâncias que devem ser levadas a sério e precisam refletir a diversidade presente na nossa sociedade, afinal, não existe casa comum se alguém ficar para trás.

6.2. Fomentar o ecumenismo e a sinodalidade da Igreja

Ninguém se salva sozinho. Por isso, é missão do Povo de Deus dialogar com crenças e culturas diferentes. Essa escuta real das diferentes vozes e gritos possibilita a consolidação de territórios férteis e ainda mais produtivos para o projeto de Jesus Cristo na Terra. É claro que isso exige de nós uma profunda conversão cultural, que coloque o amor no centro de nossa sociedade. As polêmicas surgidas durante a Campanha da Fraternidade Ecumênica de 2021 mostraram muito bem a perigosa tendência do fundamentalismo religioso, do radicalismo de quem não se abre ao diálogo.

6.3. Lutar pelas políticas públicas como testemunho concreto de opção pelos pobres

É preciso romper com a noção de que a esmola em experiências isoladas é suficiente para uma pastoral autenticamente cristã e católica. Em uma das partes da *Fratelli tutti*, encontramos como tarefa de nossa evangelização a busca pela boa política. Em tempos de crises tão profundas, é missão do cristão ir à raiz dos problemas para propor alternativas. "Solidariedade é também lutar contra as causas estruturais da pobreza, a desigualdade, a falta de trabalho, a terra e a casa, a negação dos direitos sociais e laborais. É fazer frente aos efeitos destrutivos do império do dinheiro [...]" (FT, n. 116). É fundamental lutar pelos direitos dos povos indígenas, das pessoas negras, da comunidade LGBTQI+ etc., comunidades que sofrem com preconceitos absurdos. Foi o próprio Jesus quem nos disse: "Em verdade eu vos digo que as prostitutas e os publicanos vos precederão no Reino de Deus" (Mt 21,31).

6.4. Valorizar as realidades locais, formando redes de comunidades

As *Diretrizes Gerais da Ação Evangelizadora da Igreja no Brasil* (2019-2023) nos propõem pensar a Igreja como rede de comunidades eclesiais missionárias. Para isso, são pensados os pilares essenciais:

Casa da Palavra, Casa do Pão, Casa da Caridade e Casa da Missão. Esses alicerces sustentam toda e qualquer comunidade e devem ser vividos a partir de cada realidade. Porque vivemos em uma realidade plural, com traços fortes de mobilidade, a pastoral deve cuidar para que cada comunidade seja um verdadeiro espaço de acolhida e escuta; um espaço privilegiado para construção de relações de amizade e para o aprofundamento cotidiano da fé.

6.5. Fortalecer uma comunicação popular e libertadora

A pandemia de Covid-19 tem deixado ainda mais claro como a comunicação é eixo central de nossa cultura contemporânea. As redes sociais se proliferam cada vez mais, trazendo muitos benefícios. No entanto, existem muitas formas de comunicação que favorecem o domínio e o monopólio de poucos privilegiados. Como antídoto, a pastoral deve investir em uma comunicação que seja popular e libertadora. Que saiba dar voz aos mais vulneráveis e às suas causas. A Pastoral da Comunicação (PASCOM) tem a nobre missão de auxiliar nesse processo, inclusive promovendo a inclusão digital dos mais pobres. Comunicar na perspectiva do Evangelho é libertar as vozes silenciadas por aqueles que dominam a história, as narrativas. Uma comunicação que seja formadora de consciência crítica.

6.6. Promover a formação dos leigos, com ênfase na catequese inicial e permanente

Quando se fala em catequese, muitos pensam somente na iniciação das novas gerações aos conteúdos de nossa fé católica. No entanto, descobrimos, cada vez mais, a necessidade de uma catequese que seja transdisciplinar e para todas as gerações. Na escola de Jesus todos somos aprendizes. Um exemplo concreto dessa renovação é a urgente necessidade de incluir questões como "ecologia integral" nos ensinamentos catequéticos.

Entendendo que a ecologia integral é elemento transversal de todo processo de conversão pastoral de nossa Igreja, deve ganhar destaque espiritual. Não se trata aqui de um tema terceirizado aos ambientalistas. Vivemos em uma casa comum, na qual o amor trinitário habita em cada criatura e nos criou como parceiros do cuidado dessa obra. A *Pachamama*, "deusa da fertilidade", "Mãe terra", cultuada pelos nossos povos primitivos, envia-nos a reconhecer a terra como sujeito de direito. Para isso, uma espiritualidade ecológica terá papel fundamental nos caminhos da evangelização nos tempos atuais.

6.7. Defender um projeto de educação popular com foco nas novas gerações

Infância e juventude são etapas da vida que mais necessitam de cuidado e formação. Notamos que a defasagem é grande, geralmente por falta de acesso às instituições oficiais de ensino. Nesse horizonte, a pastoral de nossa Igreja, com a capilaridade que possui, deve investir na formação integral de nossas crianças, adolescentes e jovens. Há metodologias populares acessíveis que apostam em uma educação libertadora. O Pacto pela Educação, proposto pelo Papa Francisco, merece toda nossa atenção, sobretudo nas realidades mais carentes de nossa sociedade. Contudo, apesar de nos esforçarmos internamente para garantir o compromisso com a educação popular em nossos espaços, é necessário nos somarmos à luta por políticas públicas que assegurem o acesso a uma educação popular e de qualidade para todos e para todas.

6.8. Promover o diálogo entre liturgia e devoção popular

A liturgia, de modo particular a celebração dos sacramentos, sustenta a caminhada do cristão. Sem a dimensão espiritual, orante e mística, todo trabalho pastoral pode terminar sendo apenas o cumprimento de tarefas burocráticas. A sabedoria popular revela o quanto essa dimensão é importante, sobretudo nas expressões de piedade popular. A festa, a dança, o canto, a arte e a poesia de nosso povo revelam a profundidade da fé. Por isso, essa fonte rica deve ser acolhida pela liturgia "oficial", em um diálogo que faz crescer a comunhão com o mistério trinitário de Deus. Nesse ponto, a pastoral deve cuidar, com zelo, das tradições culturais e religiosas existentes em cada realidade, como patrimônio da Igreja.

6.9. Construir e defender um projeto popular de sociedade

Para construir o Reino de Deus na Terra, precisamos colocar o povo em lugar de centralidade na sociedade. Isso significa que precisamos investir em iniciativas que garantam o protagonismo e o empoderamento do nosso povo. Para isso, é importante priorizar, incentivar e fortalecer as pastorais sociais e as articulações dos movimentos populares.

Além disso, é necessário investir na formação e na criação de grupos de leigos, religiosos e presbíteros, que se preocupem em discutir os processos políticos de nossa sociedade, enxergando a atuação da Igreja de maneira global, orgânica e articulada, promovendo a unidade e a comunhão com o projeto de Deus, à luz dos ensinamentos bíblicos e da Doutrina Social da Igreja.

6.10. Compreender que a Igreja, enquanto Povo de Deus, está em construção

Para além de nos comprometermos a enfrentar os desafios já postos, é necessário estarmos atentos aos novos gritos que surgem ao longo de nossa jornada. Assim como nos mostra a parábola do Bom Samaritano, é nosso dever, enquanto cristãos, mudar a rota de nossos caminhos para cuidar das dores do próximo. Isso significa que o caminho de conversão a ser percorrido para a construção do Reino de Deus não se restringe às conversões citadas anteriormente: conversão eclesial, ecológica, econômica, cultural e pedagógica. Ao contrário, é preciso manter o olhar atento, amoroso e cuidadoso, para que sejamos capazes de identificar novos desafios socioambientais e responder como o próprio Cristo responderia, de preferência com bastante agilidade, a fim de evitar danos, impactos e sofrimentos desnecessários sob aqueles que já sofrem.

Referências

FRANCISCO. *Exortação apostólica "Evangelii gaudium"*: sobre o anúncio do Evangelho no mundo contemporâneo. São Paulo: Paulinas, 2013.

FRANCISCO. *Carta Encíclica "Laudato si'"*: sobre o cuidado da casa comum. São Paulo: Paulinas, 2015.

FRANCISCO. *Mensagem para o lançamento do Pacto Educativo*, 2019a. Disponível em: https://www.vatican.va/content/francesco/pt/messages/pont-messages/2019/documents/papa-francesco_20190912_messaggio-patto-educativo.html. Acesso em: 25/04/2021.

FRANCISCO. *Carta para o evento "Economia de Francisco"*. 2019b. Disponível em: https://www.vatican.va/content/francesco/pt/letters/2019/documents/papa-francesco_20190501_giovani-imprenditori.html. Acesso em: 22/04/2021.

FRANCISCO. *Carta Encíclica "Fratelli tutti"*: sobre a fraternidade e a amizade social. São Paulo: Paulinas, 2020.

FRANCISCO. *Exortação Apostólica Pós-Sinodal Querida Amazônia*. São Paulo: Paulinas, 2020.

Fé, política e cidadania: campo de ação sociopolítica e pastoral

Robson Sávio Reis Souza (FAJE; PUC-Minas)

Introdução

O tema deste artigo possibilita uma série de abordagens. Proponho três recortes nesta oportunidade: o *primeiro*, um breve histórico do que vem a ser um amplo movimento eclesial denominado "fé e política", que se identifica com uma ética cristã comprometida com valores como igualdade, justiça social, combate a todas as formas de preconceito, descriminalização da política no ambiente eclesial, inserção dos cristãos em vários âmbitos da atividade política, entre outras ações teórico-práticas.

O *segundo* recorte é uma tentativa de breve análise de como esse campo de fé e política está organizado no Brasil atualmente, considerando também, em um *terceiro* recorte: quais os desafios que a realidade sociopolítica contemporânea demanda nesse campo de ação – protagonizado por leigas e leigos católicos atuantes em movimentos, grupos e outros coletivos sociais e eclesiais, mas que conta também com a participação de religiosos e ministros ordenados, como veremos na sequência.

1. História do movimento "fé e política" no Brasil

Iniciemos tratando do significado da expressão "fé e política". De maneira sintética e bastante objetiva, Frei Betto define:

> Fé e política são instâncias diferentes que se completam na prática da vida. A fé exige participação em uma comunidade religiosa para ser cultivada. A política exige participação nas demandas populares e o conhecimento dos problemas sociais para ser consequente. A política deve se pautar por valores que, em geral, coincidem com os valores das propostas religiosas, como direitos dos excluídos, vida para todos, partilha de bens, poder como serviço e outros. Sem esses valores, a política vira politicagem, e a corrupção produz a inversão que prioriza o pessoal ou o corporativo em detrimento do social e do coletivo (FREI BETTO, 2019).

Considerando essas relações entre fé e política, podemos localizar o início de um movimento intitulado "fé e política" no Brasil, a partir da década de 1990.

Porém, é preciso registrar que as origens de um amplo campo de atuação, debate, inserção e ação concreta dos leigos católicos na realidade sociopolítica, econômica e cultural brasileira, ou seja, uma experiência religiosa fecundada em uma ética cristã comprometida com valores sociotransformadores, remontam aos movimentos ligados à chamada "Ação Católica", que se organizaram a partir da terceira década do século passado.

Esses movimentos eclesiais protagonizados por leigos já na década de 1930 inicialmente atuavam em uma perspectiva conservadora e até reacionária. Mas, a partir da década de 1960, alguns desses movimentos (particularmente os setores de Juventude Universitária – JUC, Estudantil – JEC, Operária – JOC e Agrária – JAC), inspirados no "espírito" do Concílio Vaticano II, passaram a ter um perfil de grande engajamento sociopolítico, incluindo grupos com destacada ação política, sendo alguns rotulados de "revolucionários", os quais enfrentavam fortemente a malfadada ditadura civil-militar entre 1964 e 1985.

> Pelos meados dos anos 1960 e início de 1970, os cristãos engajados, a CNBB e a maioria dos bispos só aos poucos percebem o que está além dos conflitos e das ideologias. Descobrem a importância das pequenas mediações e a possibilidade de ser a voz dos sem voz, preparando o grande esforço de presença, ação transformadora e libertadora à luz da fé. Passa-se a valorizar o poder transformador das comunidades e das ações comunitárias. É a práxis pastoral e libertadora que se antecipa e torna-se a base da futura sistematização da chamada Teologia da Libertação. Aparecem, na pauta de preocupações, temas como a luta pelos direitos humanos, a defesa das minorias étnicas, a luta pela terra, a recuperação da dignidade dos trabalhadores. Como estratégia, destacam-se a organização do povo e a valorização de sua capacidade de ser agente de transformação, experimentando a solidariedade, capaz de conduzir, pela ação pacífica, constante e tenaz, a uma melhor qualidade de vida para todos (SOUZA, 2008, p. 48).

Na década de 1980, com a chamada "redemocratização", observamos novos perfis de atuação de movimentos sociais e também dos segmentos laicais envolvidos em ações sociopolíticas transformadoras para dentro e para fora da Igreja Católica. O clima de maior engajamento político de várias instâncias da sociedade, as transformações sociais advindas com as liberdades democráticas e o pluralismo religioso que já se apresentava à realidade cultural brasileira foram alguns dos fatores que podem justificar o novo modo de atuação dos leigos na vida eclesial.

Esses fatores criaram um quadro extremamente favorável ao surgimento de iniciativas de educação política, visando preparar as pessoas para atuarem conscientemente neste campo. Como as outras instituições sociais, também a Igreja foi influenciada por essas mudanças, não tanto por causa de um debate interno em torno de ideias, mas porque esse conflito social a levou a um novo posicionamento, ampliando seu conceito de sociedade e levando-a a rever sua missão, buscando novos caminhos para responder aos desafios. É o que se analisará em seguida (MAXWELL, s/d, p. 61).

Uma série de novas formas de atuação e participação das leigas e leigos católicos no cotidiano pastoral da Igreja, como as pastorais sociais e outros movimentos eclesiais, surgiram no bojo da Teologia da Libertação e estão na origem do que conhecemos como o campo eclesial denominado "fé e política".[1]

Trata-se de uma história complexa. Não temos a pretensão de detalhá-la. Mas o primeiro registro digno de nota desse vasto campo foi a criação do Movimento Nacional Fé e Política, em junho de 1989. No *site* do referido movimento está registrado que o Movimento foi criado "durante um encontro de pessoas unidas pela fé

---

[1] Denominamos de "campo de fé e política" porque nele identificamos um conjunto de movimentos, instituições, ações concretas e outras formas organizativas que comungam de uma mesma espiritualidade e práxis sociopolítica. Não se trata de vinculação institucional, mas de pertencimento a um modo de agir pastoral, social, eclesial e politicamente engajado. Estamos nos referindo a: grupos de fé e política; escolas de fé e política (de nível local e regional, inclusive algumas delas ligadas a outras igrejas cristãs, além da Igreja Católica); centros de articulação e formação em fé e política (como o Centro Nacional de Fé e Política Dom Helder Camara, o Núcleo de Estudos Sociopolíticos da PUC-Minas, o ISER/Assessoria, o Centro Ecumênico de Serviço à Evangelização e Educação Popular, entre outros); pastorais sociais; órgãos eclesiais (como CIMI, CPT etc.).

cristã engajada nas lutas populares, com o objetivo de alimentar a dimensão ética e espiritual que deve animar a atividade política".[2]

O Movimento Nacional de Fé e Política (MF&P) ampliou sua atuação e formas de mobilização ao longo dos anos, promovendo encontros de estudo, dias de espiritualidade, publicando os Cadernos de Fé e Política e, dez anos após sua criação, passou a promover grandes Encontros Nacionais de Fé e Política, sendo o último realizado em 2019, em Natal – RN.[3]

Ainda na década de 1990, a Conferência Nacional dos Bispos do Brasil (CNBB) publicou as Diretrizes Gerais da Ação Pastoral da Igreja no Brasil, para o quadriênio 1991-1994.

No número 248 dessas Diretrizes está assentado que "é urgente promover a atuação dos leigos nas diversas esferas da sociedade (política, ciência, técnica, artes, Meios de Comunicação Social)", e segue, no número 251, afirmando que "é preciso levar adiante o esforço de formação específica, preparando os cristãos para uma inserção ativa na sociedade" (CNBB, 1990, DGAE 1991-1994).

Em 1996, a CNBB lança a Campanha da Fraternidade com o tema "Fraternidade e Política". No número 179 do Texto-Base da Campanha está anotado que, à hierarquia católica, "na missão de alimentar, animar a união e a comunhão no interior da Igreja, cabe: [...] apoiar grupos e comunidades que buscam se encontrar para estudar os problemas políticos e acompanhar, de maneira educativa, os cristãos que militam nos partidos políticos" (CNBB, 1996, Texto-Base da CF, n. 179).

---

[2] Veja o histórico e a *Carta de Princípios do Movimento* em: https://fepolitica.org.br/historico/historico-do-movimento-nacional-fe-e-politica/. Acesso em: 21/04/2021.

[3] Encontros que chegaram a reunir milhares de cristãos de várias partes do Brasil, como os encontros de Ipatinga (2009), com 3.600 participantes; Nova Iguaçu (2007), com 4.500 participantes e Vitória (2006), com 4.000 participantes.

No número 180 do Texto-Base lemos:

> Para que os leigos desempenhem sua tarefa específica é sumamente importante que recebam uma especial e adequada formação para participação política que lhes possibilite: aprender a fazer análise da realidade; conhecer as propostas e práticas dos partidos e candidatos, aprendendo a respeitar a opção partidária dos outros; adquirir consciência crítica ante a realidade política; desenvolver a sua formação na fé e adquirir sólido conhecimento da Doutrina Social da Igreja para discernir e avaliar com critérios evangélicos a realidade e a ação política (CNBB, 1996, Texto-base da CF, n. 180).

Um pouco mais à frente, no número 200-A, o Texto-base propõe:

> Motivar os grupos de reflexão da CF/96 e os movimentos organizados e pastorais nas paróquias para fazerem um levantamento detalhado das forças políticas existentes no município (partidos políticos, associações, sindicatos, grupos populares, grupos de produção...) e oferecer o resultado do trabalho aos agentes políticos no final da Campanha. Propor a criação de Comissões de Acompanhamento Político (experiência de Feira de Santana-BA e União da Vitória-PR), formadas pelas pastorais sociais. Elas assistem a todas as reuniões da Câmara e informam os resultados mediante boletins. Estas experiências têm mudado a relação do agente político com a comunidade. Propor o levantamento, durante a CF/96, dos principais problemas do município, com propostas de solução, entregando-as aos agentes políticos (prefeito, vereadores, juízes, chefe do INSS, diretores de hospitais, presidentes de partidos políticos, sindicatos etc.). Proporcionar visitas às Prefeituras, Câmaras Legislativas ou dos Vereadores, Fóruns jurídicos [...] procurando saber quais os projetos existentes nas respectivas casas, a serviço das necessidades mais sentidas pelo povo (CNBB, 1996, Texto-base da CF, n. 200-A).

E, por fim, no número 209, a CNBB, com o objetivo de estimular a participação dos cristãos na política, sugere às igrejas locais que seja oferecido

> um espaço especial para reflexão e celebração: de grupos comunitários que articulem a fé e a vida, a fé e a política; assessoria pastoral que lhes permita crescer e aprofundar a sua fé; cursos para uma sólida formação política à luz da Doutrina Social da Igreja; oferta de espaço para que o dirigente político cristão possa ajudar a comunidade na sua formação política e compromisso social; instâncias de reflexão que facilitem o confronto das exigências proféticas do Evangelho com os projetos políticos; apoio e incentivo para impregnar o movimento social dos grandes valores éticos e cristãos do Evangelho (CNBB, 1996, Texto-base da CF, n. 209).

A partir da Campanha da Fraternidade de 1996, diversas dioceses iniciaram um processo de estímulo à criação dos chamados "grupos de fé e política".[4] Alguns desses grupos foram, posteriormente, transformados em "escolas locais de formação política para os cristãos" e, na sequência, de "escolas de fé e política".

Em 2005, a CNBB criou o Centro Nacional de Fé e Política "Dom Helder Câmara", o CEFEP, com o objetivo de articular e prover elementos técnico-teóricos a essas escolas, em todo território nacional. Segundo o documento de criação do CEFEP:

> A proposta do *Centro Nacional de Fé e Política "Dom Helder Câmara"* é o fruto de um processo de reflexão e debates, articulado pela Comissão Episcopal para o Laicato, através do texto "Escola de Formação Política para os Cristãos Leigos e Leigas". Este texto

---

[4] Por uma pressão de grupos mais conservadores e certa criminalização do termo "política" por múltiplos segmentos eclesiais e eclesiásticos, alguns grupos têm denominações diversas, como "grupos de fé e cidadania", "grupos de fé e vida" etc.

foi apresentado em várias instâncias: no Conselho Episcopal de Pastoral (CONSEP); na 42ª Assembleia Geral dos Bispos; no encontro dos Secretários executivos dos Regionais da CNBB; na V Assembleia dos Organismos do Povo de Deus. O processo de reflexão culminou com o "Seminário Fé e Política", realizado nos dias 19 a 20/06/2004, em Brasília – DF, com a presença de representações de 20 escolas locais de Formação Política dos cristãos em nível diocesano, regional e de movimentos eclesiais. [...] sendo que o Centro tem como objetivo "apoiar, estimular, articular e estabelecer parcerias com Grupos e Escolas de 'Fé e Política' e com outros organismos e entidades que tenham como temática central a Fé e a Política".[5]

Como registrado anteriormente, em dezenas de paróquias do Brasil foram criados os grupos de fé e política, e algumas dioceses já estavam investindo na criação de escolas de fé e política. Além de grupos de fé e política ligados a paróquias e dioceses, também surgiram grupos ligados a congregações religiosas. Na Faculdade Jesuíta de Filosofia e Teologia (FAJE), por exemplo, há um grupo de fé e política com longa caminhada. Também observamos grupos de fé e política ligados a outros movimentos eclesiais, como a Renovação Carismática Católica, os vicentinos, o Conselho Nacional dos Leigos e Leigas do Brasil, que tem um setor chamado "fé e política", movimentos sociais e instituições de ensino.[6]

Outra forma de ação que merece um breve registro é a criação de coletivos de fé e política: instâncias que congregam a participação

---

[5] Para mais informações sobre a história e criação do CEFEP, acesse: http://www.cefep.org.br/proposta-do-centro-nacional-de-fe-e-politica-dom-helder-camara/. Acesso em: 21/04/2021.

[6] Importante registrar que há grupos de fé e política ligados a movimentos eclesiais que não partilham do campo que estamos apresentando neste artigo, optando por uma ação minimalista da relação entre fé e política.

de militantes dos grupos de fé e política, movimentos sociais, grupos identitários, representantes de sindicatos e partidos políticos etc. A título de exemplo, na Arquidiocese de Belo Horizonte organizou-se, a partir de 2016, o Coletivo de Fé e Política, que tinha como objetivos iniciais "auxiliar o Núcleo de Estudos Sociopolíticos (NESP) na articulação, formação e ampliação dos grupos e práticas de fé e política existentes na Arquidiocese; articular a implementação das ações resultantes do 3º Encontro Arquidiocesano de Fé e Política; ajudar na elaboração das macrodiretrizes das ações de fé e política no âmbito arquidiocesano, subsidiando o NESP e o Vicariato da Ação Social e Política na tomada de decisões estratégicas; auxiliar o NESP na produção da Campanha Eleições 2016".[7] Esse Coletivo, ao longo do tempo, foi assumindo uma série de outras articulações no âmbito da Arquidiocese de Belo Horizonte.

Não faremos um histórico desse amplo movimento, que envolve a criação dos grupos e escolas de fé e política, pela sua complexidade. Mas, atualmente, ou seja, neste início da segunda década do século XXI, há no Brasil um número indefinido de grupos de fé e política e cerca de cem escolas de fé e política, de âmbito local, diocesano e regional, articuladas pelo CEFEP.

Além da rede de escolas de fé e política, criou-se em 2020 uma Rede Brasileira de Fé e Política, que comentaremos na sequência deste texto.

Até aqui, sem nenhuma pretensão de resumir a rica e complexa história do que estou denominando de "campo de fé e política", fizemos um pequeno histórico do que vem a ser esse setor eclesial de atuação sociopolítica. Podemos observar duas importantes iniciativas

---

[7] O "Coletivo de Fé e Política" é criado na Arquidiocese de Belo Horizonte. Veja em: https://arquidiocesebh.org.br/noticias/coletivo-de-fe-e-politica-e-criado-na-arquidiocese-de-belo-horizonte/. Acesso em: 21/04/2021.

que motivaram a constituição desse campo: uma, que chamamos de "eclesiástica", no sentido de esforços da Igreja Católica, principalmente através da CNBB, na articulação de grupos católicos envolvidos com a dimensão sociopolítica e transformadora da sociedade, investindo na criação de grupos, escolas e outras instâncias de formação e ação política, com vistas a uma atuação, mais ou menos institucional, na sociedade, através dos leigos. Outro movimento, que chamamos de "eclesial", caracterizado pela ação de cristãs e cristãos, leigas e leigos engajados politicamente em movimentos sociais, partidos políticos e outras instâncias sociais que articulam, há décadas, ações sociotransformadoras em parceria com o clero e a hierarquia católica.

É preciso destacar que há uma grande diversidade desse campo: grupos de fé e política, de base local (que pode ser paroquial, de uma cidade, diocese ou região), com múltiplas iniciativas, como mobilização sociocomunitária e atuação em grupos de acompanhamento do poder legislativo municipal; escolas de fé e política,[8] com formação (com metodologias de educação popular) de militantes sociais e articulação de redes de ação política, incluindo escolas de outras igrejas cristãs; instituições de formação, como o ISER/Assessoria e o CESEEP, incluindo algumas ligadas a estruturas institucionais da Igreja Católica, como o CEFEP (da CNBB) e o NESP (da PUC-Minas); movimentos de leigos com ações de mobilização, formação e articulação política, como o Movimento Nacional de Fé e Política; pastorais sociais e outros organismos eclesiais, como a Comissão

---

[8] Em 2013, o NESP/PUC-Minas publicou o livro *Fé, política e cidadania*, no qual disponibilizou os resultados de uma pesquisa realizada entre 2009 e 2013, com vistas a conhecer e caracterizar os grupos formados por leigos católicos que atuam em um campo que, em voz corrente, é designado "fé e política" na Arquidiocese de Belo Horizonte. Disponível em: https://nesp.pucminas.br/wp-content/uploads/2020/05/NESP.-Caderno-Tematico-n.-3-F%C3%A9-pol%C3%ADtica-e-cidadania-pesquisas.pdf. Acesso em: 02/05/2021.

Pastoral da Terra (CPT), o Conselho Indigenista Missionário (CIMI); redes de leigos que atuam nas Comissões de Justiça e Paz e nos Conselhos de Leigos.

Ainda é importante registrar a relação do campo de fé e política com a Teologia da Libertação e as Comunidades Eclesiais de Base. Todos esses grupos, movimentos, coletivos, escolas e instâncias têm uma estreita ligação com o que se denomina "espiritualidade político-libertadora" ou "sociotransformadora" e, com maior ou menor grau de ação e inserção sociopolítica, atuam, em perspectiva cristã, de diferentes formas e modos em vários espaços da sociedade.[9]

Outro registro importante: o campo de fé e política tem uma relação bastante próxima com a chamada "esquerda católica". Trata-se de uma longa discussão sobre a ação política dos cristãos católicos ao longo do último século no Brasil, que não é objeto deste estudo, mas merece um registro.

Pedro Ribeiro, em 2011, faz uma distinção entre a esquerda católica clássica, de 1950-1960, e a "nova" geração de católicos – leigos e leigas, clérigos e religioso/as –, vinculados às CEBs, pastorais sociais e organismos de defesa dos direitos humanos:

> A primeira e principal diferença reside na relação entre fé e política. A esquerda católica posicionou-se claramente contra a hierarquia católica, quando esta apoiava – por atos ou omissão – o sistema capitalista, mas não tomava posição contra o clericalismo, o tradicionalismo ou o sacramentalismo, por exemplo. É como se isso fosse de menor importância diante das exigências da revolução. Perfil inteiramente distinto é o que se traça na Igreja da Libertação,

---

[9] É preciso registrar que a identidade católica, por si mesma, não pode ser considerada a base para a ação política de cristãos católicos que atuam no campo de fé e política, pois dentro do catolicismo se ajeitam, por assim dizer, diferentes ideologias políticas, inclusive no chamado "campo progressista" ou "de esquerda".

onde uma "Igreja do Evangelho" contesta a "Igreja da tradição", uma Igreja "de comunidade" se opõe a uma Igreja "de massa", um catolicismo militante critica uma religião sacramentalista. Só mais tarde (já na década de 1980) a Igreja da Libertação vai adquirir um perfil político de "esquerda". Aí reside sua grande diferença com a "esquerda católica" dos anos 1960: enquanto nesta a contestação política conseguia compatibilizar-se com as estruturas eclesiais em vigor, na "Igreja da Libertação" religião e prática política relacionam-se tão intimamente que geram "um novo modo de ser Igreja". A segunda diferença estrutural reside na sua fundamentação teórica. Ao contrário da esquerda católica clássica, sempre em busca de uma teologia que a sustentasse, a Igreja da Libertação se estrutura ao mesmo tempo em que é formulada a Teologia da Libertação. Mais do que uma sincronia, trata-se de um processo dialético de uma teologia que se faz a partir da prática (RIBEIRO, 2011, p. 12-13).

O debate sobre a esquerda católica e o campo de fé e política explicita, em variados momentos e situações, a relação entre a posição política de esquerda e a ação democratizante no interior da Igreja Católica – que é um tema pautado por algumas instâncias do campo de fé e política, na atualidade. Neste ponto, Ribeiro afirma que, enquanto a primeira geração da esquerda católica

concentrou sua atenção e suas forças na militância sociopolítica, sem ocupar-se das questões internas da Igreja, a atual geração [...] quer transformar a própria Igreja, conferindo-lhe estruturas participativas para que a sua ação libertária no mundo seja respaldada por um testemunho de igualdade, liberdade e solidariedade no interior da Igreja (RIBEIRO, 2011, p. 15).[10]

---

[10] Para os interessados na história do campo de fé e política no Brasil, ver: *Gênese das Escolas de Formação de Fé e Política*, disponível em: https://www.maxwell.vrac.puc-rio.br/15625/15625_4.PDF. Acesso em: 02/05/2021.

2. Atual organização do movimento "fé e política" no Brasil

Feitas estas considerações iniciais, gostaria de passar para um segundo ponto. Trataremos de como está organizado e quais os principais desafios que esse campo de fé e política enfrenta nos dias atuais.

Como já apresentado anteriormente, nos últimos anos aconteceram várias ações com vistas a uma melhor articulação de instâncias de formação e ação do campo de fé e política, tanto em nível local quanto regional e nacional.

Além de ações de base local, realizadas por grupos de fé e política e outros coletivos eclesiais, várias dioceses brasileiras mantêm suas escolas de fé e política. Observamos também a criação de redes regionais, como, por exemplo, a Rede da Pastoral de Fé e Política Sul 1[11] e a Rede de Escolas de Cidadania de São Paulo;[12] a rede do Regional Nordeste 5 e a Escola Regional de Fé e Política Pe. Humberto Plummen, ligada ao Setor de Pastoral Social da CNBB – Nordeste 2.[13] Esta última rede, além de formação política continuada, oferece vários outros serviços, como, por exemplo, o monitoramento das políticas públicas implementadas nas províncias eclesiásticas de Alagoas, Paraíba, Pernambuco e Rio Grande do Norte.[14]

---

[11] Para mais informações acesse o site: http://www.pastoralfp.com/.

[12] A Rede de Escolas de Cidadania de São Paulo realiza seu primeiro encontro do ano. Veja mais em: http://www.cefep.org.br/a-rede-de-escolas-da-cidadania-de-sao-paulo-realiza-seu-primeiro-encontro-do-ano/. Acesso em: 21/04/2021.

[13] Inicia-se a Escola Regional de Fé e Política. Veja mais informações em: https://caritascaico.org.br/inicia-se-escola-regional-de-fe-e-politica/. Acesso em: 21/04/2021.

[14] Escolas de Fé e Política farão monitoramento de políticas públicas. Veja em: https://cnbbne2.org.br/escolas-de-fe-e-politica-farao-o-monitoramento-de-politicas-publicas/. Acesso em: 21/04/2021.

Em outras frentes de ações, observamos as articulações realizadas por movimentos autônomos, como o Movimento Nacional de Fé e Política, que passou a integrar de forma mais articulada outras redes, como as redes ligadas ao CEFEP.

Atualmente, o CEFEP oferece um curso nacional de formação de fé e política, coordena uma potente rede de escolas de fé e política em todo o país e disponibiliza uma rede de assessores para auxiliar as escolas de fé e política em projetos de formação política continuada. Pelo menos noventa escolas (paroquiais, diocesanas e regionais) estão cadastradas e articuladas a essa rede.

A partir de 2019, iniciou-se a discussão com vistas à criação de uma Rede Brasileira de Fé e Política, que foi institucionalizada em 5 de dezembro de 2020. Na ocasião, foi apresentada uma Carta de Adesão à Rede, cujo objetivo inicial concentra-se no desenvolvimento das atividades pautadas por um tripé: espiritualidade libertadora, reflexão (análise crítica da realidade/formação) e ação política de modo coletivo, no qual as entidades parceiras se comprometem a trabalhar conjuntamente em certas pautas comuns, mantendo, porém, sua autonomia. As instâncias que criaram a Rede foram: Centro Nacional de Fé e Política "Dom Helder Câmara"; Movimento Nacional de Fé e Política; Núcleo de Estudos Sociopolíticos da PUC-Minas e Arquidiocese de BH; ISER – Assessoria; Centro Ecumênico de Serviços à Evangelização e Educação Popular; Comissão Brasileira de Justiça e Paz; Escola Regional de Fé e Política Pe. Humberto Plummen; Conselho Nacional do Laicato do Brasil; Conselho Nacional de Igrejas Cristãs; Escolas de Fé e Política da Região Sul (PR, SC e RS); Escolas de Fé e Política da Igreja Batista de Coqueiral – PE e Pastoral Fé e Política do Regional Sul 1 da CNBB.[15]

---

[15] Para mais informações sobre a criação da Rede Brasileira de Fé e Política, acesse: https://nesp.pucminas.br/index.php/2020/12/08/nesp-participa-da-criacao-da-refep-rede-brasileira-de-fe-e-politica/. Acesso em: 21/04/2021.

Abordemos, mesmo que brevemente, os principais desafios do campo de fé e política na atualidade.

Vivemos em uma quadra histórica de crise epocal. Não se trata de uma época de crises, mas de uma crise sistêmica que já deságua em profundas mudanças sociais, políticas, ambientais, culturais... É uma espécie de tempestade perfeita: crises ecológica, econômica, democrática, no mundo do trabalho e sanitária, com a pandemia de Covid-19. Tudo isso provoca a crise de um tempo; poderíamos dizer, de uma época.

No Brasil temos a triste sina de ainda conviver com um governo de extrema-direita, que não tem nenhum compromisso com a nação, a democracia, os direitos humanos, as políticas públicas; enfim, com a vida em suas múltiplas manifestações, carências, necessidades e potências. Um governo apoiado pelos segmentos mais reacionários da sociedade e cujo objetivo é a destruição do pouco que o povo brasileiro conquistou desde a Constituição de 1988. Pouco porque o Brasil, não obstante a ampliação de direitos sociais e das políticas públicas, nunca saiu do rol dos países mais desiguais, injustos e violentos do mundo.[16]

Depois de uma década e meia de relativa passividade dos movimentos sociais, eclesiais e populares, durante os governos do Partido dos Trabalhadores (que investiram muito em políticas públicas e de transferência de renda, incentivo ao consumo e criação de instâncias de controle do Estado e participação popular – em parte em um ambiente geopolítico e econômico favorável), o país foi golpeado por uma coalizão formada por grupos políticos, econômicos, judiciários, midiáticos e religiosos, com apoio dos Estados Unidos da América,

---

[16] Para mais detalhes sobre a questão da violência estrutural no Brasil, veja em: http://www.ihu.unisinos.br/78-noticias/573752-cf-2018-especialista-em-seguranca-publica-analisa-a-face-da-violencia-no-brasil. Acesso em: 21/04/2021.

contrários à construção de uma nação soberana, igualitária e justa. Esse é um entendimento compartilhado majoritariamente pelo campo denominado "fé e política".

Desde 2016, os indicadores de renda, emprego, fome, miséria, execução de políticas públicas, gestão do meio ambiente e do patrimônio público, entre outros, apontam para o desmonte de um estado de bem-estar social que estava sendo edificado, lentamente, no Brasil.

Com a eleição de Jair Bolsonaro, observamos práticas violentas de criminalização da política e dos movimentos sociais e eclesiais, a destruição sistemática do meio ambiente, a perseguição a comunidades tradicionais, quilombolas e grupos vulneráveis, a utilização de *fake news* como estratégia de diversionismo e mobilização social, o protagonismo de políticas ultraliberais, o desdém à ciência e à vida, e a sistemática utilização de um perverso moralismo de base religiosa, disputando cosmovisões dentro do cristianismo em geral e do catolicismo em particular.

Aqui devo fazer um parêntese: a utilização da religião, notadamente do cristianismo, tem caracterizado a chamada "nova extrema-direita global", como revelou o vaticanista Iacopo Scaramuzzi no livro *Dio? In fondo a destra – Perché i populismi sfruttano il cristianesimo* (em tradução literal: *Deus? No fundo à direita – Porque os populismos desfrutam do cristianismo*), cuja capa estampa quatro dos principais expoentes desse fenômeno: Salvini, Trump, Bolsonaro e Putin.[17]

Em seu discurso na abertura da Assembleia Geral da ONU, em 22 de setembro de 2020, Jair Bolsonaro usou o polêmico

---

[17] Extrema-direita: pautas moralistas unem religião e militarismo. Veja em: http://www.ihu.unisinos.br/78-noticias/602840-extrema-direita-pautas-moralistas-unem-religiao-e-militarismo. Acesso em: 21/04/2021.

termo "cristofobia", que sinaliza uma estratégia político-eleitoral voltada ao público "religioso". Segundo Ronilso Pacheco, pastor evangélico e estudioso das religiões, o termo "cristofobia" é usado como estratégia eleitoral para agradar os segmentos mais radicais do cristianismo.[18]

Bolsonaro, além de ter utilizado na sua campanha eleitoral o lema "Brasil acima de tudo; Deus acima de todos", também já evocou um lema do integralismo, "Deus, pátria e família", em um discurso para mobilizar sua base de apoio ultraconservadora e fundamentalista religiosa. O integralismo, diga-se de passagem, se constituiu no Brasil a partir da década de 1930 como uma espécie de "fascismo à brasileira", com movimentos e ações políticas de viés religioso, e foi fundamental na construção de uma base social para o golpe militar de 1964. Portanto, a manipulação da religião se constitui em uma das tônicas de mobilização de massas pelo governo Bolsonaro.

Há que observar também as alianças entre o chamado neopentecostalismo (um campo religioso muito diversificado), o militarismo e segmentos religiosos. A bancada intitulada BBB (Bala, Bíblia e Boi), que já existia antes de Bolsonaro, é um caso mais emblemático que une religiosos, defensores do armamento da população (com objetivos escusos) e do militarismo, representantes de grupos econômicos poderosos, como o agronegócio, na articulação e defesa de uma pauta neoliberal, moralista e autoritária no Congresso Nacional.

Mas não é somente isso. Uma reportagem da *Revista Fórum*, de janeiro de 2020, intitulada "Igreja Universal cria seu exército parti-

---

[18] Debate sobre cristofobia é estratégico para candidaturas ultraconservadoras, avalia pesquisador. Veja em: https://brasil.elpais.com/brasil/2020-09-28/debate-sobre-cristofobia-e-estrategico-para-candidaturas-ultraconservadoras-avalia-pesquisador.html. Acesso em: 21/04/2021.

cular com recrutamento de PMs", apresenta um vídeo institucional da "Universal nas Forças Policiais (UFP)", braço da Igreja de Edir Macedo nas "Forças de Segurança Pública, Forças Armadas e órgãos governamentais". Segundo o vídeo, a Universal atingiu 983.441 policiais e familiares no ano de 2019, em 73.526 palestras, eventos e cafés realizados, e doou 439.471 "Bíblias e literaturas".[19]

Portanto, a questão religiosa nunca esteve tão imbricada com questões político-econômicas como nos últimos tempos. Lembrando que tudo isso ocorre em um contexto de imensa transformação sociocultural, motivada pela transição religiosa vertiginosa que ocorre no Brasil nos últimos cinquenta anos, principalmente a partir da década de 1990, com o aumento exponencial das igrejas evangélicas no Brasil e a clara opção de algumas dessas igrejas em disputar, entre outros, o poder político do Estado.

É importante esclarecer que segmentos religiosos estão a postos para servirem de escudo a um empreita moralista, como podemos observar, por exemplo, nas ações da ministra Damares Alves e de grupos localizados estrategicamente em ministérios, como o do Meio Ambiente, da Educação, da Advocacia-Geral da União, e na Secretaria da Cultura, atuando há algum tempo com a implantação de regras moralistas de base religiosa.

Ademais, lideranças religiosas alinhadas à teologia da prosperidade (de um deus que abençoa aqueles que têm dinheiro) e à teologia do domínio (assentada no pressuposto de que o domínio da terra foi usurpado pelo diabo, que, no delírio obscurantista de certos grupos religiosos, são os comunistas, esquerdistas, socialdemocratas,

---

[19] Igreja Universal cria seu exército particular com "recrutamento" de PMs. Veja em: https://revistaforum.com.br/politica/video-universal-nas-forcas-policiais-braco-de-edir-macedo-na-seguranca-publica-diz-ter-atingido-quase-1-milhao-de-soldados/. Acesso em: 21/04/2021.

cientistas, progressistas, feministas, movimento LGBTQI+ etc.) apareceram com destaque na mídia, usurpando da pauta moral e de costumes para suscitar engajamento e adesão nas redes sociais movidas por fanatismo religioso, no campo evangélico e católico.

Em outra frente de disputas reais e simbólicas persiste a discussão das isenções fiscais a instituições religiosas. O controle público das movimentações financeiras de igrejas é relevante, porque muitas das agremiações religiosas se transformaram em verdadeiras lavanderias financeiras, como afirmou a antropóloga e cientista política Jacqueline Muniz, em entrevista à *Revista Fórum:*

> Lavanderias do dinheiro do crime passa por agremiações religiosas. Onde é que você vai lavar o dinheiro do crime, você vai usar as agremiações religiosas, porque cada uma delas tem um CNPJ. Então você pode criar uma casa de oração ali na esquina, lavar o dinheiro do crime e com isso também produzir intolerância religiosa, destruição de terreiros nas comunidades populares.[20]

Soma-se a tudo isso, e é importante este registro, o fato de o campo de fé e política ter assumido, também, um compromisso na defesa do Papa Francisco, que tem sido atacado fortemente por grupos ultraconservadores e fundamentalistas de dentro e fora do catolicismo. Não por coincidência, o Papa Francisco tem-se colocado claramente contra políticas armamentistas, negacionistas, anti-imigração, destruidoras da casa comum, o que é motivo de ira para os grupos religiosos ultraconservadores católicos e evangélicos, cujas ligações com o poder econômico, a cosmovisão das elites, a economia ultraliberal e o imperialismo estadunidense são históricas.

---

[20] Igrejas tornaram-se lavanderias para o dinheiro das milícias. Veja em: http://www.ineac.uff.br/index.php/noticias/item/427-igrejas-tornaram-se-lavanderias-para-o-dinheiro-das-milicias . Acesso em: 21/04/2021.

Esse cenário de um governo que conspira contra os pobres, os segmentos vulneráveis, os grupos progressistas, os ambientalistas, a ciência etc. demanda uma cidadania mais ativa e participativa. É no meio desses imensos desafios que o campo de fé e política é instado a se articular e ampliar sua atuação na atualidade. Não à toa, há um grande esforço dos vários grupos, movimentos, instâncias de formação, que atuam na área de fé e política, no sentido de pensar em ações de curto prazo, como mobilização social; de médio prazo, com formação política; e de longo prazo, na recomposição desse campo de atuação, com a inserção de novos atores e uma melhor articulação com os setores progressistas de igrejas cristãs e de outras tradições religiosas não cristãs, que atuam em uma perspectiva sociotransformadora, democrática, igualitária e humanista.

Desde 2019, observamos uma série de ações que congregam iniciativas a apontar essas tentativas de maior articulação desse campo. A título de exemplo, podemos identificar uma série de notas e manifestações públicas denunciando variadas necropolíticas[21] patrocinadas pelo governo Bolsonaro, que congregam desde grupos de bispos brasileiros, na publicação da "Carta ao Povo de Deus",[22] passando por inúmeras notas públicas assinadas por grupos de

---

[21] "Necropolítica" é um conceito desenvolvido pelo filósofo negro, historiador, teórico político e professor universitário camaronense Achille Mbembe, que, em 2003, escreveu um ensaio questionando os limites da soberania, quando o Estado escolhe quem deve viver e quem deve morrer. O ensaio virou livro e chegou ao Brasil em 2018, publicado pela editora N-1. Para Mbembe, quando se nega a humanidade do outro, qualquer violência se torna possível; de agressões até à morte.

[22] Em "Carta ao Povo de Deus", 152 bispos criticam a "incapacidade" de Jair Bolsonaro. Veja aqui: https://www.brasildefato.com.br/2020/07/27/em-carta-ao-povo-de-deus--152-bispos-criticam-incapacidade-de-jair-bolsonaro . Acesso em: 21/04/2021.

entidades do campo de fé e política,[23] sacerdotes unidos no grupo intitulado "padres da caminhada",[24] entre outras ações.

Alguns breves exemplos de como o campo de fé e política vem se articulando para o enfrentamento do grave cenário sociopolítico contemporâneo brasileiro. Iniciamos registrando a criação da Rede Brasileira de Fé e Política, com vistas a uma ação política mais eficiente.

Mais um exemplo: dentro dos esforços de organização e articulação de redes de fé e política, registramos a campanha de formação e mobilização política para as eleições municipais de 2020, que congregou o setor político do Conselho Nacional do Laicato do Brasil, a Comissão Brasileira Justiça e Paz, o Centro Nacional de Fé e Política "Dom Helder Câmara" e o Núcleo de Estudos Sociopolíticos da PUC-Minas. A publicação de materiais de formação política (cartilhas, vídeos, textos etc.) e a criação de um *hotsite* exclusivo tiveram como objetivo contribuir para um discernimento crítico da participação de cristãos, principalmente, leigos e leigas, nas eleições municipais de 2020.[25] A partir dessa experiência, está sendo desenvolvido um projeto de curso em modalidade virtual, para a formação de lideranças para atuarem na política institucional.

---

[23] Veja, por exemplo: Vacinar-se é um gesto de amor: nota conjunta CNLB, CRB, CNIS, CNP, CND, CBJP CEFEP. Disponível em: https://crbnacional.org.br/nota-conjunta-vacinar-se-e-um-gesto-de-amor/; Nota pública: apoio à CPI do genocídio e pela vida do povo que sofre. Disponível em: https://nesp.pucminas.br/index.php/2021/04/16/nota-publica-apoio-a-cpi-do-genocidio-e-pela-vida-do-povo-que-sofre/. Nota conjunta: não à estrangeirização de terras no Brasil. Sim, à soberania nacional! Disponível em: https://nesp.pucminas.br/index.php/2020/12/22/nota-conjunta-nao-a-estrangeirizacao-de-terras-no-brasil-sim-a-soberania-nacional/. Acesso em: 21/04/2021.

[24] Com mais de 1.500 assinaturas, Padres da Caminhada relançam mensagem de apoio à Carta ao Povo de Deus, dos bispos. Veja aqui: http://www.ihu.unisinos.br/78-noticias/601501-com-mais-de-1-500-assinaturas-padres-da-caminhada-relancam-mensagem-de-apoio-a-carta-ao-povo-de-deus-dos-bispos. Acesso em: 21/042021.

[25] Acesse aqui o *hotsite*: https://cnlb.org.br/eleicoes2020/. Acesso em: 21/04/2021.

Outro exemplo: no primeiro semestre de 2021, o Movimento Nacional de Fé e Política se reuniu virtualmente várias vezes para fazer um planejamento de suas ações. O Movimento definiu como prioridades:

> I – Promover, formar e acompanhar a criação e articulação de Grupos de militantes em fé e política.
>
> II – Priorizar quatro temáticas: (1) Análise da Conjuntura e Análise da Realidade; (2) Espiritualidade Político-libertadora; (3) Metodologias ativas e libertadoras; e (4) Cultura do bem viver.
>
> III – Desenvolver uma estratégia de Produção de Conhecimento, por meio de um Programa de Estudos autogestionado.
>
> IV – Realizar Rodas de Diálogo com as Pastorais da Juventude, Juventude Franciscana (JUFRA) e Juventudes do Conselho Nacional dos Leigos e Leigas do Brasil, para cooperar em uma estratégia de Formação, incluindo assessores e assessoras, além de coordenadores/as.
>
> V – Valorizar, acolher e divulgar iniciativas de formação sistemáticas promovidas por militantes ou instâncias do MNF&P, por meio de *lives* ou de cursos, como ações orgânicas do Plano de Ação do Movimento, desenvolvendo critérios para acolher outras iniciativas.[26]

Para a consecução dessas ações, foram criados grupos de trabalho com a função de articular atividades de formação e ação, objetivando a criação de grupos de militantes de fé e política; a produção de análises de conjuntura e outros materiais para auxiliar na reflexão/ação sobre a espiritualidade político-libertadora, incluindo o ecumenismo

---

[26] Extraído do planejamento do Movimento Nacional de Fé e Política, realizado virtualmente em 23 e 24 de abril de 2021. Agradeço a contribuição de Daniel Seidel.

e macroecumenismo; promoção de retiros e momentos de espiritualidade; produção de reflexões teológicas, de metodologias ativas e libertadoras, de conhecimento (como o tema da cultura do bem viver), além do incentivo a rodas de conversas temáticas, incluindo a utilização de ferramentas virtuais não somente durante a pandemia.

Por fim, é preciso notar que há um esforço vigilante e ativo do campo de fé e política na defesa do magistério do Papa Francisco, que, como informado anteriormente, é atacado por grupos fundamentalistas católicos e evangélicos e por poderosos grupos econômicos ultraliberais, que abominam a defesa dos mais vulneráveis e da casa comum, além de segmentos políticos de extrema-direita que pregam um cristianismo autoritário, segregativo e excludente.

Como se pode notar, o campo de fé e política – amplo, diverso, plural e potente –, através de lideranças do laicato e com apoio de instâncias da Igreja Católica e de parte do episcopado, tem envidado uma série de esforços de formação e ação política nesta dramática quadra histórica que atravessamos.

Mas, como escreveram Fernando Brant e Milton Nascimento na canção "O que foi feito devera", os militantes dos vários organismos e instâncias do campo de fé e política têm a consciência de que ,"se muito vale o já feito, mais vale o que será".

Referências

BETTO, frei. *Relação fé e política*. Disponível em: https://ceseep.org.br/relacao-fe-e-politica-frei-betto/. Acesso em: 20/04/2021.

CNBB. *Diretrizes Gerais da Ação Pastoral da Igreja no Brasil (1991-1994)*. Disponível em: http://portal.pucminas.br/imagedb/documento/DOC_DSC_NOME_ARQUI20130906183446.pdf. Acesso em: 20/04/2021.

CNBB. *Texto-base da Campanha da Fraternidade de 1996*. Disponível em: https://caminhosevidas.wordpress.com/1996/04/16/campanha-da-fraternidade-1996/. Acesso em: 20/04/2021.

MAXWELL. *Gênese das Escolas de Formação Fé e Política*. Disponível em: https://www.maxwell.vrac.puc-rio.br/15625/15625_4.PDF. Acesso em: 21/04/2021.

PENZIM, Adriana Maria Brandão (org.). *Fé, política e cidadania: pesquisas*. Belo Horizonte: NESP/PUC-Minas, 2013. (Cadernos Temáticos do NESP, 3). Disponível em: https://nesp.pucminas.br/wp-content/uploads/2020/05/NESP.-Caderno-Tematico-n.-3-F%C3%A9-pol%C3%ADtica-e-cidadania-pesquisas.pdf. Acesso em: 20/04/2021.

RIBEIRO, Pedro Oliveira. *XII Simpósio da Associação Brasileira de História das Religiões*. Esquerda Católica: o recurso às Ciências Sociais, 2011. (Simpósio). Mimeo.

SCARAMUZZI, Iacopo. *Dio? In fondo a destra* – Perché i populismi sfruttano il cristianesimo. Roma: EMI, 2020.

SOUZA, R. S. R. O comunitarismo cristão e suas influências na política brasileira: uma revisão bibliográfica sobre o comunitarismo católico no Brasil. *Horizonte: Revista de Estudos de Teologia e Ciências da Religião*, v. 6, n. 12, p. 41-68, 3 jun. 2008.

A economia de Francisco e Clara: uma perspectiva para os tempos pós-pandemia?

Ediméia Maria Ribeiro de Mello (ABPES; ABEFC)

Introdução

Em 01/05/2019, o Papa Francisco endereçou um convite às/aos jovens economistas, empresário/as, para um encontro, em Assis, na Itália,[1] a "[...] quantos estão a formar-se e começam a estudar e a pôr em prática uma economia diferente, que faz viver e não mata, inclui e não exclui, humaniza e não desumaniza, cuida da criação e não a devasta" (FRANCISCO, 2019). O Papa teve como objetivos estabelecer um "pacto" para transformar a economia contemporânea e dar uma alma à economia do futuro.

---

[1] O evento "Economia de Francisco", planejado para maio de 2020, não pôde ser realizado nessa data, em virtude da pandemia da Covid-19. Sua realização se deu entre 19 e 21/11/2020, ocasião na qual o Papa Francisco acolheu virtualmente um número superior a 2 mil jovens de 40 países, para refletirem sobre o futuro da economia mundial, dentro de um modo de organização que supere a lógica da acumulação capitalista.

Com esse convite, o Papa Francisco demonstrou sua rejeição ao modelo de civilização adotado pela humanidade a partir da Revolução Industrial. Os indicadores de desenvolvimento econômico e tecnológico demonstraram a incapacidade de proporcionar à grande parcela da população uma qualidade de vida digna. Ao contrário, ao longo do tempo, observou-se uma concentração crescente da renda e da riqueza junto a uma parcela pequena da população, assim como uma deterioração do meio ambiente, que, contemporaneamente, ameaça o "vir a ser" da humanidade sobre o planeta Terra.

Estão claras nesse convite as metas de se intensificar o diálogo com a juventude para se construir um entendimento sobre a economia e o mundo desejado. E, também, de se conceder aos jovens o protagonismo ante as transformações na gestão da "casa comum" (o planeta Terra).

Freitas percebeu nessa iniciativa uma intenção evidente de: "interferir na dimensão cognitiva e construir coletivamente novos olhares sobre o mundo; [e, também,] interferir na dimensão institucional e construir coletivamente os termos de um novo 'contrato social'" (FREITAS, 2021, p. 624).

Este texto pretende, a partir da leitura de publicações da Igreja Católica e à luz de algumas interpretações das ciências econômicas, especialmente da economia política, contribuir para a compreensão desse movimento, que propõe correções profundas no padrão civilizatório implementado pela humanidade. Em primeiro lugar, será feita uma análise dos antecedentes dessa proposta, registrados ao longo do tempo desde o Concílio Vaticano II (1962/1965), que deliberou a aproximação da Igreja Católica da realidade social do mundo. Em seguida, considerando a proposição papal de "realmar" a economia, o texto busca discutir as crises inerentes à economia capitalista hegemônica, para apresentar os clamores da terra e dos pobres aos quais se pretende acudir. Como conclusão, serão apresentadas as proposições do Papa Francisco de uma nova economia "realmada", a economia de Francisco e Clara, e sua contextualização neste período de crise sanitária, que desvela valores de solidariedade e fraternidade.

1. Alguns antecedentes da ação do Papa Francisco no contexto de um movimento pela renovação da Igreja Católica

Na *Laudato si'* (2015), o Papa Francisco sintetiza e faz avançar o movimento da Igreja em renovação, cujo sentido de fraternidade é reafirmado na publicação da Encíclica de 2020, *Frattelli tutti*.

Essas encíclicas atestam a evolução da Igreja em direção à modernidade e registram os vários movimentos vividos pela Igreja nessa direção. Destacam o Concílio Vaticano II (1962/1965), aberto pelo Papa João XXIII, em 1962, que criou um movimento sem precedentes, marcando "[...] a passagem da Igreja da Contra-Reforma e da Cristandade para a modernidade, selando uma reconciliação da Igreja com a modernidade, após uma história significativa de conflitos e resistências" (ANDREATTA, 2012, p. 5).

Segundo o teólogo João Batista Libanio, em entrevista concedida a Wolfart e Rosa, o Concílio representou a instalação no seio da Igreja de uma "[...] liberdade em assumir os elementos doutrinais, morais e institucionais correspondentes à experiência das pessoas" (WOLFART; ROSA, 2012, p. 10). Libanio sintetizou esse movimento em duas palavras: *aggiornamento* e diálogo.

> *Aggiornamento*, palavra preferida de João XXIII, carrega o anseio de a Igreja responder aos desafios socioculturais da modernidade já avançada na complexidade de problemas que trazia. O diálogo

traduz a saída da Igreja de seu gueto espiritual para ir ao encontro das Igrejas cristãs, do judaísmo, das outras tradições religiosas, dos nãos crentes e da realidade social (LIBANIO, em WOLFART; ROSA, 2012, p. 10).

Outros líderes e eventos, que precederam ao Papa Francisco, manifestaram suas restrições aos resultados do modelo civilizatório em curso. O Papa Paulo VI avisou que "os progressos científicos mais extraordinários, as invenções técnicas mais assombrosas, o desenvolvimento econômico mais prodigioso, se não estiverem unidos a um progresso social e moral, voltam-se necessariamente contra o homem" (PAULO VI, 1970, 25º Aniversário da FAO). Quanto ao Papa João Paulo II, é importante a denúncia que fez do imediatismo do ser humano no uso dos recursos naturais, além do convite a uma conversão ecológica mundial e sua defesa do valor do trabalho humano.

Já o Papa emérito Bento XVI, citado por Francisco em suas duas encíclicas, apontou as disfunções da economia mundial e conclamou a humanidade a corrigir os "modelos de crescimento que parecem incapazes de garantir o respeito ao meio ambiente" (BENTO XVI, 2007, Pronunciamento ao corpo diplomático junto à Santa Sé).

De origem latino-americana, o Papa Francisco absorveu influências de peso, datadas da década de 1960, como, por exemplo, as discussões travadas na II Conferência Latino-americana de Medellín, na Colômbia, em 1968, ocasião em que a Igreja assumiu sua opção preferencial pelos pobres, reiterada em Puebla, no México, em 1979. Nesse período nasceu a Teologia da Libertação e sua importante versão argentina – a *Teología del Pueblo* –, com as quais o atual Pontífice demonstra manter afinidades e concordância, com respeito à sua compreensão do mundo (IHU, 2015).

Outras conferências dos bispos católicos latino-americanos ou de outros continentes inspiraram o Papa Francisco. As palavras-chave presentes nessas conferências contemplaram os pobres, os camponeses, a desigualdade, a concentração no usufruto dos recursos, a degradação do planeta, o efeito estufa e as mudanças climáticas.

Quadro 1: Conferências selecionadas dos bispos católicos latino-americanos e de outros continentes, datas e principais conteúdos

Local	Ano	Conteúdo
Paraguai	1983	Defesa dos pobres e de políticas de favorecimento para os camponeses.
Filipinas	1988	Incidência maior sobre os pobres das consequências do aquecimento global.
África do Sul	1999	Reparação dos danos causados pelos homens à criação de Deus.
Estados unidos	2001	Responsabilidade das mudanças climáticas e maiores impactos sobre os pobres.
Canadá	2003	Todas as criaturas revelam a Deus e devem ser reverenciadas.
Portugal	2003	O meio ambiente é um empréstimo a ser devolvido às gerações futuras.
Argentina	2005	Concentração de terras produtivas e defesa dos pequenos produtores agrícolas.
Nova Zelândia	2006	Usufruto dos recursos por 20% da população mundial em detrimento das nações pobres e das gerações futuras.
Aparecida	2007	Ganância de grupos econômicos, que "arrasam irracionalmente as fontes da vida"
Alemanha	2007	Poluição das águas em prejuízo dos pescadores pobres, perda dos locais de moradia por subida dos mares e morte prematura de pobres por serem pobres.
Bolívia	2012	Países industrialmente desenvolvidos são os maiores responsáveis pelo efeito estufa.

Fonte: Francisco, 2015.

O documento de Medellín (1968) relatou, já naquela época, um contexto latino-americano de crise, que, desde então, não conheceu mudanças significativas. Ao contrário, aprofundaram-se os problemas mundiais, decorrentes do aumento da desigualdade e da deterioração do meio ambiente.

Estão mencionados nesse documento os seguintes problemas: falta de perspectiva para os jovens pobres e para a classe média; tratamento inferior à mulher; más condições de vida dos camponeses; falta de integração sociocultural; excesso de poder das grandes corporações internacionais sobre as decisões econômicas e sobre as empresas menores; adoção de políticas descoladas das realidades locais; instabilidade política, falta de solidariedade e estruturas injustas; pequenos artesãos e industriais pressionados por interesses maiores; grandes industriais passam a depender das grandes empresas internacionais; sistemas econômicos que favorecem exclusivamente setores com alto poder aquisitivo; falta de adaptação ao que é próprio e às possibilidades de nossa população; instabilidade política e consolidação de instituições puramente formais; e falta de solidariedade e estruturas injustas (CELAM, 1968).

2. Uma economia com tendência a produzir crise e enfrentamentos

Karl Polanyi, segundo Freitas (2021), atribuiu a origem dos problemas contemporâneos enfrentados pela economia capitalista hegemônica não aos "jogadores", mas sim às "regras do jogo". Induzida pela lei da escassez,[2] a prática econômica parte de uma

---

[2] Lei da escassez: essa lei está na base da formulação clássica das ciências econômicas, como uma ciência que explica o modo como são realizadas as escolhas, impostas pela presença da finitude dos recursos de tempo e materiais (escassez), para a satisfação de todas as demandas de todos os consumidores (PEREIRA; MARIN, 2016).

concepção puramente utilitária e atomiza os indivíduos. O mercado torna-se um dos elementos mais necessários à vida para acessar os bens escassos (POLANYI, 2012, apud FREITAS, 2021). O sistema econômico capitalista é regido por leis que

> i) induzem a organização da Sociedade a partir do consumo; ii) possibilitam e reforçam a competição desleal no mundo empresarial, que é regido pela necessidade de acumulação de lucro; iii) fazem as crianças desde cedo se reconhecerem como consumidoras, mas não as ajuda a entenderem sua relação com a natureza; iv) criam *status* social a partir do acúmulo de bens materiais [...] (FREITAS, 2021, p. 621).

O sistema produtivo capitalista, mobilizado pela maximização do lucro, é caracterizado por centralizar suas prioridades no curto prazo, desprezando, geralmente, a problemática social e ambiental. Segundo Polanyi (2000), a opção pelo lucro como o motor da ação social e do comportamento cotidiano, implícito no sistema autorregulável de mercado, foi uma invenção da civilização do século XIX, nunca antes experimentada. Essa economia não visa ao desenvolvimento humano integral, nem à inclusão social, nem ao justo nível de produção ou à melhor distribuição de riqueza; tampouco prioriza um cuidado responsável com os direitos das gerações futuras.

De fato, esse sistema é dotado de contradições intrínsecas que o fazem tender a enfrentar crises sucessivas. Mazzucchelli, em sua tese de doutoramento, na qual realiza uma revisão da teoria marxista, busca a compreensão das crises reais que assolam a economia de mercado. Aponta a concorrência como fenômeno que as determina e discute as contradições presentes nas definições conceituais do capital, que "contém a tendência às crises" (MAZZUCCHELLI, 1983, p. 8).

A competição intercapitalista, movida pela "acumulação e busca frenética do lucro" (MAZZUCCHELLI, 1983, p. 28), ante a dissociação entre os momentos de compra e de venda da produção, produz o crescimento da capacidade produtiva com tendência à superprodução, formação de estoques e eliminação das unidades produtivas menos competitivas.

Outra contradição geradora de crise é denominada "redundância do trabalho vivo" (MAZZUCCHELLI, 1983, p. 31). O empenho permanente em dar um caráter científico à produção tende a eliminar vagas de trabalho humano, ou seja, o desenvolvimento tecnológico gera desemprego estrutural. O trabalho humano é fonte de riqueza para o capitalista por meio da apropriação do mais valor. A redução do contingente de trabalhadores tende a reduzir a taxa de lucro.

Em situações de lucros decrescentes, o mercado promove a suspensão dos investimentos, falências e desemprego. Por outro lado, a produção mecanizada ou digitalizada promove a qualificação submissa do trabalhador ao mercado, com perda de autonomia e criatividade.

A Crise de 1929 foi uma experiência real das previsões marxistas. Podemos citar os seguintes eventos observados: a falta de consumidores para a produção crescente, devida aos salários estagnados; a superprodução e formação de estoques; as falências e elevação drástica do desemprego; a queda do Produto Interno Bruto (PIB); e a queda do valor das ações.

3. O estado de bem-estar social

Essa crise foi superada pela adoção do pacto fordista-keynesiano nas economias centrais, no pós-guerra, favorecendo a difusão do estado de bem-estar social (FIORI, 1997),[3] responsável por proporcionar uma melhora nas relações sociais e trabalhistas e um desenvolvimento econômico sem precedentes. Entretanto, não se rompeu a essência do sistema capitalista.

As prescrições keynesianas basearam-se na demonstração da efetividade da intervenção do Estado sobre a economia, para a (re)dinamização da demanda. Keynes pôde testar sua hipótese durante a implementação do *New Deal* (1930), pelo governo do presidente Roosevelt, nos Estados Unidos.

A tese keynesiana (1936, 1996) baseia-se no "princípio da demanda efetiva" e em seu poder de sustentar o crescimento da economia por meio do incentivo à demanda agregada.[4] Sendo comprovado que políticas econômicas têm impactos múltiplos sobre a demanda agregada, a ação do Estado poderia manter um crescimento econômico duradouro e evitar as crises cíclicas da economia capitalista, refletidas sobre o PIB.

O estado de bem-estar social foi adotado plenamente junto à gestão das economias mundiais mais desenvolvidas. Seu sucesso

---

[3] Segundo Fiori (1997), o estado de bem-estar social começa a se implantar com uma gestão estatal que prioriza a proteção social (desde as *Poor Laws*, 1536-1601, até o Plano Beveridge, década de 1940, na Inglaterra). Avança com a implementação de políticas sociais (a partir da década de 1870, contemporâneas ao início da democracia de massas). Consolida-se como o *"welfare state* contemporâneo" (FIORI, 1997, p. 132), dotado de políticas sociais com um impacto mais abrangente sobre a melhoria da qualidade de vida dos trabalhadores e dos pobres, por meio de uma intervenção social do Estado (presente na história inglesa e alemã de Bismarck), para além das políticas tão somente assistencialistas. Entretanto, análises mais rigorosas somente o reconhecem a partir da década de 1950, quando se instala um novo padrão tanto no plano de regulamentação da economia de mercado quanto pela implantação da intervenção por meio de políticas econômicas inspiradas na tese keynesiana, com efeitos redistributivos.

[4] Demanda agregada é a agregação dos gastos do governo à despesa das famílias, ao investimento das empresas e ao saldo comercial. Encontram-se, aí, todos os destinos possíveis de tudo o que é produzido e comercializado legalmente.

produziu os "anos dourados" da economia capitalista mundial (décadas de 1950, 1960 e 1970). Na América Latina, sistemas de assistência e proteção social se multiplicaram ao longo do século XX, especialmente após a década de 1930.

Há autores que negam a presença do autêntico estado de bem-estar social no Brasil, cuja atuação se restringiu à implementação de políticas sociais. Isso porque, do ponto de vista das políticas econômicas redistributivas, houve subordinação aos interesses do mercado internacional e evitou-se o resgate da qualificação dos trabalhadores. Produziu-se um desenvolvimento desigual, caracterizado por um Brasil capitalista moderno, ao lado de um Brasil atrasado e preterido dos benefícios do desenvolvimento. Somente a partir da abertura política e da implementação da Constituição de 1988, observou-se um considerável avanço na direção de tal Estado, mas recalcitrante, em virtude da forte presença, no poder decisório do país, dos representantes de uma "elite mesquinha", profissional em "fazer todo um povo de tolo" (SOUZA, 2017, p. 33).

De qualquer forma, nas economias mais desenvolvidas, as crises da década de 1970 precipitaram a decadência do *welfare state*. A partir da década de 1980, as prescrições para o enfrentamento das crises produziram o Consenso de Washington,[5] cujas medidas foram implantadas coercitivamente sobre as economias latino-americanas, restringindo as práticas de intervenção do Estado sobre a economia e revivendo o liberalismo, na forma do neoliberalismo.

---

[5] Dez medidas preconizadas pelo Consenso de Washington: (1) disciplina fiscal; (2) reordenamento nas prioridades dos gastos públicos; (3) reforma tributária; (4) liberalização do setor financeiro; (5) manutenção de taxas de câmbio competitivas; (6) liberalização comercial; (7) atração de investimentos diretos estrangeiros; (8) privatização das empresas estatais; (9) desregulamentação da economia; e (10) proteção aos direitos autorais.

4. Neoliberalismo e a economia do conhecimento

Uma das expectativas neoliberais de que o progresso das pessoas ricas, em uma economia livre da intervenção do Estado, tenderia a beneficiar os pobres, sintetizada no termo *trickle-down economics*, ou teoria do gotejamento, é assim vista pelo Papa Francisco:

> O mercado, por si só, não resolve tudo, embora às vezes nos queiram fazer crer neste dogma de fé neoliberal. Trata-se de um pensamento pobre, repetitivo, que propõe sempre as mesmas receitas perante qualquer desafio que surja. O neoliberalismo reproduz-se sempre igual a si mesmo, recorrendo à mágica teoria do "derrame" ou do "gotejamento" [...] como única via para resolver os problemas sociais. Não se dá conta de que a suposta redistribuição não resolve a desigualdade, sendo, esta, fonte de novas formas de violência que ameaçam o tecido social (FRANCISCO, 2020b, p. 168).

A transição dos séculos XX para o XXI depara-se com uma nova economia que não se reconhece mais nos fundamentos originais de uma economia concorrencial. A emergência do conhecimento como o principal fator de produção, estratégico ante a dinâmica estruturante da sociedade, esboça uma nova forma de capitalismo, centralizador e mais fortemente excludente. Segundo Dowbor, "[...] enfrentamos uma profunda mudança sistêmica com a centralidade da era da informação [...]" (DOWBOR, 2020, p. 46), com efeitos radicais sobre características da economia capitalista da era moderna, entre eles: "Oligopólio em vez de concorrência de mercado, [...] rentismo em vez de lucro sobre a produção" (DOWBOR, 2020, p. 75).

O novo modo de produção está centrado na financeirização especulativa, na comercialização da informação, no conhecimento centralizado, na conectividade tecnologicamente dependente. Todos esses aspectos são intangíveis ou imateriais, impondo outras lógicas em processo (DOWBOR, 2020), em presença de uma problemática sanitária que assola a humanidade, desde o início da década de 2020.

5. Os clamores da terra e dos pobres no magistério do Papa Francisco

Em sua Encíclica *Laudato si'*, o Papa Francisco denunciou as terríveis condições ambientais e o sofrimento do planeta Terra, com a poluição, o excesso de resíduos e a cultura de descarte, o aquecimento global, o esgotamento dos recursos naturais, a privatização da água potável, o comprometimento dos ecossistemas, a perda da biodiversidade das florestas etc. Recriminou, também, a pobreza, fruto da exclusão, do desemprego estrutural, da queda dos salários, dos serviços precários ou insuficientes de saúde, educação, transporte, arte, cultura e esportes, e das políticas sociais regressivas – habitacionais, previdenciárias e trabalhistas –, causas do aumento da violência urbana e rural e da crise dos refugiados.

Segundo o Papa Francisco, o diagnóstico para essas condições aparentemente dissociadas é um só, ou seja:

> Não há duas crises separadas: uma ambiental e outra social; mas uma única e complexa crise socioambiental. As diretrizes para a solução requerem uma abordagem integral para combater a pobreza, devolver a dignidade aos excluídos e, simultaneamente, cuidar da natureza (FRANCISCO, 2015, p. 139).

A partir dessa constatação, o Papa encaminhou a proposição de uma ecologia integral – ambiental, econômica, social, cultural e cognitiva –, pois tudo está interligado. Ao contrário de uma visão antropocêntrica, os seres humanos são parte do meio ambiente, havendo uma integração entre os sistemas naturais e os sistemas sociais.

A proposição de uma ecologia integral, que vise à produção digna da vida, passa por construir condições de vida e de sobrevivência social, que enfrentem com honestidade os modelos de desenvolvimento, produção e consumo. Essa ecologia inclui várias dimensões. Entre elas, destacam-se as seguintes: (1) Ecologia ambiental: cuidado recíproco entre a natureza e a sociedade que a habita; (2) Ecologia social (institucional): solidariedade entre as diferentes instituições, desde a família, passando pela comunidade local e a nação, até à vida internacional; (3) Ecologia econômica: consideração das questões de meio ambiente e dos excluídos e integração dos diversos saberes presentes no território, para fins de cálculo econômico; (4) Ecologia cultural: observação na organização participativa da cidade e de sua história, sua cultura e sua arquitetura, salvaguardando sua identidade; e (5) Ecologia cognitiva: integração de todo conhecimento útil produzido em todas as áreas do saber, para vislumbrar horizontes éticos de referência na solução dos problemas complexos.

Nesse empenho por uma nova civilidade holística, é preciso estimular a capacidade de o ser humano contemplar a natureza. Ao fazer essa recomendação, o Papa Francisco resgatou um pedido de Francisco de Assis dirigido à ocupação do espaço dos conventos, qual seja:

> [...] se deixasse sempre uma parte do horto por cultivar para aí crescerem as ervas silvestres, a fim de que, quem as admirasse, pudesse elevar o seu pensamento a Deus, autor de tanta beleza. [...] O mundo é algo mais do que um problema a resolver; é um mistério gozoso que contemplamos na alegria e no louvor (FRANCISCO, 2015, p. 12).

Essa exortação do Papa está presente na agroecologia, opção mais natural de plantio e cultivo na agricultura, que recomenda a valorização das relações com a natureza, seu entendimento e o se deixar encantar por ela. De fato, a agroecologia preconiza o restabelecimento da relação espaço-tempo e a adoção da reciclagem, fazendo uma agricultura que preserve a terra, tornando-a sempre fértil e saudável para novos plantios.

6. Economia de Francisco e Clara na contemporaneidade da Covid-19

A crise sanitária do início da década de 2020, responsável pela interrupção do fluxo normal da cotidianidade, posicionou a sociedade perante um momento crucial de realização de novas escolhas de caráter civilizatório. Prevalece, ainda, a seguinte pergunta: retornar-se-á à organização social "normal", vivida até o fim da década de 2010, ou a sociedade usará essa oportunidade de um aprofundamento de vivências solidárias para refletir e se empenhar por um "novo normal" pós-pandemia?

Mesmo ante a mudança paradigmática introduzida pela "economia do conhecimento", pensar um "novo normal" passa por considerar a realidade irrefutável da dependência entre os seres humanos, pois, cada vez mais e em sentido humanitário, amplia-se o entendimento da dependência recíproca.

> [...] que ninguém se salva sozinho. As fronteiras caem, as paredes desabam e todos os discursos fundamentalistas se dissolvem perante uma presença quase imperceptível, que manifesta a fragilidade de que somos feitos (FRANCISCO, 2020b, p. 48).

Diante das crises econômicas, o Papa Francisco já exortava a humanidade a "[...] unir toda a família humana na busca de um desenvolvimento sustentável e integral" (FRANCISCO, 2015, p. 13), fazendo ver que as ações individuais reproduzem consequências que se podem realizar tanto para o bem quanto para o mal de outros.

Com respeito ao enfrentamento da pandemia, realidade de nossa "casa comum", onde "tudo está interligado", a principal arma de combate ao mal é a solidariedade. Vive-se neste período

> uma lição que interromperá todo o fatalismo em que nos imergimos e nos permitirá sentir-nos novamente criadores e protagonistas de uma história comum e, assim, responder juntos a tantos males que afligem milhões de pessoas no mundo inteiro (FRANCISCO, 2020a, p. 49-50).

Freitas (2021), no artigo "Economias para o Bem Viver: uma reflexão para a sociedade pós-pandemia",[6] concorda com a ideia de que a pandemia de Covid-19 demonstrou o poder das interconexões fundantes à reprodução da vida, assentadas sobre a economia, a sociedade e a natureza. A pandemia exibiu, dessa forma, as falhas do nosso sistema econômico e da própria humanidade em organizá-lo de maneira sustentável, dando visibilidade às mazelas sociais, ao aprofundamento da desigualdade e à degradação do meio ambiente.

---

[6] Economia do Bem Viver é um dos projetos em discussão para a superação dos problemas humanitários exacerbados pela Covid-19. Frei Leonardo Boff, em aula proferida para o Instituto Conhecimento Liberta, em 5 de agosto de 2021, comentou quatro projetos em discussão na humanidade para um futuro de relações mais saudáveis entre os seres humanos, entre si e com o planeta, quais sejam: (1) capitalismo verde, restringe-se à proteção das florestas e ao reflorestamento; (2) ecossocialismo, conforme Rosa de Luxemburgo, é a realização plena da suprema democracia, na qual cada um dá o que pode e recebe aquilo de que precisa; (3) economia de Francisco, apresentada neste artigo; e (4) economia de bem viver, cuja essência do viver é definida pela harmonia entre os seres humanos, na família, na natureza, nos grupos e com Deus. Todos merecem viver bem e receber o suficiente e o decente.

Em presença de um ciclo transitório para um novo projeto civilizatório, o Papa Francisco é solidário com o desejo da maior parte da população mundial, de que esse projeto tenha o caráter de um "[...] desenvolvimento humano integral [...] focado no protagonismo dos povos em toda a sua diversidade e no acesso universal aos três T [...]: terra e comida, teto e trabalho" (FRANCISCO, 2020, p. 40-41). Que o trafegar por estes tempos perigosos nos proporcione "[...] uma conversão humanística e ecológica que termine com a idolatria do dinheiro e coloque a dignidade e a vida no centro" (FRANCISCO, 2020b, p. 41).

O Papa endereça um apelo à humanidade, especialmente para sua parcela mais sofrida, modesta e solidária, para a reflexão, a mudança e a regeneração que afete esta "nossa civilização, tão competitiva e individualista, com suas taxas frenéticas de produção e consumo, seus luxos excessivos e lucros desmedidos para poucos, [que] precisa mudar, se repensar, se regenerar" (FRANCISCO, 2020a, p. 41).

Insistindo em um tempo de renovação, o Papa prioriza ações que eliminem as desigualdades e as injustiças e relembra a comunidade cristã primitiva que vivia da misericórdia, pois seus membros "[...] possuíam tudo em comum. Vendiam terras e outros bens e distribuíam o dinheiro por todos, de acordo com as necessidades de cada um" (Atos dos Apóstolos 2,44-45, em FRANCISCO, 2020a, p. 54).

A sociedade está testemunhando o aprofundamento de problemas anteriormente superados, como a fome e a exacerbação da concentração de renda e da violência doméstica. Freitas defende que esses problemas são consequência da "condição humana" moderna, mas não são próprios da "natureza humana". O autor recorre à previsão de Hannah Arendt (2009), qual seja: "[...] a produção social da modernidade (o nosso 'normal') coloca em risco as condições básicas da vida humana: a pluralidade e a cooperação" (FREITAS,

2021, p. 617). Se a resposta à pergunta que originou essa reflexão for "voltar ao normal", implicará aceitar o autoritarismo de instituições que submetem a vida à economia.

Em carta dirigida aos movimentos sociais, o Papa Francisco reflete a ação daqueles que "arregaçam as mangas e [trabalham] para as suas famílias, seus bairros, para o bem comum" (FRANCISCO, 2020a, p. 38), em favor das periferias privadas do alcance das soluções de mercado e da escassa proteção de Estado, superando "[...] a mera filantropia por meio da organização comunitária ou por reivindicarem seus direitos, em vez de ficarem resignados à espera de ver se alguma migalha cai daqueles que detêm o poder econômico" (FRANCISCO, 2020a, p. 38).

O paradigma tecnocrático, fundado no mercado e no Estado, deu demonstração de sua insuficiência para a solução desta e de outras crises sociais, cujo enfrentamento vem sendo protagonizado pelas pessoas e comunidades.

É preciso considerar que os males que atingem a grande parcela da população são potencializados junto aos trabalhadores informais, que não contam com a proteção das garantias legais. Muitos sindicatos na atualidade perdem o poder de exercer seu papel protetivo. Agrava essa realidade o retrocesso nas políticas públicas dos tempos neoliberais, que resultam em perspectivas alarmantes de aumento exponencial dos trabalhadores submetidos a condições precárias de trabalho e, consequentemente, de vida. São eles: "[...] os vendedores ambulantes, os recicladores, os feirantes, os pequenos agricultores, os pedreiros, as costureiras, os que realizam diferentes tarefas de cuidado". Para esses, o Papa Francisco propõe refletir sobre "[...] um salário universal que reconheça e dignifique as tarefas nobres e insubstituíveis que [...] realizam; capaz de garantir e tornar realidade esse *slogan* tão humano e cristão: nenhum trabalhador sem direitos" (FRANCISCO, 2020a, p. 40).

Também, o pensar o pós-pandemia inspira escolher perspectivas contra-hegemônicas, alternativas ao capitalismo, que sejam diversas, solidárias, inclusivas, valorizem os saberes ancestrais, promovam o protagonismo dos territórios e a igualdade de gênero e reduzam as desigualdades. Além disso, que preservem os bens comuns, valorizem a vida e cuidem da natureza como "sujeito de direitos" (ACOSTA, 2016, em FREITAS, 2021, p. 622).

Do ponto de vista microeconômico, as redes de agroecologia e a agricultura sustentável, os grupos de proteção à água como bem comum, os empreendimentos da economia solidária e os movimentos sociais, como o Movimento dos Trabalhadores Sem Terra, são iniciativas humanas contra-hegemônicas. Essas diversas experiências de economias para o bem viver ilustram caminhos, mas precisam ter suas escalas ampliadas para se tornar reconhecidas, aceitas e praticadas.

O pensar uma nova forma de administrar a "casa comum" demanda a instituição de uma nova definição para a economia, na qual essa deixaria de ser a ciência da escassez. Uma economia que tem a escassez como ponto de partida é uma economia que mata, pois sustenta-se em uma lógica de insatisfação permanente, o que implica o uso indiscriminado dos recursos naturais finitos para suprir uma infinitude de desejos, incentivando a concorrência, a exclusão e a depredação, haja vista as tragédias ligadas à exploração do minério de ferro em Minas Gerais.

Karl Polanyi propõe uma definição de economia oposta, que encara a "[...] economia como processo instituído [...] de interação entre indivíduos e destes com a natureza [...] em um contínuo suprimento de satisfações das necessidades humanas" (POLANYI, 2012, apud FREITAS, 2021, p. 620). Processo porque movimento que dinamiza permanentemente os elementos materiais de diversas localidades e pertencentes a grupos e pessoas específicos. Instituído porque se realiza em um contexto institucional mais amplo, que estabelece os modos de acesso e uso e lhe dá sentido.

A reflexão no nível macro de gestão da sociedade leva a pensar que essa nova economia demanda enfrentar uma transformação institucional profunda. Elinor Ostrom (Prêmio Nobel de Economia de 2009) atribuiu à ação coletiva o poder de mudar as convenções e as instituições em favor da preservação do bem comum. Para isso, a sustentabilidade da ação coletiva depende do modo como as instituições são construídas e da capacidade de suas regras e normas induzirem à cooperação, à confiança, à consciência e à solidariedade, em detrimento da competição, do consumismo e do individualismo (OSTROM, apud FREITAS, 2021).

Uma mudança institucional nessa direção implicaria mudar leis, normas e regras voltadas à manutenção do equilíbrio entre a economia, a natureza e a sociedade, condicionando o comportamento humano e as práticas do setor privado e dos governos. Esse entendimento reforça o protagonismo da sociedade ante o desenvolvimento sustentável, cujo potencial de realização se encontra junto às comunidades e aos arranjos institucionais, para a governança dos recursos comuns (FREITAS, 2021).

O último apelo papal, trazido neste texto, contempla a natureza. E nessa direção o Papa Francisco conclama a humanidade a despertar em si "[...] o sentido estético e contemplativo que Deus colocou em nós" (FRANCISCO, 2020c, p. 56). Ele sugere que aprendamos como nossos irmãos, os povos originários, sábios conhecedores do caráter de interdependência presente na "casa comum", que nos obriga a pensar em um projeto único (FRANCISCO, 2015, n. 164).

> A profecia da contemplação é algo que aprendemos, sobretudo, dos povos originários, os quais nos ensinam que não podemos cuidar da terra se não a amamos nem a respeitamos. Eles têm esta

sabedoria do "bem viver", não no sentido de passar bem, não: mas de viver em harmonia com a terra. Eles chamam a esta harmonia "bem viver" (FRANCISCO, 2020a, p. 62).

Nesse sentido, Acosta recomenda à humanidade compreender que os direitos humanos e os direitos da natureza se complementam e se realizam como "direitos da vida" e "direitos à vida" (ACOESTA, 2016, apud FREITAS, 2021, p. 623), tornando a natureza sujeito de direitos.

Uma conversão ecológica requer uma mudança cultural e cognitiva que desperte e sustente "uma paixão pelo cuidado do mundo" (FRANCISCO, 2015, p. 216). Nesse sentido, a priorização dos ecossistemas e o seu entendimento como bens comuns implica uma conversão comunitária, pois deve-se assegurar a cada comunidade o direito de "[...] tomar da bondade da terra aquilo de que necessita para a sua sobrevivência, mas [observando] o dever de a proteger e garantir sua fertilidade para as gerações futuras" (FRANCISCO, 2015, p. 67).

O trabalho é a categoria eleita como a mais importante para a implementação de uma nova civilidade, por se responsabilizar pela transformação da natureza, ante a perspectiva da ecologia integral. Sendo assim, é preciso resgatar como iguais os valores de todas as formas de trabalho orientados à vida, inclusive os tipos de trabalho não produtivos e produtivos não remunerados, que, segundo Strassman (em FREITAS, 2021), afetam principalmente as mulheres, carentes de ter seus esforços reconhecidos institucionalmente.

Boff (2021) sintetiza a economia de Francisco como uma bioeconomia, baseada nos bens e serviços da natureza em função da vida, e não do mercado ou da acumulação. Privilegia as regiões e o biorregionalismo, e expõe que a pandemia enfrenta as soberanias nacionais, em virtude da realidade verificada de interdependência entre as nações. Trata-se de uma economia do suficiente e do decente, conforme as culturas dos territórios, para todos os seres vivos, não somente os humanos. Além de uma economia humana e biocircular, pretende-se uma democracia sociocósmica, que incorpore a natureza como sujeito de direitos, pois a terra também tem direitos.

Considerações finais

O caráter radical da crise sanitária, vivida nesta fase do processo instaurado pela elevação do conhecimento a fator de produção mais estratégico ante a economia, que inspira a sua ascensão à "economia do conhecimento", vem se constituir em oportunidade de interromper processos de uma submissão mais profunda às questões econômicas como determinantes da organização social. É possível que novos valores mais humanitários ganhem expressão, em virtude do aprofundamento das emergências sociais e da compreensão da interdependência fundante da fragilidade humana. Ou seja, essa crise sanitária tem o potencial de fazer despertar no ser humano, que vem negando sua condição perecível, uma nova mentalidade.

Acredita-se que o empenho do Papa Francisco por uma renovação civilizatória requer uma mudança profunda nas mentalidades das pessoas, ou melhor, nas representações sociais sobre o mundo e sobre nós mesmos. Isso implica uma reforma da postura humana com relação ao ato de viver ante muitos aspectos; dentre eles se elencam os seguintes: a construção de um novo contrato social sociobiocêntrico; o entendimento da finitude dos recursos naturais e do risco iminente de deterioração ambiental do planeta; a revitalização dos valores da igualdade de gênero; a implantação de uma economia distributiva, regenerativa e sustentável; a instituição de novas leis, políticas públicas e projetos educativos; a incorporação de princípios feministas para uma economia voltada ao cuidado da vida, baseada em complementaridade, solidariedade, reciprocidade e cooperação; a valorização das trabalhadoras e dos trabalhadores como agentes da reprodução da vida.

Essa nova economia do conhecimento, em processo, não esboçou completamente, ainda, seus efeitos sobre a organização social. Cabe, aqui, salientar a capacidade de o poder político sujeitar os interesses econômicos aos interesses humanitários, certamente que com a indispensável participação dos movimentos sociais, em uma luta renitente em favor das conquistas sociais que emancipem as populações vitimadas pelos processos da economia de mercado.

Finalizamos este texto com a transcrição de importantes questões para reflexão endereçadas pelo Papa Francisco:

> Se agirmos como um só povo, até diante das outras epidemias que nos ameaçam, poderemos ter um impacto real. Seremos capazes de agir de forma responsável perante a fome que muitos sofrem, conscientes de que há comida para todos? Continuaremos a olhar para o outro lado, com um silêncio cúmplice em face de guerras alimentadas por desejos de domínio e de poder? Estaremos dispostos a mudar os estilos de vida que afogam muitos na pobreza, promovendo e encontrando a coragem de levar uma vida mais austera e humana, que permita uma distribuição equitativa dos recursos? Tomaremos, como Comunidade Internacional, as medidas necessárias para impedir a devastação do meio ambiente, ou continuaremos a negar a evidência? (FRANCISCO, 2020a, p. 50-51).

E, para inspirar nossa transformação individual e coletiva, deve-se considerar o incentivo do Papa para que se tenha coragem de conquistar a civilização do amor, definida por Pirônio como

> [...] uma civilização da esperança: contra a angústia e o medo, a tristeza e o desânimo, a passividade e o cansaço. A civilização do

amor constrói-se diariamente, sem interrupções. Pressupõe um esforço concertado de todos. Para isto, requer uma comunidade de irmãos comprometidos (PIRÔNIO, apud FRANCISCO, 2020a, p. 51).

Referências

ANDREATTA, C. Apontamentos sobre o contexto teológico do Vaticano II. *Revista do Instituto Humanitas Unisinos*, ano XII, n. 401, p. 5-6, 03 set. 2012.

BENTO XVI. *Pronunciamento ao corpo diplomático junto à Santa Sé*. Vaticano: Editrice Vaticana, 2007. Disponível em: https://www.vatican.va/content/benedict-xvi/pt/speeches/2007/january/documents/hf_ben-xvi_spe_20070108_diplomatic-corps.html. Acesso em: 22/04/2021.

BOFF, L. *Sobrevivendo ao caos*: o que esperar do pós-pandemia. Aula proferida no Instituto Conhecimento Liberta, em 05/08/2021. Disponível em: https://icl.com.br/pg/icl-r7/?utm_campaign=icl-w7&utm_source=meteorico&utm_medium=social&utm_content=replay&src=icl-w7&sck=meteorico-replay. Acesso em: 05/08/2021.

CELAM. *Documento de Medellín*: a Igreja na atual transformação da América Latina à luz do Concílio Vaticano II. Conclusões da II Conferência Geral do Episcopado Latino-Americano. Medellín, Colômbia: 1968. Petrópolis: Vozes, 1968.

CELAM. *Documento de Puebla*: evangelização no presente e no futuro da América Latina. Conclusões da III Conferência Geral do Episcopado Latino-Americano. São Paulo: Paulinas, 1979.

DOWBOR, L. *O capitalismo se desloca*: novas arquiteturas sociais. São Paulo: Edições SESC, 2020.

FIORI, J. L. Estado de bem-estar social: padrões e crises. *Physis: Revista de Saúde Coletiva*, Rio de Janeiro, 7(2): p. 129-147, 1997.

FRANCISCO. *Carta encíclica "Laudato si'"*: sobre o cuidado da casa comum. São Paulo: Paulinas, 2015.

FRANCISCO. *Carta do Papa Francisco para o evento "Economy of Francesco"*. Vaticano: Libreria Editrice Vaticana, 1º de maio de 2019. Disponível em: https://www.vatican.va/content/francesco/pt/letters/2019/documents/papa-francesco_20190501_giovani-imprenditori.html. Acesso em: 10/04/2021.

FRANCISCO. *Vida após a pandemia*. Città del Vaticano: Libreria Editrice Vaticana, 2020a.

FRANCISCO. *Carta encíclica "Fratelli tutti"*: sobre a fraternidade e a amizade social. São Paulo: Paulinas, 2020b.

FRANCISCO. *Exortação Apostólica Querida Amazônia*: ao Povo de Deus e a todas as pessoas de boa vontade. São Paulo: Paulinas, 2020c.

FREITAS, A. F. Economias para o "bem viver": uma reflexão para a sociedade pós-pandemia. *Revista NAU Social*, v. 22, n. 2, p. 616-625, out. 2020/abr. 2021.

INSTITUTO HUMANITAS UNISINOS (IHU). *O Papa Francisco e a teologia do povo*. Entrevista especial com Juan Carlos Scannone. 16/05/2015. Disponível em http://www.ihu.unisinos.br/159-noticias/entrevistas/542642-o-papa-francisco-e-a-teologia-do-povo-entrevista-especial-com-juan-carlos-scannone. Acesso 6/04/2021.

KEYNES, J. M. *Teoria geral do emprego, do juro e da moeda* (1936). São Paulo: Editora Nova Cultural Ltda., 1996.

MAZZUCCHELLI, F. M. *Capitalismo*: tendências e crises – Uma reflexão a partir de Marx. 1983. Tese de doutorado. Unicamp,

Instituto de Economia, Instituto de Filosofia e Ciências Humanas, Campinas, SP. Disponível em: http://www.repositorio.unicamp.br/handle/REPOSIP/285699. Acesso em: 29/04/2021.

PAULO VI. *Discurso do Papa Paulo VII à Assembleia Geral*, por ocasião do 25º Aniversário da FAO. 1970. Disponível em: https://www.vatican.va/content/paul-vi/pt/speeches/1970/documents/hf_p-vi_spe_19701116_xxv-istituzione-fao.html. Acesso em: 04/04/2021.

PEREIRA, A. J.; MARIN, S. Lei da escassez e comportamento econômico: uma leitura institucional. *Revista Econômica*, v. 18, n. 2, dez. 2016.

POLANY, K. *A grande transformação*: as origens de nossa época (1944). 2. ed. Rio de Janeiro: Compus, 2000.

SOUZA, J. *A elite do atraso*: da escravidão à Lava Jato. São Paulo: LeYa, 2017.

WOLFART, G.; DALLA ROSA, L. C. Vaticano II: o termo que se faz divisor de águas chama-se hermenêutica. *Revista do Instituto Humanitas Unisinos*, n. 401, ano XII, p. 10-14, 03 set. 2012.

RELEITURAS

1º Congresso Brasileiro de Teologia Pastoral
Em busca de uma primeira leitura

Edward Guimarães (PUC-Minas)

Discernir, à luz do Espírito Santo, o que foi decisivo, os desafios e urgências, bem como as pistas que nos foram oferecidas em um evento complexo como o 1º Congresso Brasileiro de Teologia Pastoral, não é tarefa simples. Reclama, antes, maior escuta uns dos outros, processos dialógicos coletivos, com aquela sabedoria paciente dos artesãos que trabalham a pedra, a madeira, o barro... Sim, para captar as ideias decisivas e os processos impulsionados pelas reflexões de um Congresso é necessário maior tempo, com análises e partilhas das percepções dos observadores e participantes.

No entanto, cientes dos limites e possibilidades desta desafiante tarefa que nos cabe ao final do evento, ainda impactado pelo turbilhão das provocações de cada conferência, seminário, painel, comunicação, narrativa de experiência pastoral, perguntas e comentários nos *chats*..., em uma primeira leitura do 1º Congresso Brasileiro de Teologia Pastoral, quero modestamente enfatizar alguns elementos que julgo estruturantes, para posteriormente delinearmos juntos, e de forma mais tranquila, os horizontes abertos por este importante e instigante acontecimento.

1. Para a dimensão interna da Igreja Católica

Isso posto, pensando os processos internos da Igreja Católica e tendo presente o contexto contemporâneo que nos cabe viver, em busca de uma primeira leitura do Congresso, compartilho, a seguir, os três pontos que me pareceram ter sido explicitados, de maneira muito forte, nas dinâmicas vividas nestes dias.

a) Um primeiro elemento a nos desafiar, e que se situa no nível da conversão ao Evangelho do Reino e à práxis de Jesus, seria o de concretizar a passagem de uma "fé ideia" para uma "fé que se faz concretamente relação".

Este elemento foi explicitado de modo claro e provocativo na Conferência "Desafios e perspectivas para a pastoral no Brasil hoje", de Dom Leonardo Ulrich Steiner, arcebispo de Manaus, mas também pode ser percebido muito presente em diversos processos reflexivos do Congresso, suscitados nos seminários, painéis e comunicações.

A fé cristã não pode ser compreendida como uma ideia. A fé cristã que se apresenta ou que se configura simplesmente como ideia se torna, frequentemente, uma fé ideologizada, fundamentalista, subjetivista e, quase sempre, abstrata e divorciada da realidade histórica vivida pelos que a acolhem. Com uma fé ideia, a realidade eclesial, formada por pessoas, facilmente se deturpa, se perverte em relações de poder, e a comunhão se esfacela e mais divide do que nos converte e nos irmana para o mesmo desafio: a vivência, na história, do projeto salvífico amoroso de Deus.

A fé cristã, quando convertida em relações de amor, ao contrário, nos desafia concretamente a uma vida nova, vivida em comunidades de fé e como fermento de outra sociedade possível, fundada na justiça, na partilha e na misericórdia. Nosso Deus revela-se em Jesus, pela luz criativa do Espírito Santo, um Deus Emanuel, sempre conosco: um Mistério singular e envolvente que atrai uma relação absoluta e aberta de amor que convida a amar. Em Jesus Cristo, o projeto salvífico da criação adquire sentido maior e um dinamismo de graça, que, por iniciativa divina, nos convida a fazer aliança de forma participativa e corresponsável. A aliança dialógica celebrada com Abraão e sua descendência, aliança renovada de modo singular com Jesus, deixa clara a transformadora experiência da gratuidade do amor de Deus presente e atuante no meio de nós: um amor que se concretiza como vida que, por amor, se assume e se coloca a serviço da vida em plenitude desde os mais pequeninos e excluídos da dignidade humana.

Por isso, não é qualquer relação que satisfaz; na Igreja e na sociedade, os critérios do Evangelho do Reino implicam um compromisso com o diálogo, com a cultura do encontro, com o testemunho da justiça e da fraternidade, com a opção pelos pobres e pelas periferias sociais e existenciais, com o cuidado e a defesa da vida humana e da casa comum.

b) Um segundo elemento a nos desafiar se situa no nível do discernimento dos sinais dos tempos: somos interpelados a nos comprometer com a ressignificação dos mecanismos já existentes e com a criação de mecanismos novos, em vista da concretização da sinodalidade na Igreja.

A sinodalidade, compreendida como um dinamismo criativo, implica processos contínuos, escuta e participação corresponsável, supondo o desejo de caminhar juntos. Uma realidade que afeta todos os níveis relacionais no seio da Igreja e que tem desdobramentos imediatos para a configuração da vida em comunidade de fé e na própria organização sociopolítica da sociedade.

Nessa direção, o que concretamente emergiu como a mais forte interpelação deste Congresso, inspirada certamente no testemunho da Igreja da Amazônia e no provocativo projeto de reforma da Igreja que vem sendo encetado pelo Papa Francisco, em seu esforço de recuperação do espírito do Concílio Vaticano II, foi o anúncio, já no primeiro dia, na Conferência de abertura "Discernir a pastoral em tempos de crise", feita pelo teólogo pastoralista Agenor Brighenti, com grande manifestação de apoio e de anseio dos participantes manifestados nos comentários via chat, mas também em muitos outros processos reflexivos do Congresso: *a criação de uma grande Assembleia Eclesial e, sobretudo, de uma Conferência Eclesial da Igreja do Brasil.*

A sinodalidade é vista como o caminho para a superação das mentalidades e das práticas clericalistas, caracterizadas como um câncer no seio da Igreja. É o caminho para a gestação e concretização de uma Igreja toda ministerial, com senso de corresponsabilidade de todos os batizados e batizadas na ação evangelizadora da Igreja.

c) Um terceiro elemento a nos desafiar se situa no nível do magistério, mas também no da própria teologia pastoral e da formação. Trata-se do compromisso coletivo de juntos, inspirados pelo magistério do Papa Francisco e com os desafios de pensar novos caminhos para a Igreja na cidade, concretizarmos uma segunda recepção criativa do Concílio Vaticano II, uma espécie de "novo Medellín".

Aqui não se trata de uma nova Conferência Geral do Episcopado Latino-Americano, mas da "Medellín símbolo", em uma expressão cunhada pelo teólogo João Batista Libanio, ou seja, a Medellín que se tornou marco simbólico de uma caminhada libertadora, fecunda e corajosa, um autêntico Pentecostes que deu rosto próprio à Igreja na América Latina: com a opção pelos pobres, com a vida religiosa inserida, com as Comunidades Eclesiais de Base e com o vigor da teologia latino-americana.

Isso significa concretamente o esforço de recuperamos o sentido da Igreja como sacramento do Reino e da vida cristã como comunidade de partilha de fé e de vida fraterna, fermento para "a fraternidade e amizade social" para toda a sociedade.

2. Para a dimensão social e a presença pública da Igreja na sociedade

Pensando a dimensão social e na relevância da presença pública da Igreja, em uma primeira leitura de nosso 1º Congresso Brasileiro de Teologia Pastoral, eu destacaria três pontos que mais fortemente emergiram nestes dias.

a) Um primeiro grande desafio que emergiu forte foi o da necessidade urgente de reconhecer e promover a necessária solidariedade emergencial diante da grave crise sociopolítica, econômica, ambiental e religiosa, explicitada nesta longa pandemia de Covid-19.

Até o final do Congresso, a pandemia já havia ceifado mais de 416 mil vidas. Essa trágica situação em curso está mostrando, muito mais que a profunda dor das experiências de luto, a dramática situação da realidade de desigualdade social em nosso país: a vulnerabilidade socioeconômica de parcela muito significativa da população brasileira, afetada pela violência, pela fome e a miséria, pela população em situação de rua, pelo alto índice de desemprego, subemprego e trabalho informal precário, pela deterioração das políticas públicas e da responsabilidade social do Estado. É preocupante a fragilidade do pacto social federativo e o descaso da atual governança em garantir aos mais pobres o que está firmado na Constituição Federal.

Nesse sentido, urge a concretização profética de uma Igreja samaritana, capaz de colocar-se toda a serviço da vida e de dar as mãos aos movimentos populares, com as pastorais sociais, que são chamadas a ser revigoradas e priorizadas como "pastorais emergenciais". Todos juntos na luta emergencial por um "SUS forte", por "vacina, comida no prato e renda básica para todos", desde os mais pobres e vulneráveis.

A crise da pandemia deixou claro que não há evangelização que seja impulsionada pelo dinamismo do Reino sem que se faça a opção clara de colocar-se ao lado dos mais fracos, dos mais pobres, dos periféricos, dos excluídos do sistema do mercado e da dignidade cidadã.

b) *Um segundo grande desafio vai na mesma direção: trata-se de colocar-se ao lado e em defesa dos povos originários, que hoje estão entre as maiores vítimas da deterioração das políticas públicas, dos órgãos de fiscalização e da responsabilidade social do Estado.*

Há em um curso uma nova onda genocida de violência contra os povos originários, encetada pelo poder econômico de grupos que dão sustentação ao atual governo e com perda de direitos humanos duramente conquistados nas lutas cidadãs, que ajudaram a construir a atual Constituição Federal. A floresta amazônica está sendo ainda mais destruída, os territórios indígenas invadidos e cortados os recursos para a concretização das políticas públicas voltadas para a questão indígena e ambiental.

Urge a concretização profética de uma Igreja em saída e em defesa dos direitos dos povos originários, capaz de colocar-se ao lado e em defesa de suas vidas, e de denunciar nacional e internacionalmente a trágica e dramática situação vivida por esses brasileiros e brasileiras.

A longa crise da pandemia tem agravado ainda mais a situação dos povos originários. Há denúncias graves de comprometimento de órgãos do governo, seja em impedir o acesso à vacina, seja no descaso em relação à invasão dos territórios por garimpeiros, posseiros e empresas de mineração e de agronegócio.

c) Um terceiro grande desafio, que ficou muito explícito na Conferência "Provocações para uma leitura do tempo", proferida pela economista Tânia Bacelar, e nos seminários e painéis, é o de que, diante da desigualdade socioeconômica e seu lastro de exclusão e da hegemonia do capital financeiro neoliberal especulativo, urge retomar bandeiras como a da reforma agrária e de acesso à educação de qualidade para todos.

O caminho mais concreto e imediato de combate à desigualdade socioeconômica é a distribuição de ativos através de políticas públicas, no caso a distribuição da terra, com a concretização de uma reforma agrária ampla e valorização da agricultura familiar mais do que a do agronegócio, e distribuição do conhecimento, com a criação de condições de acesso de todos a uma educação de qualidade nos diversos níveis. Para isso, é preciso recuperar o papel e o poder do Estado de garantidor da isonomia cidadã, aquele que faz cumprir a Constituição Federal.

Urge a concretização profética de uma Igreja Hospital de Campanha, capaz de dar as mãos e apoiar os movimentos populares e suas causas, as organizações da sociedade civil e as instituições comprometidas com a construção de um país justo, inclusivo e sustentável.

A teologia como companhia, memória e profecia:
horizontes pastorais do 1º Congresso Brasileiro de Teologia Pastoral

Geraldo De Mori (FAJE)

As palavras do título de um livro de Bruno Forte, *A teologia como companhia, memória e profecia*, publicado no Brasil em 1991, trazem algumas ideias para a releitura do que foi vivido ao longo desse 1º Congresso Brasileiro de Teologia Pastoral e dos horizontes que dele parecem despontar. Será retomado o conjunto dos conteúdos tratados ao redor desses termos, sem pretender tudo abraçar, mas apontar o que pareceu ser mais significativo ou relevante, ou o que pareceu ser mais urgente e desafiante. As considerações aqui propostas são parciais, limitadas e até "suspeitas", pois, enquanto membro da Comissão Organizadora, não se tem o olhar mais isento de quem vê de fora. Mesmo assim, o olhar aqui proposto é plausível, enriquecido, sem dúvida, com o olhar dos que participaram no evento, acompanhando-o ou oferecendo algum tipo de contribuição.

A palavra *companhia*, segundo Bruno Forte, é uma resposta à pergunta: que sentido tem fazer teologia hoje? De fato, a teologia é companhia de vida com os homens e as mulheres do próprio tempo, com suas perguntas, esperanças, conquistas, sofrimentos e dúvidas. E uma companhia de fé, ou seja, o que a move enquanto discurso, é a inteligência da fé. Se isso vale para a teologia em geral, vale muito mais ainda para a teologia pastoral. Como bem frisou Agenor Brighenti, na conferência de abertura, "a Teologia é um serviço à Igreja e a Igreja existe para evangelizar". Por isso, ela deve "ser uma Teologia pastoral". Mais que a academia, seu lugar "são os espaços, os processos eclesiais". Sem esse "chão eclesial", ela perde seu sentido. A companhia é presença e se dá no presente. Portanto, a teologia pastoral busca entender o presente no qual vivem e agem os que creem em Jesus Cristo, para que suas vidas correspondam ao que dizem ser.

O tema geral do Congresso, "Discernir a pastoral em tempos de crise: realidade, desafios, tarefa", colocou a todos no coração do tempo presente, no qual a teologia pastoral busca ser "presença" da "alegria do Evangelho". Esse tempo é marcado por várias crises: a pandemia, sem sombra de dúvidas, a que mais tem sido sentida no Brasil desde o mês de março de 2020; a crise social, política e econômica, cujos inícios remontam a 2011, explodindo nas manifestações de junho de 2013 e desencadeando o processo de polarização que levou ao *impeachment* de Dilma Rousseff, em 2016, e à eleição do atual presidente, em 2018. O caráter econômico e político dessas crises foi bem analisado por Tania Bacelar, na conferência do dia 04/05/2021, na qual, por um lado, recordou os processos econômicos que ajudam a entender a enorme desigualdade que caracteriza a realidade brasileira ainda hoje, mostrando, por outro lado, que é pela política que se poderá mudá-la. A essas crises há que se acrescentar a perspectiva sinalizada por Dom Leonardo Steiner, em sua conferência do dia 05/05/2021, mostrando que, boa parte da "mudança de época" na qual se encontra hoje o mundo, tem origem no "pensamento calculador", que determina o modo como a cultura ocidental lida com o tempo, o espaço e as coisas, produzindo não só crise social, econômica e política, mas também ambiental, e determinando as "figuras" a partir das quais se pensa o divino e se relaciona com ele.

A teologia enquanto *presença* não só ausculta o lugar e o tempo em que exerce sua função de "presença" da "alegria do Evangelho", como também as respostas dos discípulos e discípulas de Cristo aos desafios que enfrentam para ser testemunhas de esperança, fé e amor. Nesse sentido, vários dos seminários, painéis, comunicações e experiências significativas mostraram as muitas facetas da presença eclesial no momento presente: na animação bíblica da pastoral, nas paróquias, junto às juventudes, ante os desafios socioambientais, na articulação entre fé e política, na iniciação à fé, no mundo do trabalho e da economia, nas periferias existenciais, com atenção especial para os moradores de rua e as populações LGBTQ+, na Amazônia, nas novas mídias digitais. Muito inspiradoras as reflexões e provocações trazidas nos espaços propostos pelo congresso. Seguramente, as pistas apontadas e as experiências compartilhadas já apontam saídas para a crise na qual o Brasil está imerso. Alguns temas, como o dos novos ministérios e a mulher, o da pentecostalidade e mística, o da sinodalidade, merecem uma atenção muito maior no futuro. Por isso, é importante já dizer algo a mais sobre eles.

De fato, a questão da mulher na Igreja ainda precisa dar passos muito mais ousados. Mauricio Lopez, que foi secretário da REPAM e atualmente contribui nas atividades da CEAMA e do CELAM, em um texto em que descreve os processos vividos no sínodo da Amazônia, recordava um termo importante utilizado pelo Papa Francisco no sínodo: "desborde". Esse termo aponta para um salto, um "ir além", que supõe sair da lógica à qual alguém está habituado, que é a da "contabilidade", do "sempre se fez assim", como o Papa diz na *Evangelii gaudium*, para a lógica da "saída", do acolhimento da lógica de Deus, que é a do "excesso", a do "muito mais" da graça, que torna possível entrar na dinâmica do Reino. Nos ambientes em que esse tema foi tratado no Congresso, algumas mulheres diziam: "Não se trata de ordenar mulheres como presbíteras em uma Igreja clerical; é preciso descobrir outras formas de viver o ministério do serviço da animação e da unidade na Igreja". No fundo, é a Igreja toda, em sua ministerialidade, que precisa abrir-se ao "desborde" de Deus, para seguir sua missão em meio aos novos desafios de hoje.

As questões pentecostal e mística, tratadas em um painel, mas também evocadas de muitas formas em conferências, seminários e comunicações, são, no momento presente, as que, talvez, mais mereçam a atenção da teologia pastoral no Brasil. Nas décadas que se seguiram à realização do Concílio, o Brasil viu, por um lado, a experiência inovadora e profética das Comunidades Eclesiais de Base e, por outro, a irrupção da Renovação Carismática Católica, além da continuidade das formas tradicionais do catolicismo e da força da religiosidade popular. Ao mesmo tempo, grupos pentecostais e neopentecostais cresceram em número e importância, ganhando visibilidade e tornando-se um dos principais atores políticos do país no atual momento. Infelizmente, em muitos casos, com uma visão aparentemente distante dos princípios mais caros ao Evangelho e à fé cristã. Nos anos criativos das CEBs e das pastorais sociotransformadoras, as diversas expressões do pentecostalismo receberam sempre uma leitura crítica da teologia em geral e da teologia pastoral em particular. Nem todos os grupos que se dizem inspirados pelo Espírito Santo estão alinhados às tendências conservadoras da sociedade brasileira atual. Por isso, antes de qualquer juízo sobre a diversidade enorme que os caracteriza, é importante aprofundar melhor o que está na origem dessas manifestações religiosas, para nelas discernir o que é verdadeira manifestação do Espírito. O painel proposto no

Congresso, que associou pentecostalismo e mística, queria apontar uma das direções para se aprofundar a questão pentecostal no momento presente e no futuro. Os que buscam as expressões pentecostais da fé cristã estão imbuídos de uma sede de sentido e salvação. Nem sempre encontram nas estruturas eclesiais atuais lugar para saciar essa sede. Que experiências a pastoral da Igreja poderia oferecer em resposta a esses anseios? Grande parte dos grupos pentecostais e neopentecostais, sobretudo os que deixam a Igreja, é constituída de pessoas que vivem nas periferias das grandes cidades e no interior. As igrejas nas quais entram lhes dão novas referências e força para a travessia de uma vida, em geral, marcada por violências de todo tipo, inserindo-as em uma nova sociabilidade.

O tema da sinodalidade, presente também em um dos painéis e nas conferências e comunicações, é um tema não só para ser aprofundado pelas várias instâncias eclesiais e pela teologia pastoral, como também para ser "praticado", "descoberto". Precisa ser "descoberto" e não "redescoberto", porque, apesar de o Brasil já ter tido experiências inovadoras nessa perspectiva, tanto na base da Igreja, ou seja, nas comunidades, pastorais, paróquias e dioceses, quanto em sua cúpula, ou seja, nos Regionais da CNBB e na própria CNBB, cresceu muito nos últimos anos o clericalismo. Alguém afirmou em uma das conferências que o Papa Francisco se inspirou muito na Igreja do Brasil quando instaurou o processo de escuta nos sínodos que já presidiu. Sem dúvida a experiência brasileira é rica, sobretudo as muitas assembleias diocesanas, as assembleias nacionais das diferentes pastorais, os encontros intereclesiais e, como foi mencionado, as Assembleias do Povo do Deus. Alguns sugeriram a criação de uma Conferência Eclesial da Igreja do Brasil. A experiência da Igreja da Amazônia pode ensinar a todos hoje. Tudo isso, sem dúvida, é verdadeiro e promissor, porém, o tema da sinodalidade não é só um tema eclesial. A *Fratelli tutti* indica como caminhar juntos, não só em Igreja como também na sociedade fragmentada e plural, que tende a criar "bolhas", a edificar "muros" de todo tipo, criando polarizações, tornando o outro um inimigo. No seio da Igreja, como foi muito bem lembrado, alguns grupos têm agido intensamente para promover a divisão, a inimizade e o ódio entre grupos eclesiais. No painel sobre os "aprendizados da pandemia", falou-se que o tempo atual é o da redescoberta do significado da catolicidade. Ser católico é justamente aprender a viver com as diferentes mentalidades que marcam os grupos que coexistem no seio da Igreja. Um testemunho importante a dar enquanto Igreja, neste tempo de tanta fragmentação e polarização, é justamente o de reaprender a escutar os diferentes, aqueles que não pensam como eu, como meu grupo. Francys Adão, no seminário que propôs sobre a pastoral da gestação/geração, retomando os gestos eucarísticos da última ceia: tomar o pão, abençoar, dar graças e partir, evocava a necessidade de aprender hoje a bendizer o diferente, a dar graças por aquilo que é e aporta ao "nós" social e eclesial. Mas o bendizer e o dar graças estão em função de um "partir" ou de um "partir-se" para alimentar o outro. As diferenças podem enriquecer o todo. Este é o grande chamado da *Fratelli tutti*, não só no interior da Igreja, mas também fora.

Além de presença, a teologia é "memória". Segundo Bruno Forte, ela é resposta à pergunta: como se fez teologia na história? O fazer memória, próprio da teologia, deve levar a inteligência da fé a se debruçar sobre as respostas que ela deu às grandes questões de cada tempo e lugar. O tema da memória sempre foi caro ao judaísmo, que nasceu de um ato de memória realizado a cada ano ao celebrarem a Páscoa, colocando, dessa forma, cada nova geração em ligação estreita com aquela que esteve no início da gesta libertadora de Deus. Esse ato é também constitutivo da fé cristã, que, segundo Jean Baptist-Metz, é "memória perigosa" da paixão-ressurreição de Jesus de Nazaré. De fato, o querigma, que está na origem mesma da fé, é um ato de memória: "O Crucificado foi ressuscitado", ou seja, a vitória de Deus sobre a injustiça impetrada ao Nazareno é a vitória da vida sobre a morte; ela transforma a esperança em motor da existência, uma esperança que olha para o futuro, mas que é alimentada de um passado. A celebração dessa "memória" da paixão-ressurreição de Jesus está na origem mesma das primeiras celebrações litúrgicas, a partir das quais a fé cristã foi se constituindo, com a fração do pão, que remetia à última ceia do Senhor. Toda pregação e toda a vida litúrgica e sacramental da Igreja, bem como sua organização pastoral, forjaram-se na e da memória da vida, morte e ressurreição de Jesus. Os escritos que emergiram dessa experiência originária, denominados de Novo Testamento, nada mais são do que a memória das palavras e gestos de Jesus, e de seus desdobramentos na vida nova que criou naqueles e naquelas que nele creram. A teologia que foi surgindo e se constituindo ao longo dos séculos também se compreendeu como memória, pois tudo o que ela buscou dizer como inteligência da fé nada mais é do que a tradução, em cada tempo e lugar, da memória de Jesus no momento em que foi elaborada. Nesse sentido, João XXIII, ao abrir o Vaticano II e ao erigir o princípio da pastoralidade como central para aquilo que ele deveria ser para o mundo, nada mais fez do que recordar o lugar e o modo de se compreender o ato de fazer memória na teologia e na Igreja. Mais que uma nova doutrina, dizia ele, precisamos mostrar em que a "doutrina", ou seja, a memória de Jesus, é significativa e relevante para os homens e mulheres do tempo atual.

A teologia enquanto memória esteve presente no decorrer do Congresso, sobretudo como recordação da tradição teológica e eclesial latino-americana. Sem ignorar a importância dos séculos que trouxeram e implantaram a fé cristã no Brasil, sem sombra de dúvidas, a perspectiva aberta pelo Concílio Vaticano II deu ao ato de fazer memória um novo significado. Mais que doutrinação, urgia tornar a mensagem do Evangelho compreensível aos diversos públicos para as quais era proclamada. Urgia também resgatar sua força salvífica, que se traduziu nas muitas formas de servir os mais pobres e vulneráveis dos lugares onde se encontram as comunidades eclesiais. Como disse Henrique de Lima Vaz, em um texto de 1968, a Igreja do Brasil deixou de ser Igreja-reflexo para tornar-se Igreja-fonte. Esse período criativo, que foi o que Agenor Brighenti denominou "primeira recepção do Concílio Vaticano II", está na origem de uma "tradição" espiritual, teológica, eclesial e pastoral, que inspirou muitas outras igrejas nas Américas e em outros continentes, e não pode ser ignorada ou esquecida. Porém, a geração que fez a recepção do Concílio no Brasil, sobretudo a dos bispos, já não mais se encontra, em sua maioria, peregrinando neste mundo. Novas sensibilidades foram emergindo, como também novas questões. O Brasil das décadas de 1960-1980 já não é o Brasil do final do século passado e das duas décadas deste século XXI. Como foi recordado nas conferências, painéis, seminários e comunicações, novas questões emergiram nas últimas décadas, muitas delas associadas ao que se tem chamado de "cultura pós ou hipermoderna", que, em grande parte, está na origem da "mudança de época" da qual falou Aparecida. Em que consiste o ato de fazer memória neste tempo?

Alguns grupos, marcados pelas inseguranças do atual mundo plural e fragmentado, e muito articulados com as novas tecnologias da informação e da comunicação, recorrem a modelos aparentemente mais seguros do ato de fazer memória, o do tradicionalismo católico, que marcou profundamente a Igreja entre o final do século XIX e a primeira metade do século XX. Diante do que consideram como ameaças a valores pretensamente constituídos e "eternos", ressemantizam ritos e doutrinas anteriores ao Concílio Vaticano II. Com uma presença massiva em vários meios de comunicação católicos, esses grupos propõem esse modelo de cristianismo e de

Igreja como o único verdadeiro e anatematizam os outros. Antenados com grupos similares de outros países do mundo, colocam-se em posição contrária ao que tem sido a do magistério do Papa Francisco e ao conjunto de orientações emanadas da CNBB. O episódio da Campanha da Fraternidade 2021, recordado várias vezes durante o Congresso, é uma triste ilustração dessa dificuldade em fazer ato de memória, que é sempre interpretativo, ou seja, não se trata de simplesmente afirmar verdades dogmáticas pretensamente eternas, de modo fundamentalista, mas de se perguntar como essas verdades interpelam o fiel, fazendo-o viver hoje a "memória revolucionária" da vida, morte e ressurreição de Jesus.

Sem dúvida, no horizonte futuro essa questão deverá ocupar a teologia em geral e a teologia pastoral em particular. Mais que condenar esse tipo de postura, talvez o caminho vivido pelo Papa Francisco também possa inspirar. É interessante notar como ele trata esses grupos e seus representantes, muitos deles cardeais, bispos e padres. Ele não promove nem alimenta o desejo de ruptura, mas tenta de todas as formas manter aberto o diálogo. É difícil, sem dúvida nenhuma, manter-se nessa atitude, sobretudo porque muitos desses grupos estão tão cegos que não sabem nem mais o que é o cristianismo, defendendo ideologias e posturas que se afastam muito da mensagem do Evangelho. O caminho sinodal, indicado acima, é o que deveria ajudar, de alguma maneira, a avançar.

Finalmente, a teologia é "profecia". Segundo Bruno Forte, essa dimensão responde à pergunta: "Como fazer teologia hoje?", ou seja, como apresentar uma proposta crível à vivência cristã no contesto histórico atual? Em contraponto com Bruno Forte, é importante resgatar o que a tradição teológica latino-americana entendeu por profecia. Na história de Israel, o profeta é, sem dúvida, aquele que traduz para o hoje da história do povo o significado de viver na fidelidade à aliança. Ele o faz a partir de uma leitura da realidade, por um lado, identificando nela infidelidades ou falsas interpretações do Deus dos "pais", vistas como idolátricas, e, por outro lado, apontando a tradução dessa infidelidade na vida concreta do povo eleito: a injustiça, o abandono do pobre, do órfão, da viúva, do estrangeiro. A pregação de Jesus, tal como a apresenta o capítulo 4 do Evangelho de Lucas, reatualiza essa maneira de entender a profecia, identificando sua missão com o anúncio da Boa-Nova do Reino de Deus aos pobres, a proclamação da liberdade aos presos, o envio para curar os cegos e libertar os oprimidos. A "defesa" da verdadeira "imagem" de Deus, segundo o Antigo e o Novo Testamento, é indissociável da "defesa" da justiça e da vida plena para os que são privados de dignidade no mundo.

A função profética marcou profundamente a teologia em geral e a teologia pastoral em particular, no período que viu nascer a primeira recepção do Concílio Vaticano II. O país vivia então um regime de exceção, com uma ditadura que conhecia seus piores momentos. A Igreja tornou-se, assim, como se dizia, "voz dos sem voz". Sua palavra, sua presença junto a muitas pessoas e grupos perseguidos e privados de liberdade, seu trabalho impressionante de educação e formação de cristãos e cristãs comprometidos com a construção de espaços de palavra livre e defesa dos direitos humanos, deram-lhe credibilidade, mas também a levaram a ser perseguida pelas autoridades políticas do regime e por grupos comprometidos com o sistema, muitos deles se dizendo "católicos".

Muitos dos que acompanharam o 1º Congresso Brasileiro de Teologia Pastoral foram testemunhas dos anos em que Igreja do Brasil era identificada com a voz e a presença profética no meio dos pobres. Boa parte tende, porém, a olhar com ceticismo o profetismo eclesial hoje no país, seja o da hierarquia católica, seja o das pastorais e presenças eclesiais em diversos âmbitos da sociedade. Certamente o do século XXI não é o mesmo que viu a Igreja iniciar a recepção do Concílio Vaticano II, e a profecia deve exercer-se diversamente. Alguns seminários, painéis, comunicações e experiências significativas atestam para várias formas de profetismo eclesial ainda hoje. Em termos de horizonte aberto pelo Congresso, duas questões parecem demandar hoje a profecia na Igreja: (1) As ameaças à democracia do atual governo, com o apoio de muitos grupos que se dizem cristãos e católicos; (2) O fosso entre ricos e pobres, que a atual pandemia só fez aumentar. A opção preferencial pelos pobres, dita e redita de tantas maneiras em muitos textos eclesiais, precisa de novo sair do papel, deixar de ser apenas palavra, para tornar-se carne em ações e iniciativas concretas. Somente assim, como na dinâmica da encarnação do Verbo, o agir eclesial poderá de novo fecundar a sociedade. Segundo algumas conferências, no meio juvenil, marcado por um pluralismo enorme, também emergem muitas iniciativas novas, que apontam para a imaginação profética. Oxalá essas iniciativas possam tornar viva a memória revolucionária da cruz-ressurreição de Jesus!

Biografia dos autores

Agenor Brighenti

Presbítero da Diocese de Tubarão – SC. Doutor (1993) e mestre (1990) em Teologia pela Université Catholique de Louvain, Bélgica. Professor-pesquisador no Programa de Pós-Graduação em Teologia da PUC-PR, no Instituto Teológico-Pastoral do CELAM (Bogotá, Colômbia). Líder do Grupo de Pesquisa "Teologia e Sociedade" (PUC-PR). Bolsista de Produtividade do CNPq. Membro da Equipe de Reflexão Teológico-Pastoral do CELAM. Perito da V Conferência CELAM (Aparecida, 2007) e do Sínodo para a Amazônia (Roma, 2019). E-mail: agenor.brighenti@pucpr.br

Antonio Manzatto

Mestre (1990) e doutor (1993) em Teologia pela Université Catholique de Louvain (Bélgica). Professor titular de teologia da PUC-SP. Presbítero da Arquidiocese de São Paulo, atuando pastoralmente na Região Episcopal Brasilândia. E-mail: antoniomanzatto@gmail.com

Dom Joaquim Giovani Mol Guimarães

Mestre em Teologia pela FAJE. Professor e pesquisador na PUC-Minas. Professor do Instituto de Filosofia e Teologia Santo Tomás de Aquino, ISTA (1990-2005), do Instituto Marista de Ciências Humanas (1992-1995) e do Instituto Regional de Pastoral Catequética. Fundador e coordenador do

Instituto Superior de Pastoral PUC-Minas, ISPAL (1998-2011). Editor fundador da Revista *Horizonte*, de estudos de Teologia e Ciências da Religião da PUC-Minas. Presbítero (desde 1988) e bispo auxiliar da Arquidiocese de Belo Horizonte (desde 2006). Na CNBB: presidente da Comissão Episcopal Pastoral para a Cultura e Educação (2011-2015), presidente da Comissão Episcopal Pastoral para a Comunicação (2015-2023), presidente do GT para acompanhamento da Reforma Política no Brasil (2008-2015). Presidente do Conselho Superior da Associação Nacional de Educação Católica, ANEC Brasil (2011-2015). Reitor da PUC-Minas (desde 2007). E-mail: dommol@arquidiocesebh.org.br

Dom Mário Antonio Silva

Bispo de Roraima – RR de 2016 a 2022, arcebispo de Cuiabá nomeado em 23/02/2022, e em exercício desde 01/05/2022, e 2º vice-presidente da CNBB. E-mail: mario.mas@uol.com.br

Ediméia Maria Ribeiro de Melo

Doutora (2010) em Geografia/Organização do Espaço pelo IGC/UFMG, mestra (2001) em Desenvolvimento Econômico pela UFU e graduada (1978) em Ciências Econômicas pela PUC-Minas. Membro do Grupo de Pesquisa da FAJE: Mundo do trabalho, Teologia e Ética, da Associação Brasileira de Pesquisadores em Economia Solidária (ABPES) e da Articulação Brasileira pela Economia de Francisco e Clara (ABEFC). Dedicada ao apoio ao fortalecimento da agricultura urbana por meio das hortas comunitárias. E-mail: profa.edimeiamaria@gmail.com

Edward Guimarães

Teólogo leigo. Mestre em Teologia (2006) pela FAJE. Doutor em Ciências da Religião (2020) pela PUC-Minas. Membro do Grupo de pesquisa "Teologia e Pastoral". Professor do Departamento de Ciências da Religião da PUC-Minas, onde atua também como secretário executivo do Observatório da Evangelização da PUC-Minas. E-mail: ednmbg@gmail.com

Francisco de Aquino Júnior

Presbítero da diocese de Limoeiro do Norte – CE. Doutor em Teologia pela Westfälische Wilhelms-Universität Münster – Alemanha. Professor de Teologia na Faculdade Católica de Fortaleza (FCF) e no Programa de Pós-Graduação em Teologia da Universidade Católica de Pernambuco (UNICAP). E-mail: axejun@yahoo.com.br

Geraldo Luiz De Mori

Mestre (1997) e doutor (2002) em Teologia pelas Facultés Jésuites de Paris – Centre Sèvres (Paris, França). Professor e pesquisador em Teologia na FAJE. Membro do Grupo de Santiago (pesquisa em Teologia Prática/Pastoral), da Comisión Teológica do CELAM, do Grupo de Peritos do INAPAZ (Instituto Nacional de Pastoral Padre Alberto Antoniazzi). Bolsista de Produtividade do CNPq. E-mail: prof.geraldodemori@gmail.com

João Gutemberg Sampaio

Mestre (1996) e doutor (2008) em Teologia da Vida Religiosa pela Pontifícia Universidade Lateranense. Secretário da Rede Eclesial Pan-Amazônica (REPAM). Religioso da Ordem dos Irmãos Maristas. E-mail: jgutembergfms@gmail.com

Leonardo Ulrich Steiner

Arcebispo de Manaus (desde 2019). Ingressou na Província Franciscana da Imaculada Conceição em 1972. Mestre (1998) e doutor (2001) em Filosofia pelo Pontifício Ateneu Antoniano (Roma). Bispo da Prelazia de São Félix do Araguaia (2005-2011). Secretário-geral da CNBB (2011-2019). E-mail: leonardousteiner@gmail.com

Luana Martins Golin

Teóloga, mestra (2011) e doutora (2015) em Ciências da Religião, pela Universidade Metodista de São Paulo (UMESP). Pós-doutoranda em

Letras. Professora de Teologia na UMESP e no curso de pós-graduação em Religião e Cultura, do Centro Universitário Assunção (UNIFAI). E-mail: luanamgolin@gmail.com

Luís Corrêa Lima

Historiador, com mestrado na PUC-Rio (1997) e doutorado na UNB (2004). Professor e pesquisador no Programa de Pós-Graduação em Teologia da PUC-Rio. Jesuíta, presbítero. E-mail: lclima@puc-rio.br

Luis Miguel Modino

Padre diocesano da Arquidiocese de Madri (Espanha). Missionário *fidei donum* na Arquidiocese de Manaus. Membro da equipe de comunicação do CELAM e assessor de comunicação da CNBB Regional Norte 1. Correspondente no Brasil de *Religión Digital* e colaborador de *Vatican News*, *IHU* e de diferentes sites no Brasil e no exterior. E-mail: lmodino@gmail.com

Manoel José de Godoy

Presbítero da Arquidiocese de Belo Horizonte – MG. Trabalhou muitos anos na assessoria pastoral da CNBB. Hoje é administrador paroquial da Paróquia São Tarcísio, em Belo Horizonte, e coordenador de estágio pastoral dos alunos da graduação de Teologia da Faculdade Jesuíta de Filosofia e Teologia (FAJE). É mestre em Teologia Pastoral pela FAJE (2005). E-mail: mgmanologodoy@gmail.com

Márcia Maria de Oliveira

Mestra (2011) e doutora (2014) em Sociedade e Cultura na Amazônia, pela UFAM. Mestra em Gênero, Identidade e Cidadania pela Universidade de Huelva (Espanha). Professora no curso de Ciências Sociais da UFRR. Coordenadora do Programa de Pós-Graduação em Sociedade e Fronteiras na UFRR. Pesquisadora do Grupo de Estudo Interdisciplinar sobre Fronteiras:

Processos Sociais e Simbólicos (GEIFRON) e do Observatório das Migrações em Rondônia. Assessora da REPAM/CNBB, da Cáritas Brasileira e do Serviço Pastoral dos Migrantes. E-mail: marcia.oliveira@ufrr.br

Marcial Maçaneiro

Teólogo, mestre (1998) em Teologia pela FAJE (Belo Horizonte – MG) e doutor (2001) pela Pontifícia Universidade Gregoriana (Roma, Itália). Professor e pesquisador no Programa de Pós-Graduação em Teologia da PUC-PR. Membro da Rede Latinoamericana de Estudios Pentecostales (RELEP) e da International Commission for Catholic-Pentecostal Dialogue (Vaticano). E-mail: marcialscj@gmail.com

Marina Paula Oliveira

Mestranda em Relações Internacionais pela PUC-Minas. Coordenadora de Projetos da Arquidiocese de Belo Horizonte para as comunidades atingidas pelo rompimento da barragem da Vale, em Brumadinho. E-mail: marynapaula@hotmail.com

Matheus da Silva Bernardes

Presbítero da Arquidiocese de Campinas – SP. Vigário paroquial da Paróquia Santo Cura D'Ars, em Campinas, e professor da Faculdade de Teologia da PUC-Campinas. É mestre (2008) em Teologia Sistemática pela Pontifícia Faculdade de Teologia Nossa Senhora da Assunção (São Paulo) e doutorando também em Teologia Sistemática pela FAJE. E-mail: pe.matheusbernardes@gmail.com

Robson Sávio Reis de Souza

Doutor (2014) em Ciências Sociais, com pós-doutorado em Direitos Humanos. Professor na FAJE e na PUC-Minas, onde coordena o Núcleo de Estudos Sociopolíticos (NESP). Assessor do CEFEP, integrante do Movimento Nacional de Fé e Política e membro da equipe de análise de conjuntura sociopolítica da CNBB. Membro da SOTER. Presidente do Conselho Estadual de Defesa dos Direitos Humanos de Minas Gerais. E-mail: robsonsavio@gmail.com

Rosana Manzini

Mestra em Teologia Prática pela PUC-SP e em Teologia Moral pela Pontifícia Faculdade de Teologia Nossa Senhora da Assunção. Especialização em Doutrina Social da Igreja pela Universidade Gregoriana – Roma. Professora da PUC-SP, onde leciona disciplinas de Teologia Moral. Coordenadora do Núcleo de Estudos de Doutrina Social da Igreja da PUC-SP. Exerce a função de assessora da REDLAPSI (Rede Latinoamericana del Pensamiento Social del la Iglesia) e pertence ao Conselho do CEBITEPAL (Centro Bíblico Teológico Pastoral para América Latina y el Caribe) do CELAM. E-mail: rosana.manzini@gmail.com

Valéria Andrade Leal

Religiosa das Apóstolas do Sagrado Coração de Jesus. Doutoranda em Teologia Sistemático-Pastoral pela PUC-Rio. Mestra (2014) em Teologia pela Pontifícia Universidade Católica do Paraná. Assessora da Comissão Episcopal Pastoral para a Juventude da CNBB. E-mail: vandradeleal@yahoo.com.br

Vanildo de Paiva

Mestre em Psicologia (2014) pela PUC-Campinas. Professor de Filosofia e Psicologia na Faculdade Católica de Pouso Alegre – MG. Presbítero da Diocese de Pouso Alegre. E-mail: vanildopaiva@hotmail.com

Grupo de Pesquisa "Teologia e Pastoral"

Criado em 2012 pelo Programa de Pós-Graduação em Teologia da FAJE, reúne pesquisadores/as e estudantes da FAJE, da PUC-Minas, do ISTA, do Centro Loyola e egressos atuando em outras instituições de ensino e pesquisa em teologia no Brasil. O objetivo principal do Grupo é aprofundar a relação entre teologia e pastoral, mostrando o caráter indissociável que existe entre a reflexão sobre a fé, a práxis cristã e as práticas ou ações pastorais que encarnam o ser e o agir cristão e eclesial no mundo hoje. Esse objetivo geral se desdobra em três objetivos específicos: (1) Estudar e analisar experiências concretas na área da pastoral, a partir de igrejas consideradas inspiradoras (comunidades, paróquias, dioceses), por seu caráter inovador e criativo e por sua resposta às questões levantadas na pastoral da Igreja; (2) Aprofundar as grandes questões que emergem na pastoral da Igreja, mediante estudos de grandes teólogos práticos ou pastoralistas e de temas que são pertinentes para o agir pastoral; (3) Organizar, apoiar e participar de colóquios, seminários e simpósios sobre teologia e pastoral, em busca de interlocução entre pastoralistas e teólogos que se interrogam pela relação entre teologia e pastoral.

O Grupo "Teologia e Pastoral" já realizou, desde sua criação, sete Colóquios interinstitucionais (PUC-Minas, FAJE, Centro Loyola e ISTA) em Belo Horizonte, abordando temas candentes e relevantes da pastoral da Igreja Católica, com a publicação das principais contribuições do evento em *Annales FAJE*. A partir de estudos do Documento 100, da CNBB, publicou, em 2018, o livro *A pastoral numa Igreja em saída*. Organizou e realizou, em parceria com outras instituições de ensino e pesquisa em teologia do Brasil, o 1º Congresso Brasileiro de Teologia Pastoral, em 2021. Alguns de seus membros participam do Grupo de Santiago, que reúne pesquisadores da América Latina, América do Norte e Europa ao redor de temas de teologia prática/pastoral. Iniciou em 2020 o programa "Tecendo Redes. Diálogos on-line de Teologia Pastoral", veiculado pelo Canal YouTube da FAJE, com a participação de teólogos e agentes de pastoral que discutem e refletem sobre questões de pastoral e evangelização na Igreja do Brasil.

Índice remissivo dos termos recorrentes

Absoluto 66, 117, 125, 131, 132
Ação Social 321, 343
Acolhida 59, 80, 107, 110, 167, 175, 201, 228, 259, 285, 288, 289, 294, 304, 308, 310
Acompanhar 16, 100, 171, 291, 292, 293, 295, 317, 334
Alienação 231
Amazônia 46, 75, 76, 78, 79, 179, 181, 182, 183, 184, 185, 186, 188, 189, 190, 191, 192, 193, 194, 196, 197, 198, 199, 200, 202, 213, 216, 236, 238, 241, 302, 368, 375, 377
Anunciar o evangelho 300
Apologista 36, 37
Apostolicidade 148, 149, 264
Aprendizagem 97
Assembleia do Povo de Deus 79
Assembleias 40, 46, 63, 72, 73, 78, 145, 195, 238, 239, 240, 241, 251, 270, 377
Autonomia 13, 40, 72, 77, 160, 165, 167, 171, 269, 282, 326, 344

Autoridade 37, 40, 45, 78, 79, 83, 119, 190, 267
Batismo 58, 78, 145, 147
Bem viver 232, 351, 354
Bíblia 36, 107, 134, 146, 162, 166, 167, 174, 196, 329
Bioma 191, 192, 193, 194, 202
Bispos 46, 61, 62, 72, 81, 174, 182, 189, 194, 195, 200, 202, 229, 235, 236, 237, 238, 239, 240, 241, 242, 266, 315, 317, 320, 332, 333, 341, 380, 381
Boa-nova 168, 382
Bom Samaritano 100, 105, 304, 310
Brasil 15, 17, 20, 21, 23, 27, 55, 61, 62, 71, 72, 73, 77, 79, 81, 100, 117, 120, 159, 161, 166, 174, 181, 192, 194, 210, 214, 215, 216, 222, 225, 226, 229, 239, 241, 259, 307, 313, 314, 317, 320, 321, 323, 324, 325, 326, 327, 328, 329, 330, 332, 333, 334, 346, 366, 368, 373, 374, 375, 376, 377, 379, 382

Campanha da Fraternidade 40, 97, 229, 307, 317, 319, 381

Caridade 40, 57, 64, 106, 135, 151, 171, 225, 265, 268, 289, 304, 308

Carismática 147, 150, 320, 376

Casa comum 17, 20, 22, 190, 214, 222, 271, 300, 309, 367

Catecismo 36, 167, 170

Catecumenato 35

Catequese 35, 99, 111, 112, 170, 228, 230, 257, 259, 292, 308

Catolicidade 148, 149, 263, 264, 378

Catolicismo Popular 35

CEAMA 188, 375

CEBs 192, 323, 376

CELAM 209, 238, 342, 375

Celebração da Palavra 63, 76

Cidade 140, 161, 241, 271, 322, 349, 368

Ciência 15, 28, 29, 30, 32, 65, 66, 121, 123, 133, 146, 151, 167, 317, 328, 332, 342, 354

Círculos bíblicos 107

Clericalismo 22, 45, 102, 238, 242, 249, 250, 260, 272, 306, 323, 377

Clero 35, 36, 40, 74, 250, 270, 271, 273, 322

CNBB 21, 22, 46, 61, 63, 74, 77, 98, 107, 108, 188, 209, 222, 223, 224, 225, 226, 229, 239, 250, 259, 260, 277, 280, 281, 283, 285, 286, 293, 315, 317, 318, 319, 320, 322, 325, 326, 377, 381

Código de Direito Canônico 267

Colegialidade 72, 195, 225, 229, 237, 238, 239, 240

Comunhão 46, 59, 72, 77, 97, 105, 107, 112, 118, 133, 140, 141, 142, 145, 147, 184, 187, 224, 225, 229, 230, 236, 241, 242, 248, 250, 258, 267, 268, 270, 272, 284, 310, 317, 366

Comunicação 71, 110, 112, 122, 134, 207, 209, 210, 211, 212, 213, 214, 215, 216, 217, 219, 220, 221, 222, 223, 224, 225, 226, 227, 228, 229, 230, 231, 232, 271, 272, 308, 317, 365, 380

Comunidade 13, 30, 36, 40, 58, 59, 61, 62, 63, 64, 75, 76, 77, 78, 79, 82, 95, 98, 109, 110, 119, 137, 139, 141, 149, 169, 172, 184, 186, 187, 195, 213, 221, 227, 228, 231, 232, 235, 236, 250, 253, 257, 258, 260, 265, 267, 268, 269, 272, 283, 284, 286, 287, 289, 291, 292, 293, 307, 308, 314, 318, 319, 324, 349, 352, 356, 358, 359, 368, 369

Comunidade de comunidades 63, 268, 272

Comunidades Eclesiais de Base 22, 46, 98, 192, 197, 241, 323, 369, 376

Consciência 28, 30, 32, 43, 44, 47, 58, 66, 99, 103, 105, 106, 107, 108, 109, 160, 167, 168, 169, 171, 174, 193, 228, 236, 237, 243, 247, 300, 302, 308, 318, 335, 355

Consenso 14, 40, 60, 346

Conversão cultural 304, 305, 307

Conversão eclesial 181, 301, 306, 311

Conversão ecológica 301, 302, 303, 340, 356

Conversão econômica 304

Conversão pastoral 43, 61, 63, 95, 96, 193, 273, 301, 309

Conversão pedagógica 305

Corpo 32, 38, 57, 75, 107, 108, 134, 147, 170, 173, 187, 195, 230, 278, 285, 340

Corpo de Cristo 107, 108, 134, 148, 285

Cotidiano 28, 32, 38, 41, 106, 126, 134, 227, 308, 316, 343

Crise 17, 20, 21, 23, 27, 28, 29, 30, 31, 32, 33, 34, 36, 38, 39, 40, 41, 42, 55, 70, 96, 97, 99, 102, 103, 108, 248, 253, 299, 302, 304, 327, 339, 342, 344, 348, 350, 357, 368, 369, 370, 374, 375

Cristandade 34, 35, 41, 257, 266, 282, 339

Crucificado 56, 72, 86, 161, 263, 379

Cuidado 20, 22, 28, 57, 60, 61, 62, 70, 71, 72, 73, 77, 78, 82, 83, 108, 110, 184, 185, 189, 190, 191, 198, 200, 223, 251, 271, 291, 302, 309, 343, 349, 353, 356, 357, 367

Cultura do encontro 222, 224, 228, 232, 367

Cura 61, 146, 151, 162, 166, 174, 175, 247, 248, 252, 267

Dádiva 136, 138, 147

Deificação 124

Democracia 30, 32, 327, 345, 351, 357, 383

Denúncia 184, 185, 201, 213, 242, 265, 340

Desafios 17, 21, 32, 40, 55, 56, 61, 62, 64, 79, 86, 95, 97, 98, 103, 112, 120, 174, 198, 199, 207, 209, 210, 215, 217, 221, 224, 246, 249, 278, 280, 299, 306, 310, 313, 316, 325, 327, 332, 339, 365, 366, 368, 374, 375, 376

Descartados 20, 30, 213, 214, 286

Deus 22, 33, 36, 37, 39, 44, 46, 47, 56, 59, 65, 66, 67, 68, 69, 70, 71, 72, 74, 75, 76, 82, 85, 86, 96, 102, 104, 106, 110, 112, 118, 119, 121, 122, 123, 124, 125, 126, 127, 131, 132, 133, 134, 135, 136, 137, 139, 141, 142, 143, 144, 145, 147, 150, 151, 160, 162, 163, 164, 165, 168, 169, 170, 171, 172, 174, 181, 182, 195, 196, 197, 201, 209, 210, 211, 212, 217, 219, 220, 228, 237, 243, 253, 261, 263, 264, 269, 270, 281, 283, 284, 285, 288, 300, 310, 328, 329, 330, 332, 333, 341, 349, 351, 355, 366, 367, 376, 377, 378, 382

Diferente 33, 37, 44, 201, 229, 264, 290, 303, 337, 378

Dignidade 17, 99, 194, 225, 230, 237, 241, 250, 252, 302, 315, 348, 352, 367, 370, 382

Diocese 46, 173, 181, 215, 223, 267, 268, 322

Direitos humanos 30, 166, 224, 315, 327, 356, 370, 382

Diretrizes Gerais da Ação Evangelizadora 225, 307

Discernimento 27, 45, 46, 97, 151, 171, 172, 193, 194, 213, 278, 293, 333, 367

Discípulos missionários 55, 63, 82, 257, 259, 268, 280, 292

Diversidade 119, 143, 149, 160, 174, 182, 186, 191, 193, 194, 222, 227, 229, 267, 306, 322, 352, 376

Dogmas 36, 56, 57, 169

Eclesiologia 44, 59, 71, 80, 97, 99, 112, 147, 213, 214, 236, 249

Ecumenismo 263, 306, 334

Educação popular 309, 322
Emocionalismo 32, 33
Encarnação 62, 67, 80, 122, 133, 182, 261, 383
Encontro 35, 56, 57, 59, 61, 63, 68, 69, 79, 80, 81, 83, 84, 85, 111, 127, 134, 136, 159, 160, 173, 175, 182, 184, 194, 210, 211, 222, 250, 252, 264, 280, 281, 282, 283, 285, 289, 292, 295, 304, 305, 316, 320, 321, 325, 337, 340
Escuta 66, 70, 80, 81, 106, 112, 136, 143, 184, 188, 190, 192, 195, 210, 211, 215, 242, 247, 248, 250, 252, 253, 268, 270, 278, 291, 293, 305, 306, 308, 365, 367, 377
Esoterismo 38, 39, 133
Espírito Santo 58, 79, 109, 117, 118, 119, 120, 125, 133, 134, 135, 137, 138, 139, 140, 142, 143, 144, 145, 146, 147, 148, 149, 150, 261, 262, 280, 293, 365, 367, 376
Espiritual 15, 20, 36, 72, 76, 79, 98, 104, 106, 112, 145, 149, 162, 167, 184, 185, 210, 220, 228, 284, 294, 301, 309, 317, 340, 380
Espiritualidade libertadora 40, 326
Estética 126
Estruturas 22, 43, 45, 46, 47, 95, 96, 101, 102, 107, 184, 185, 192, 196, 249, 251, 265, 266, 269, 270, 273, 285, 287, 291, 292, 294, 295, 301, 322, 324, 342, 377
Ética 97, 99, 198, 299, 313, 314, 317
Eucaristia 105, 106, 108, 169, 250, 267
Evangelho 22, 47, 58, 59, 62, 71, 72, 73, 80, 83, 110, 138, 140, 141, 144, 145, 146, 168, 169, 171, 196, 197, 201, 209, 211, 212, 215, 216, 217, 219, 221, 225, 262, 265, 268, 279, 285, 300, 301, 302, 308, 319, 324, 366, 367, 374, 375, 376, 380, 381, 382
Evangelização 36, 37, 44, 45, 46, 55, 56, 57, 58, 59, 60, 62, 64, 73, 77, 78, 79, 80, 81, 86, 98, 101, 104, 110, 111, 142, 143, 144, 167, 174, 182, 189, 210, 214, 216, 220, 221, 223, 227, 243, 248, 249, 253, 260, 262, 268, 269, 270, 277, 279, 280, 282, 284, 287, 288, 290, 293, 294, 295, 307, 309, 316, 326, 370
Excluídos 21, 44, 63, 103, 225, 263, 302, 314, 348, 349, 367, 370
Exílio 96, 102, 112, 163
Existenciais 17, 43, 72, 83, 98, 99, 101, 285, 367
Êxodo 96, 99, 112
Experiência 20, 28, 32, 33, 35, 57, 67, 68, 69, 77, 78, 79, 85, 86, 101, 102, 111, 117, 118, 120, 121, 122, 125, 126, 127, 131, 133, 134, 135, 136, 143, 145, 146, 147, 150, 151, 197, 235, 237, 238, 239, 242, 243, 258, 280, 281, 282, 284, 285, 287, 288, 291, 292, 303, 314, 318, 333, 339, 344, 365, 367, 376, 377, 379
Fake News 229, 328
Falar em línguas 140, 145, 146, 147
Fé 13, 15, 16, 22, 35, 36, 39, 42, 56, 57, 58, 64, 68, 69, 71, 74, 76, 77, 78, 79, 80, 81, 83, 84, 95, 96, 99, 104, 105, 106, 108, 109, 113, 121, 122, 124, 125, 126, 127, 132, 133, 134, 146, 148, 150, 162, 169, 174, 183, 186, 195, 209, 215, 219, 228, 230, 232, 236, 237, 238, 262, 263,

277, 278, 280, 282, 284, 285, 286, 289, 292, 304, 305, 308, 310, 313, 314, 315, 316, 317, 318, 319, 320, 321, 322, 323, 324, 325, 326, 327, 328, 331, 332, 333, 334, 335, 347, 366, 367, 368, 369, 374, 375, 376, 378, 379

Fé cristã 22, 127, 132, 133, 134, 169, 277, 282, 317, 366, 367, 376, 378, 379

Fé e política 305, 313, 314, 316, 319, 320, 321, 322, 323, 324, 325, 326, 327, 328, 331, 332, 333, 334, 335, 375

Formação 15, 19, 21, 45, 73, 79, 99, 105, 112, 186, 191, 192, 228, 236, 237, 248, 251, 266, 270, 271, 278, 308, 309, 310, 316, 317, 318, 319, 321, 322, 324, 325, 326, 332, 333, 334, 335, 344, 368, 382

Fragilidade 56, 189, 288, 350, 357, 369

Fraternidade 30, 44, 110, 141, 235, 252, 267, 304, 317, 339, 367, 369

Fundamentalismo 22, 32, 33, 307

Gestos 62, 76, 81, 173, 211, 270, 378, 379

Global 40, 60, 174, 201, 213, 295, 304, 305, 310, 328, 341, 348

Globalização 279, 299

Gratuidade 40, 57, 367

Hermenêutica 60, 74, 75, 137, 148, 149

História 16, 31, 34, 47, 48, 56, 61, 80, 86, 96, 98, 104, 110, 125, 150, 151, 152, 162, 163, 164, 168, 173, 181, 182, 185, 197, 199, 209, 211, 212, 219, 237, 242, 252, 264, 279, 286, 291, 305, 308, 314, 316, 320, 321, 324, 339, 345, 349, 351, 366, 378, 381

Homoerotismo 161, 163, 164, 165

Horizonte 19, 21, 67, 69, 74, 81, 109, 193, 219, 223, 258, 283, 299, 309, 321, 381, 383

Hospital de campanha 100, 224, 248, 252, 290, 295

Identidade 32, 38, 59, 69, 81, 105, 147, 160, 162, 174, 187, 190, 241, 251, 252, 289, 290, 294, 323, 349

Igreja 13, 14, 15, 16, 17, 19, 21, 22, 23, 27, 28, 30, 31, 33, 34, 35, 36, 37, 38, 39, 40, 41, 42, 43, 44, 46, 47, 57, 58, 59, 60, 61, 62, 63, 64, 71, 72, 73, 74, 77, 78, 79, 80, 81, 82, 83, 84, 86, 95, 96, 97, 99, 100, 102, 104, 106, 107, 108, 109, 110, 111, 113, 117, 137, 138, 141, 142, 143, 144, 145, 146, 147, 148, 149, 150, 151, 152, 157, 159, 162, 165, 166, 167, 168, 169, 171, 173, 174, 175, 179, 181, 182, 184, 185, 186, 187, 188, 189, 190, 191, 192, 193, 195, 196, 197, 198, 199, 200, 202, 207, 209, 210, 211, 213, 214, 215, 216, 217, 219, 220, 221, 222, 223, 224, 225, 226, 227, 228, 229, 230, 232, 235, 237, 238, 239, 241, 242, 247, 248, 249, 250, 251, 252, 253, 257, 258, 260, 261, 262, 263, 264, 265, 266, 267, 268, 270, 271, 272, 273, 277, 278, 281, 284, 285, 287, 290, 292, 293, 294, 295, 299, 300, 301, 302, 303, 304, 306, 307, 309, 310, 315, 316, 317, 318, 319, 322, 323, 324, 326, 329, 330, 335, 338, 339, 340, 366, 367, 368, 369, 370, 371, 374, 375, 377, 379, 380, 382

Igreja em saída 16, 43, 62, 74, 82, 96, 102, 108, 159, 175, 196, 197, 214, 224, 248, 257, 258, 272, 295, 301, 303, 370

Igreja samaritana 99, 370

Igreja sinodal 40, 46, 73, 213, 215, 242, 248, 252

Imigrante 288

Indígenas 73, 76, 80, 184, 189, 190, 191, 193, 197, 370

Individualismo 200, 355

Indivíduo 38, 39, 82, 119, 121

Inefável 56, 68, 118, 131, 132, 133

Informação 20, 212, 221, 222, 347, 380

Iniciação cristã 35

Jesus Cristo 35, 47, 56, 59, 60, 64, 69, 71, 77, 80, 83, 85, 133, 144, 201, 219, 220, 221, 225, 227, 228, 230, 232, 257, 263, 268, 279, 281, 282, 283, 284, 292, 295, 307, 367, 374

Jovens 71, 74, 118, 185, 270, 272, 277, 278, 279, 281, 282, 283, 285, 286, 287, 288, 289, 290, 291, 292, 293, 294, 295, 303, 305, 309, 337, 338, 342

Justiça 44, 61, 72, 73, 80, 81, 103, 104, 110, 135, 186, 193, 226, 252, 283, 299, 300, 313, 323, 326, 333, 367, 382

Juventude 34, 279, 282, 287, 288, 291, 292, 294, 309, 314, 334, 338

Laicato 45, 248, 250, 271, 319, 326, 333, 335

Leigos 40, 45, 63, 72, 74, 78, 79, 97, 98, 101, 104, 107, 110, 201, 229, 240, 241, 242, 260, 269, 271, 278, 306, 308, 310, 313, 314, 315, 316, 317, 318, 319, 320, 322, 323, 333, 334

Leitorado 186, 187

LGBT+ 159, 160, 162, 165, 169, 173, 174, 175

Liberdade 27, 29, 30, 47, 68, 86, 119, 125, 126, 143, 160, 166, 167, 181, 231, 232, 300, 305, 324, 339, 382

Libertação 59, 61, 71, 174, 182, 193, 286, 315, 316, 323, 340

Linguagem 40, 111, 126, 132, 133, 172, 183, 192, 211, 224, 227, 228, 249, 270, 271, 277, 279, 280

Liturgia 21, 59, 64, 71, 80, 98, 99, 102, 105, 106, 107, 125, 134, 237, 257, 270, 271, 309

Local 40, 145, 187, 213, 237, 242, 250, 260, 266, 316, 321, 322, 325, 341, 349

Magia 20, 38, 39

Matrimônio 78

Memória 200, 373, 378, 379, 380, 383

Mentalidade 37, 43, 111, 186, 191, 199, 201, 250, 357

Mentalidade colonialista 191

Mídia 22, 39, 99, 213, 331

Migrantes 185, 197, 213, 288, 289

Militância 39, 40, 284, 324

Ministerial 40, 182, 187, 213, 238, 266, 269, 368

Ministério instituído 186, 187

Ministérios 45, 78, 80, 98, 145, 147, 148, 185, 186, 187, 201, 213, 265, 267, 330, 375

Ministros ordenados 99, 260, 269, 313

Missão 17, 37, 58, 59, 60, 61, 62, 63, 64, 81, 96, 108, 109, 112, 141, 143, 144, 146, 147, 161, 174, 183, 186, 188, 198, 209, 210, 212, 214, 216, 217, 223, 225, 247, 250, 259, 261, 262, 263, 264, 265, 268, 269, 271,

277, 278, 280, 282, 284, 285, 293, 299, 300, 301, 306, 307, 308, 316, 317, 376, 382

Missa tridentina 37

Missionária 42, 43, 44, 45, 46, 59, 61, 62, 64, 77, 95, 109, 144, 225, 249, 258, 259, 264, 271, 272, 284, 301

Missionário 59, 64, 110, 144, 149, 195, 264, 267, 269, 280, 300, 323

Mistério 16, 66, 67, 70, 75, 117, 121, 125, 126, 131, 132, 133, 134, 136, 186, 228, 261, 310, 349, 367

Mística 39, 40, 69, 86, 99, 100, 115, 117, 118, 120, 121, 122, 123, 124, 126, 127, 131, 132, 133, 134, 135, 136, 150, 151, 310, 375, 376

Místico 57, 86, 119, 126, 135, 136, 137, 150, 151

Modelos de pastoral 34, 48

Modernidade 14, 30, 31, 32, 33, 34, 36, 37, 38, 41, 42, 98, 125, 165, 167, 277, 339, 352

Moral sexual 170

Movimentos 40, 45, 98, 110, 190, 229, 230, 242, 268, 291, 303, 310, 313, 314, 315, 316, 318, 320, 321, 322, 323, 326, 327, 328, 329, 332, 339, 353, 354, 358, 370, 371

Movimentos populares 45, 310, 370, 371

Mulheres 45, 58, 73, 78, 79, 110, 139, 151, 160, 185, 186, 187, 190, 192, 196, 197, 201, 209, 215, 250, 252, 272, 278, 282, 288, 295, 306, 356, 374, 376, 379

Negacionismo 28, 29

Neocolonial 198, 199

Neocristandade 34, 36, 41

Neoliberalismo 231, 346, 347

Numinoso 131

Obediência 37, 261

Opção pelos pobres 40, 45, 104, 307, 367, 368

Orações 56, 106, 112, 228, 239

Ortodoxia 15, 36, 121, 125

Outro 20, 30, 34, 40, 44, 56, 57, 66, 69, 70, 101, 118, 133, 135, 160, 162, 172, 183, 186, 194, 196, 198, 201, 210, 211, 215, 231, 238, 241, 245, 260, 262, 265, 270, 282, 284, 289, 322, 323, 332, 334, 344, 358, 374, 376, 378, 382

Padre 35, 36, 57, 98, 161, 173, 187

Palavra 56, 58, 59, 64, 67, 71, 74, 75, 76, 79, 81, 82, 96, 101, 105, 106, 107, 108, 109, 112, 121, 124, 133, 134, 139, 140, 142, 146, 151, 167, 174, 193, 194, 209, 210, 225, 235, 240, 241, 265, 267, 268, 285, 306, 308, 339, 373, 382, 383

Palavra de Deus 71, 74, 75, 76, 96, 105, 106, 107, 108, 112, 133, 193, 306

Pan-Amazônia 191, 194, 195, 197, 200

Pandemia 21, 28, 29, 30, 83, 84, 93, 95, 96, 98, 99, 100, 101, 102, 103, 107, 109, 112, 117, 120, 157, 165, 182, 183, 214, 216, 217, 245, 246, 248, 249, 258, 259, 260, 261, 308, 327, 335, 337, 350, 351, 354, 356, 369, 370, 374, 378, 383

Paradigma 34, 41, 198, 279, 288, 289, 295, 353

Paróquia 35, 36, 46, 63, 172, 187, 215, 257, 258, 259, 260, 265, 266, 267, 268, 272, 273, 293

Participação 45, 46, 57, 72, 73, 78, 79, 98, 107, 110, 136, 185, 190, 192, 195, 197, 202, 226, 236, 240, 241, 242, 243, 250, 267, 268, 270, 272, 278, 313, 314, 316, 318, 319, 320, 327, 333, 358, 367

PASCOM 308

Pastorais sociais 40, 247, 257, 259, 271, 310, 316, 318, 322, 323, 370

Pastoral 10, 13, 14, 15, 16, 17, 19, 20, 21, 22, 27, 28, 33, 34, 35, 36, 37, 38, 39, 40, 41, 42, 43, 44, 45, 46, 55, 56, 57, 58, 60, 61, 62, 63, 69, 71, 72, 73, 75, 77, 80, 81, 84, 86, 95, 96, 97, 102, 107, 108, 109, 110, 111, 112, 113, 117, 159, 161, 162, 168, 172, 182, 188, 189, 190, 193, 195, 196, 197, 201, 209, 210, 214, 215, 217, 219, 220, 223, 226, 227, 233, 235, 239, 240, 241, 245, 246, 247, 248, 251, 253, 257, 259, 261, 267, 268, 270, 271, 278, 279, 281, 283, 285, 287, 288, 289, 290, 291, 292, 294, 295, 299, 300, 301, 304, 305, 306, 307, 308, 309, 310, 313, 315, 316, 317, 319, 320, 323, 325, 326, 365, 366, 368, 369, 373, 374, 375, 376, 377, 379, 380, 381, 382

Pastoral de conservação 34, 35, 36, 37

Pastoral juvenil 279, 283, 285, 289, 290, 291, 292, 294, 295

Pecado 164, 165, 168, 170, 171, 184, 193, 263, 265, 290

Pensamento descolonial 43

Pentecostais 29, 120, 145, 146, 152, 376

Pentecostal 20, 22, 117, 120, 127, 145, 146, 147, 148, 149, 229, 376

Pentecostes 95, 117, 118, 119, 120, 137, 138, 140, 142, 143, 144, 147, 148, 149, 150, 152, 262, 368

Periferias 16, 17, 22, 27, 43, 72, 83, 108, 110, 157, 159, 160, 162, 175, 190, 194, 197, 199, 212, 213, 222, 228, 301, 353, 367, 375, 377

Periferias existenciais 22, 108, 110, 157, 159, 160, 175, 222, 301, 375

Perplexidade 31

Perspectivas 14, 17, 55, 56, 62, 69, 74, 75, 86, 105, 143, 210, 280, 288, 300, 353, 354, 366

Plenitude 59, 131, 134, 136, 145, 146, 169, 171, 306, 367

Pluralidade 263, 279, 289, 290, 352

Pluralismo 20, 262, 267, 315, 383

Pluralismo religioso 315

Pneumatologia 125, 147

Pobres 17, 42, 45, 57, 82, 83, 84, 100, 102, 103, 104, 142, 144, 190, 196, 200, 201, 212, 214, 225, 230, 232, 243, 246, 247, 261, 262, 263, 264, 291, 300, 301, 304, 308, 332, 338, 340, 341, 342, 345, 347, 348, 369, 370, 380, 382

Povo de Deus 27, 33, 44, 46, 58, 73, 86, 96, 98, 99, 102, 108, 148, 149, 170, 195, 215, 216, 237, 248, 251, 260, 286, 306, 310, 320, 332, 333

Povos indígenas 64, 78, 80, 183, 184, 190, 191, 213, 307

Práticas 27, 34, 35, 41, 43, 78, 96, 106, 107, 175, 197, 198, 200, 202, 231, 282, 284, 301, 313, 318, 321, 328, 346, 355, 368

Pré-moderna 36, 37

Presbítero 57, 77

Presença 45, 56, 57, 59, 66, 69, 71, 72, 78, 79, 86, 109, 110, 111, 124, 125, 134, 135, 138, 147, 161, 164, 173, 181, 182, 188, 193, 194, 201, 211, 212, 227, 238, 240, 251, 268, 288, 291, 292, 293, 304, 315, 320, 342, 346, 348, 350, 352, 369, 374, 375, 378, 380, 382

Profecia 118, 135, 139, 142, 146, 355, 373, 381, 383

Propor a fé 277, 278, 282, 283, 285, 289, 294

Protagonismo 45, 79, 96, 97, 99, 108, 112, 184, 192, 216, 272, 306, 310, 328, 338, 352, 354, 355

Querigma 138, 280, 281, 282, 283, 284, 285, 292, 294, 378

Recepção 35, 42, 43, 44, 80, 136, 137, 146, 150, 152, 259, 368, 380, 382

Redenção 61, 104, 121, 134, 261

Reino de Deus 17, 44, 47, 57, 58, 61, 71, 81, 108, 121, 139, 142, 214, 219, 220, 228, 236, 265, 280, 300, 306, 307, 310, 311, 382

Religião 29, 37, 38, 39, 56, 66, 70, 125, 163, 165, 170, 198, 277, 324, 328, 329

Religiosidade popular 59, 376

Ressurreição 133, 280, 378, 381, 383

Revelação 16, 47, 118, 121, 122, 124, 134, 135, 136, 137, 162, 165, 196, 219

Sacramento 46, 48, 108, 144, 293, 369

Sagrado 17, 20, 38, 39, 98, 111, 119, 125, 127, 135, 136, 162, 277, 284, 291

Salvação 38, 39, 56, 59, 71, 104, 121, 134, 143, 147, 267, 277, 278, 280, 285, 377

Secularismo 102

Seita 37

Sexualidade 170

Sinais dos tempos 17, 34, 47, 95, 252, 367

Sinodalidade 72, 79, 194, 195, 196, 197, 216, 226, 229, 233, 235, 236, 237, 238, 239, 240, 243, 245, 247, 248, 249, 250, 252, 291, 306, 367, 368, 375, 377

Sínodo 46, 73, 179, 181, 182, 184, 187, 188, 189, 195, 196, 197, 198, 199, 213, 235, 236, 237, 238, 241, 277, 283, 284, 286, 288, 292, 293, 302, 375

Sínodo da Amazônia 181, 184, 187, 188, 197, 198, 302

Sistema econômico 20, 231, 343, 351

Sofrimento 214, 263, 264, 348

Solidariedade 59, 83, 142, 251, 252, 307, 315, 324, 339, 342, 349, 351, 355, 358, 369

Sonhos 20, 76, 181, 183, 184, 186, 289, 295, 303

Sujeito eclesial 45

Tarefas 21, 55, 98, 266, 269, 310, 353

Técnica 30, 65, 112, 220, 317

Templo 36, 96, 102, 105, 106, 108, 109

Teologia da prosperidade 330

Testemunha 22, 47, 48, 138, 225, 285

Tradição 16, 22, 34, 36, 37, 39, 40, 42, 43, 44, 45, 47, 62, 120, 121, 126, 135, 166, 183, 279, 286, 324, 379, 381

Tradição libertadora 39, 40, 43, 44, 45

Tradicionalismo 22, 32, 33, 191, 323, 380

Tráfico de pessoas 214

Unidade 82, 118, 143, 148, 149, 170, 182, 230, 241, 262, 263, 271, 310, 376

Universalidade 126, 263, 264, 267

Utopia 38, 40

Verdade 14, 16, 40, 60, 65, 83, 84, 86, 107, 111, 123, 135, 143, 148, 160, 169, 212, 245, 246, 295, 307

Violência 161, 164, 165, 175, 183, 185, 201, 304, 327, 332, 347, 348, 352, 369, 370

Vítimas 185, 202, 213, 214, 252, 370

Vocação 57, 59, 250, 283, 294

Teólogos, teólogas, agentes de pastoral e autores de outras áreas citados

AGOSTINHO 67, 68, 151
ALBERIGO, G. O. 37, 42
ALBUQUERQUE, J. F. 19, 147
ALMEIDA, J. A. 239
ALVES, R. 19, 126, 226, 330
ANCILLI, E. 132, 133
ANDRADE, J. D. 277
ANDREATTA, C. 339
APOLINÁRIO, E. 247, 249, 250
ASCENJO GÁLVEZ, L. A. 43
AZEVEDO, M. 38
BALLESTEROS, J. 31
BATISTA, M. B. 15, 138, 258, 326, 339, 368
BAUER, C. 248, 253
BENEDETTI, L. R. 31
BENTO XVI 59, 168, 340
BEOZZO, J. O. 41
BERGSTÉN, E. 145, 147
BERNARDO DE CLARAVAL 76
BETTO 314

BOFF, L. 34, 351, 356
BORGHESI, M. 280, 290
BRIGHENTI, A. 16, 27, 31, 35, 36, 41, 368, 374, 380
CADAVID, A. 41
CAMPICHE, R. 38
CAMPOS, B. 148, 149
CARTAXO ROLIM, F. 37
CATALÁN, J. O. 117, 119, 127
CHAMPION, F. 38
CHENU, M. D. 42
CHOURAQUI, A. 82
CODINA, V. 43, 46, 149
COMBLIN, J. 45
CONGAR, Y. 149
CORBÍ, M. 38
COUTINHO, L. M. 97, 191
DOMEZI, M. C. 249, 252
DOWBOR, L. 347, 348
DUFFIELD, G. 145, 146
DULLES, A. 34

ECKHART 69, 85
ESTRADA, J. A. 34, 252
EVDOKIMOV, M. 123
EVDOKIMOV, P. 123, 124, 125
FARIOLI, M. 132
FERNANDES, V. M. 43
FIORI, J. L. 345
FLORISTÁN, C. 15, 34, 35, 36, 41, 42
FORTE, B. 124, 373, 378, 381
FOSSION, A. 34
FRANCISCO 16, 19, 20, 22, 27, 29, 40, 42, 43, 44, 45, 46, 62, 63, 71, 73, 76, 78, 80, 81, 84, 96, 100, 102, 104, 108, 110, 144, 152, 159, 168, 169, 170, 172, 173, 175, 184, 187, 190, 194, 195, 196, 201, 210, 211, 212, 213, 214, 215, 219, 223, 224, 225, 232, 235, 238, 241, 242, 246, 247, 249, 252, 258, 259, 260, 267, 268, 278, 280, 283, 284, 286, 287, 289, 290, 293, 300, 301, 302, 303, 304, 305, 306, 309, 331, 335, 337, 338, 339, 340, 341, 347, 348, 349, 350, 351, 352, 353, 355, 356, 357, 358, 359, 360, 368, 375, 377, 381
FREITAS, A. F. 338, 343, 351, 352, 354, 355, 356
GASTALDI, Í. 31
GODOY, M. 19, 257, 258
GOLIN, L. M. 117
GONZÁLEZ FAUS, J. I. 37
GRASSO, D. 151
GRONDIN, M. 191
GUTIÉRREZ, G. 42
HABERMAS, J. 31
HARARI, Y. N. 66
HEIDEGGER, M. 65

HERNÁNDEZ, A. 173
HERVIEU, D. 38
HIGUCHI, H. 191
HÜNERMANN, P. 37
JERÔNIMO 75
JESUS, J. 160
JIMÉNEZ CARVAJAL, J. 41
JOÃO DA CRUZ 137
JOÃO XXIII 62
JOSSUA, J. P. 42
KARNAL, L. 259
KASPER, W. 60, 152
KAUFMANN, C. 131, 132
KELLER, M. A. 41
KEYNES, J. M. 345
KÜNG, H. 262, 263, 264
LADRIÈRE, P. 37
LANCELLOTTI, J. 161
LIBANIO, J. B. 16, 37, 46, 339, 340, 368
LIENHARD, F. 59
LIMA, A. 57, 225, 226
LIMA, L. C. 57, 159, 162, 225, 226
LOPES, J. R. 195, 197, 223
LOSADA, J. 34, 40
LUNEAU, R. 37
LYOTARD, J. F. 31
MANZANARES, C. V. 37
MARDONES, J. M. 38
MARIN, S. 342
MAZZUCCHELLI, F. M. 343, 344
MELLONI, A. 37
MENASSE, R. 30
METHOL FERRÉ, A. 41

MODINO, L. M. 201, 209
MOLTMANN, J. 261, 262, 263, 264
MONDIN, B. 123
MÜHLEN, H. 141
NICOLAU DE CUSA 69
NIETZSCHE, F. 69
NOGUEIRA, L. R. 19
OLIVEIRA, M. M. 189, 192, 194, 197, 223, 227, 299
OLIVEROS, R. 46
PALÁCIO, C. 27
PASCAL, B. 86, 125
PASSOS, J. D. 120
PAULO VI 340
PEREIRA, A. J. 342
PEREIRA, J. 342
PIQUÉ, E. 172
POBLET, F. 31
POLANY, K. 342, 343
PONDÉ, L. F. 122, 123
PSEUDO-DIONÍSIO 133
QUEIRUGA, A. T. 36
RAHNER, K. 15, 33, 86, 126, 219
RIBEIRO, P. R. 323, 324, 337
ROMBACH, H. 84
ROSA, G. 55, 339, 340, 351
SBARDELOTTI, E. 196
SCARAMUZZI, I. 328
SCATENA, S. 42
SCHOLEM, G. 136
SCHWEIZER, E. 138, 139, 140
SOBRINO, J. 41, 42, 262, 263, 264, 265
SOSA, A. 250
SOUZA, J. 191, 226, 227, 346
SOUZA, N. 226, 227
SOUZA, R. S. R. 226, 227, 313, 315
SUDBRACK, J. 126
TAMAYO, J.-J. 41, 42
TERESA DE ÁVILA 151
TERRIN, A. N. 38
THEOBALD, C. 37
TILLARD, J. M. R. 46
TOFLER, A. 32
TOLEDO, P. M. 191
TORQUATO, C. 147
ULLOA, B. A. 195, 197
VAN CLEAVE, N. 145, 146
VATTIMO, G. 30
VELASCO, J. M. 36
VIDE, S. M. 165
VIEIRA, I. C. G. 191
VIEZZER, M. 191
VILANOVA, J. G. 59
WELTE, B. 66, 67
WILLIAMS, R. 147, 148
WOLFART, G. 339, 340
ZANNINI, R. 246
ZILLES, U. 126
ZWETSCH, R. 152

Obras citadas nos diferentes capítulos

Christus vivit 278, 279, 281, 282, 285, 290, 291, 294

Documento de Aparecida 19, 35, 40, 42, 43, 44, 45, 59, 61, 63, 85, 95, 143, 182, 226, 236, 258, 259, 283, 341, 380

Documento de Medellín 35, 38, 41, 42, 46, 83, 196, 242, 294, 340, 342, 368

Documento de Puebla 41, 83, 143, 196, 242, 340

Documento de Santo Domingo 41, 43

Fratelli tutti 29, 44, 304, 307, 377

Lumen gentium 44

Querida Amazônia 75, 76, 78, 79, 183, 184, 188, 198, 202, 302

Trento 32, 266

Vaticano II 14, 22, 30, 32, 33, 34, 35, 36, 37, 39, 40, 41, 42, 43, 44, 45, 60, 71, 106, 109, 112, 142, 148, 160, 167, 181, 196, 200, 202, 220, 237, 242, 257, 261, 267, 277, 300, 315, 338, 339, 368, 379, 380, 382, 383

Rua Dona Inácia Uchoa, 62
04110-020 – São Paulo – SP (Brasil)
Tel.: (11) 2125-3500
http://www.paulinas.com.br – editora@paulinas.com.br
Telemarketing e SAC: 0800-7010081